텔레비전 코미디와
담론의 문화정치

텔레비전 코미디와
담론의 문화정치

박근서 著

한국학술정보(주)

들어가기 전에

텔레비전 오락에 대한 생각들이 바뀌고 있다. 여전히 권력의 담론 공세는 살풍경한 광경을 연출하곤 하지만, 텔레비전 오락 자체에 대한 생각은 분명 예전 같지 않다. 이러한 변화한 문화적 조건은 때로 사람들의 우려와 걱정을 낳기도 한다. 물론 세상이 바뀌고, 그 변화에 따라 사람들의 관계도 변하는 법이다. 이러한 관계의 변화는 사회문화적 힘의 균형을 바꾸기도 하고, 때로는 새로운 권력 관계를 형성하기도 한다. 과거의 선배들과 같이 구차한 삶을 살기 싫어 그렇게 비즈니스에 열중이라던 한 개그맨의 고백은 이제 옛 말이 되어 버렸는지 모른다. 이제 그 누구도 웃음에 종사하는 이들을 가난에 연결지으려 하지 않는다. 하긴 보통 사람들이라면 평생을 일해도 모자랄 만큼을 단 한 차례의 광고 촬영으로 벌어들이는 소위 잘나가는 연예인들을 생각하면 그런 생각도 지나치지 않다. 철없는 한 가수의 '내가 평민이었을 때'라는 발언이 물의를 일으킨 만큼, 이들은 예전의 그 네들이 아니다. 소위 '연예 권력'이라는 말이 나돌고, 이를 우려하는 소리가 여기저기서 들리는 일이 전혀 사실 무근이라거나 괜한 걱정이라고는 할 수 없는 상황이다. 얼마전 특정 텔레비전 코미디를 논하는 자리가 마련된 적이 있었다. 거기서 나는 코미디언과 개그맨들의 지위는 그렇지 않다는 이야기를 들었다. 몇몇 소수의 인물들을 제외한 대부분이 아직 여유롭지 못한 형편에 그닥 즐겁지 못한 대우를 받고 있다고 들었다.

최근 몇 년간 한국영화는 눈부신 성과를 거두었다. 그 성과는 물론 우리의 문화적 자존을 높였음은 물론 영화에 대한 사회적 인식을 뒤집었다. 우리 영화는 이미 예술의 반열에 들어섰고, 영화배우는 화려한 아티스트가 되었다. 놀라운 일이고, 잘 된 일이다. 우선 영화가 볼만해졌다는 것이 그렇고, 그 덕분에 백수 취급이나 받던 영화인들이 고개 들고 다닐 수 있게 된 일이 또 그렇다. 토요일 오전 텔레비전은 잘 먹고 잘 사는 법을 가르쳐 준다. 무엇보다 사는 공간과 먹거리가 중요한 모양이다. 프로그램은 주로 어디에서 무얼 먹고 사는지 보여준다. 그렇다. 공기 좋은 곳에서, 자연이 가꿔준 음식을 먹어야 건강하지. 하지만, 그렇게 잘 먹고 잘 사는 이들은 스타라고 할 순 없어도 오랜 시간을 견뎌온 텔레비전 연기자들이나 가수들이 대부분이다. 화려하진 않아도 오랫동안 시청자와 대중을 위해 애썼는데, 이제 편하게 지낼만도 하다. 평화로운 모습이 보기 좋다. 하지만, 모두가 그렇게 잘 지내는 건 아닌 모양이다. 왜 하필 연예인들만의 잘 먹고 잘 사는 법이냐 시비할 수도 있지만, 여기선 일단 접어두자. 일단 개그맨과 코미디언에 대해 생각해 보자. 왜 그들은 영화배우, 가수 그리고 텔레비전 연기자들과 다르게 취급되는가?

이론적으로 보자면, 코미디언들에 대한 멸시와 천대는 당연한 결과다. 코미디언들의 존재 그들의 사회적 의미는 필연적으로 그들에 대한 멸시와 천대로 이어진다. 과거 이러한 멸시와 천대의 대상이었던 '광대'가 가수, 연기자들보다는 코미디언에 가까웠음을 생각해 보라. 할러퀸, 크라운, 조커 등과 같은 서구의 광대들 또한 마찬가지가 아닌가. 권력의 가장 가까운 곳에 있으면서도 그것에 가장 멀리 떨어져 있었던 자. 코미디언들에게 주어진 힘은 모든 것에 대한 조소, 조롱, 농짓거리로 표현되는 전복과 일탈의 권한에 있다. 하지만, 이러한 전복과 일탈에는 엄격한 조건이 따라 붙는다. 그러한 전복과 일탈이 조금이라도 현실의 경계를 넘어 안쪽으로 흘러 들어와서는 안 된다. 그러므로 광대는 세상을 조롱할 수 있는 극단의 자유를 누리면서도 최하층 신분에 머물러야 했다. 그의 소리는 세상에 대한 아픈 매질이지만, 그 매질에 견디기 위해 사람들은 언제든 그 소리를 무시하고 묵살하고 짓밟을 수 있어야 했던 것이다. 그런 면에서 코미디언 혹은 광대의 지위는 무녀의 그것과 닮은 쪽이 있다. 세상의 위에서 그것을 꿰뚫어 보지만, 그 힘 때문에 집단의 맨 밑바닥에 웅크리고 있어야만 했던 무녀들의 처지나 광대들의 처지는 여러 면에서 닮은 것이다.

이것은 텔레비전 코미디에 대한 책이다. 텔레비전 코미디는 또한 광대와 같은 처지에 있다는 것이 내 생각이다. 물론 이 책은 이러한 생각을 담고 있으며, 또한 이러한 생각이 지닌 힘을 표현하려는 의지의 산물이다. 이 책은 본래 박사학위 논문으로 쓰여진 것이다. 시간이 좀 지났는데, 낡은 생각이라 밀어내지 않고, 애써 찾아와 출판을 제안한 한국학술정보에 감사한 마음을 전한다. 특히 착하지 않은 필자에게 늘 좋은 낯과 따뜻한 목소리로 대해준 신재훈 님께 고마움의 뜻을 전한다. 무엇보다, 여전히 웃음을 위해 분투 노력하는 이 땅의 코미디언들과 개그맨들에게 우정과 감사의 뜻을 보낸다. 그들의 삶이 보다 크게 피어나길 바라며, 그들의 뜻과 노력이 더욱 가치를 발하길 바란다. 척박한 환경 속에서나마 자신이 하는 일의 의미를 되새길 수 있기를 바라며, 그 성찰을 바탕으로 진정 이 땅의 웃음을 건강하고 복되게 만들어주길 기대한다.

2006. 3.

차 례

1. 서론: 문제와 방법 ·······································11

  1.1 문제의 맥락 ···11

  1.2. 질문들 ··19

    1.2.1. 텔레비전 코미디의 즐거움 ···············27

    1.2.2. 즐거움에 작용하는 사회적 담론·······28

  1.3. 방법, 인식론적 전제들 ·························30

2. 즐거움, 담론 그리고 권력 ·······················39

  2.1. 텍스트의 즐거움 ·······························39

    2.1.1. 쥬이상스와 카니발의 웃음 ··············39

    2.1.2. 코미디와 웃음··································49

  2.2. 권력과 담론 ····································60

    2.2.1. 이데올로기와 담론·························60

    2.2.2. 지식과 권력의 문제 ·······················67

3. 텔레비전 코미디의 즐거움 ·······················77

  3.1. 대상과 방법 ····································77

  3.2. 즐거움의 분석: 일탈과 위반의 패턴·······81

    3.2.1. '놀람'의 패턴 ·······························81

     3.2.2. '그럴듯하지 않음'의 패턴·······················92

     3.2.3. '통속적 웃음'의 패턴·························102

    3.3. 분석결과: 텔레비전 코미디와 쥬이상스··············114

4. 사회적 담론 속의 텔레비전 코미디··························119

  4.1. 대상과 방법···119

  4.2. 텔레비전 코미디에 대한 담론 분석···················123

     4.2.1. 텔레비전 코미디에 대한 진술들···············123

     4.2.2. 부정적 신화의 잣대와 근거···················131

     4.2.3. 텔레비전 코미디의 담론 구성체···············153

  4.3. 분석결과: 텔레비전 코미디와 사회적 담론············172

5. 즐거움과 담론···177

  5.1. 담론적 지배의 사회적 과정·························177

  5.2. 이율배반적 수용자: 이론적 모델····················193

6. 결론: 텔레비전 코미디 수용자들의 모순적 정체성··········205

참고문헌··217

1. 서론: 문제와 방법

1.1 문제의 맥락

우리나라 초기의 텔레비전 코미디는 버라이어티쇼의 일부로 노래, 연주 등과 함께 선보이는 막간극의 형식을 취하고 있었다. 텔레비전 방송 초기에 등장한 KBS의 〈유머 클럽〉과 〈코미디 고스톱〉이 이러한 범주 안에 들어가는 텔레비전 코미디 프로그램이었다. 그러나 이들은 독립된 코미디 전용 프로그램이 아니었으며, 다만 쇼 프로그램의 막간을 짧은 웃음으로 메꿔 넣으려는 시도에서 나온 것이었다. 텔레비전 코미디가 하나의 프로그램으로 정착된 것은 1964년 TBC의 〈웃으면 천국〉에 와서였다. 그러나 이 또한 시청자들의 반응이 신통치 않아 이내 폐지되었고, 텔레비전 코미디는 한동안 자취를 감추게 된다. 우리나라 텔레비전 코미디 프로그램의 신기원은 MBC 텔레비전이 개국과 더불어 제작·방송한 〈웃으면 복이 와요〉에 의해 이룩된다. 이기동·배삼룡·구봉서와 같은 과거 악극단 시절의 유명 코미디언들을 스카웃하여 시청자들에게 폭발적인 인기를 얻은 〈웃으면 복이 와요〉는 이후 우리나라 텔레비전 코미디 프로그램의 전형을 이루었으며, 15년 8개월, 786회 방영이라는 전무후무한 기록을 세웠다. 〈웃으면 복이 와요〉의 성공에 힙 입어 1970년에는 〈부부만세〉라는 시트콤이 등장하였고, TBC는 텔레비전 코미디 프로그램으로서는 최초로 50분 단막극 형태의 〈고전 유모어 극장〉을 제작·방영하였다. 이후 텔레비전 코미디의 유형은 더욱 다양화되어 1987년 이후 MBC의 토크 버라이어티 〈일요일 일요일 밤에〉와 KBS의 코믹 버라이어티 〈쇼 비디오 쟈키〉가 탄생하였다. 그리고 1991년 SBS의 개국과 더불어 그동안 시청자들로부터 커다란 반응을 얻어내지 못했던 시트콤—SBS의 〈오박사네 사람들〉과 MBC

의 〈김가 이가〉 등— 이 부활되어 현재에 이르고 있다.[1]

초기의 변변치 않은 몇몇 프로그램과 신통치 않은 수용자 반응을 생각해 보면 우리나라의 텔레비전 코미디는 지난 30여 년 동안 괄목할 성장을 이루었다. 이제 코미디는 텔레비전 오락프로그램의 중심으로 그 자리를 굳게 지키고 있는 것 같다. 텔레비전 코미디는 97년 2월 말 현재 시트콤, 코믹 버라이어티, 코믹 토크쇼 등을 포함하여 총 17개 프로그램, 주간 약 1740분의 방송시간을 장악하고 있다. 이는 IMF 구제금융 이전의 총 23개 프로그램, 주간 약 2190분의 방송시간에 비하여 많이 줄어 든 것이기는 하지만, 그 지위는 여전히 확고한 것 같다.[2] 또한 텔레비전 코미디에 대한 수용자들의 호응 또한 만만치가 않다. 1996년에 시행된 한 조사결과에 따르면, 수용자들의 39.3%가 텔레비전 코미디를 즐겨본다고 대답하였다.[3] 또 다른 조사결과에 따르면, 93년에서 94년까지 코미디는 장르별 시청률에서 드라마의 아성을 깨뜨리고 2년 연속 1위를 기록하였다.[4]

그러나 그동안 양적인 발전을 이룩했다고 해서 그리고 현실적으로 많은 사람

---

1) 김웅래, '한국 텔레비전 코미디 프로그램의 통제유형에 관한 연구', 방송시대, 5호, 1993 가을·겨울, pp.142~145 참조.
2) KBS 2, MBC, SBS 등 오락프로그램을 편성하고 있는 3개 채널의 주간 총방송시간을 약 17,640분(평일 채널당 720분, 주말 채널당 1,140분 기준)이라고 할 때, 코미디는 IMF 구제금융 이전에는 전체 방송시간의 12.4%, 이후에는 9.9% 정도를 장악하고 있는 것으로 드러난다. 현실적으로 정규 뉴스프로그램과 드라마가 전체 방송시간의 거의 절반을 장악하고 있는 상황을 고려할 때, 이는 결코 적은 비율이라고 할 수 없다.
3) LG 애드, 한국인의 매체접촉 행동, 서울: LG 애드, 1996 참조.
4) 미디어 서비스 코리아(MSK)의 조사결과임. 하종원, 손병우, 'TV 오락프로그램의 심층분석 및 발전방안 연구', 방송문화진흥회 편, 영상시대의 방송 소프트웨어, 서울: 한울 아카데미, 1996, p.73에서 재인용. 한편 최근의 조사결과에 따르면, 코미디 장르의 개인 시청률은 95년 7.1%, 96년 6.7%, 97년 6.5%로 점차 떨어지는 추세를 보인다. 그럼에도 불구하고 채널 평균 시청률인 4.5%에 비하면 이는 여전히 높은 수치이다. 'MSK 연간 시청률 보고서', 미디어 서비스 코리아, 1997, p.52 참조.

들이 즐겨 본다고 해서, 훌륭하고 만족할 만한 프로그램이 되는 것은 아니다. 이근삼의 지적대로 텔레비전 코미디는 그것이 생겨난 바로 그 시점부터 계속되는 저질시비에 시달려야 했으며, 이는 지금에 와서도 전혀 변한 바 없기 때문이다.5 예를 들어 1994년 일간지 기사들 가운데 하나는 텔레비전 코미디 프로그램의 억지웃음과 저속한 대사를 문제 삼으며, 지난날의 '코미디 폐지론'이 재연될 수도 있다며 우려하고 있다.6 극단적인 예이긴 하지만, 신문기사들의 대부분은 이러한 논조에서 크게 벗어나지 않는 듯하다.7 신문기사들 속에서 텔레비전 코미디는 '저속한 대화'와 '억지웃음' 그리고 '요란한 차림'으로 '안방을 오염'시키고 우리의 '정서를 훼손'하는 저질 프로그램으로 규정되고 있다.8 고차원적인 웃음보다는 '욕설에 가까운 상스러운 표현과 오버액션'으로 '억지웃음'을 유발하는 텔레비전 코미디의 문화적 폐해는 이미 한계 수위에 도달한지 오래라는 것이다.9

　텔레비전 코미디에 대한 비난과 질시는 비단 신문기사에서만이 아니다. 각종

---

5) 이근삼 외, '연예오락프로그램의 질적 향상 방안', 한국방송학회, 1996, p.1 참조.

6) 'TV 리뷰', 중앙일보, 1994. 8. 23.

7) 텔레비전 코미디를 부정적으로 평가하는 신문기사들은 'TV 3사의 유치한 코미디 대결', 조선일보, 1995. 4. 1; '소재빈곤의 극단', 동아일보, 1995. 4. 21; '저질 코미디의 피곤한 주말', 한겨레신문, 1995. 5. 12 등 무수히 많다. 이에 대하여는 4장에서 보다 상세하게 다룰 것이다.

8) '욕설로 오염된 안방극장', 조선일보, 1996. 11. 5.

9) 대중 코미디에 대한 특히 텔레비전 코미디에 대한 이러한 지적은 비단 저널리즘이나 학자들을 통해서만 이야기되는 문제가 아니다. 수용자들에 있어서조차 대중 코미디는 비난과 멸시의 대상으로 전락한지 이미 오래되었다. 예를 들어 한국여성단체협의회 매스컴 모니터회의 모니터 보고서는 차별화의 실패, 구성력 미비, 낡은 포맷과 졸속 제작, 묘미를 살리지 못한 패러디의 남용, 여성의 소품화 등을 문제 삼아 대중 코미디와 쇼, 오락프로그램을 강하게 비판하고 있다. 한국여성단체협의회 매스컴 모니터회, '주말 쇼·코미디 프로그램 모니터 보고서', 방송과 시청자, 1995. 9. 참조.

수용자 단체들의 모니터 보고서나 PC통신에 올라와 있는 수용자들의 글 속에서도 텔레비전 코미디는 저질 대중문화의 대명사로 규정되고 있다. 예를 들어 여성민우회의 모니터 보고서는 텔레비전 코미디는 여성비하를 웃음의 소재로 삼고 있어 우습다기보다는 무섭다고 평하고 있었으며,[10] 어떤 수용자는 특정 프로그램을 두고 "이 무슨 거지같은 내용인가? 이거야 말로 전파공해다. 짜증난다."고 말하기까지 하였다.[11] 대중문화에 항상 따라 붙어왔던 저질이라는 꼬리표는 텔레비전 코미디에 와서 가장 극적인 표현이 되며, 저질스러운 대중문화는 텔레비전 코미디로 대표된다. 이러한 현실을 박성봉은 "예술의 고상한 세계에서 쫓겨나고 한편으로는 진지한 비평으로부터 천덕꾸러기 신세를 면하지 못했으며, 또 한편으로 상업주의나 절대주의의 돈과 권력의 노예가 되어 이리저리 두드려 맞는 신세"라고 표현하였다.[12] 텔레비전 코미디는 우리나라 사람들이 가장 즐겨보는 프로그램들 가운데 하나이며 동시에 사회적 비난과 멸시의 대상이다.

본 연구의 출발점은 바로 여기, 높은 시청률을 올리며 수용자들로부터 직접적인 반응을 이끌어 내고 있으면서도 좋은 소리 한마디 듣지 못하는 텔레비전 코미디의 역설적이며 모순적인 상황에 있다. 왜 텔레비전 코미디는 현실적으로 수많은 수용자들에 의해 수용되고 있으면서도 사회적 비난과 멸시의 대상이 되

---

10) 한국여성민우회 '우스운 코미디? 무서운 코미디! 그 웃음의 소재는 여성비하', 한국여성민우회 고용평등추진본부 고용평등 TV 모니터위원회, 1996.
11) 천리안 ID: soma33, '일요일 일요일 밤에 정말 ×××', 97. 6. 17. 이밖에 텔레비전 코미디에 대한 수용자들의 반응은 다음을 참조할 것. 천리안 ID: KIJA, '올려야 재밌다?', 97. 7. 7; 천리안 ID: made2, 'sbs 이주일의 투나잇 쇼! 정말 젠장이다', 97. 6. 16; 하이텔 ID: CREAMY22, '요즘의 쇼, 오락프로그램', 97. 10. 1; 하이텔 ID: BOSS592, 'MBC 일요일 일요일 밤에를 보고', 97. 9. 20; 김선희, '특정 계층에 대한 비천한 묘사', 방송과 시청자, 96년 5월호; 조순희, '기획의도 맞춘 정제된 프로그램 기대', 방송과 시청자, 96년 6월호; 박병준, '어색한 웃음보다 진솔한 웃음 주길', 방송과 시청자, 96년 10월호.
12) 하종원·손병우, 'TV 오락프로그램의 심층분석 및 발전방안 연구', 방송문화진흥회 편, 영상시대의 방송소프트웨어, 서울: 한울아카데미, 1996, p.71.

고 있는가? 이는 최근의 몇몇 연구에서도 언급된 바 있는 논제이다. 이근삼은 텔레비전 코미디의 저질성 시비는 우리 사회가 지닌 웃음 및 재미에 대한 '이중적 감정 구조'의 결과일 수 있음을 언급하였다.[13] 또한 하종원과 손병우에 따르면, 시청자들은 텔레비전 코미디에 대하여 '감정적 반응'과 더불어 '이성적 평가'를 내리게 되는데, 이들은 간혹 상충하거나 모순될 수 있다고 한다. 그러므로 코미디 제작자들이 지적하는 시청자들의 '이율배반적인 태도'란 이러한 상충과 모순의 결과라는 것이다. 이들은 시청자들이 인물에 대한 선호와 극화 코미디에 대한 선호 등과 같은 감정적 반응을 보이고, 작품적 완성도에 대한 요구, 비윤리성 · 비도덕성에 대한 비판, 의미 있는 메시지의 추구라는 이성적 판단을 하고 있음을 밝혀내었다.[14]

　　이근삼과 하종원 · 손병우의 논의는 서로 직접적인 연관은 없는 듯하다. 그럼에도 불구하고 이들의 논의는 "텔레비전 코미디 수용자들의 이율배반적 태도란 우리 사회가 지닌 웃음과 재미에 대한 감정적 반응과 이성적 평가의 상충에서 비롯된다"는 하나의 명제로 귀결될 수 있을 것 같다.[15] '이율배반적 태도'라고 표현을 하였든 혹은 '이중적 감정 구조'라고 표현을 하였든, 이들이 언급하고자 했던 것은 텔레비전 코미디에 대한 수용자들의 앞뒤가 맞지 않는 모순적인 태도였기 때문이다. 어떠한 의미에서 이근삼에 의해 지적된 수용자들의 '이중적 감정 구조'는 하종원과 손병우의 '이율배반적 태도'를 통해 경험적으로 확인되고 있는 것이다.[16]

---

13)　이근삼 외, *op. cit.*, p.2 참조.

14)　하종원 · 손병우, *op. cit.* pp.141~2; 142~4 참조.

15)　*ibid.* p.142.

16)　수용자들의 '이율배반적 태도'는 수용자들의 진술과 고백 속에서도 발견되는바, PC통신에 올라와 있는 다음 글은 이러한 '이율배반적 태도'의 극명한 예가 될 수 있을 것이다: "우리나라 코미디에 대해 여러 가지 비판이 있었지만 그 와중에서도 가장 일관된 비난이 너무 유치하다는 것이다. 하지만 코미디에서 '유치함'이란 지극히 당연한 요소이다. [……] 이런 유치한 말과 행동에는 이제는 질렸다." 천리안 ID: OL9248, 96.2.4.

16

물론 모든 수용자들이 '이율배반적 태도'를 갖는다고 말할 수는 없다. 사람들에 따라서는 텔레비전 코미디의 유치함을 거리낌 없이 받아들이는 사람들도 있을 수 있고, 어떤 사람들의 취향은 진정으로 텔레비전 코미디와는 거리가 멀 수도 있다. 그럼에도 불구하고 '이율배반적 태도'에 대한 연구는 독립적인 연구주제로 방법론적 우위성을 갖는다. 왜냐하면 텔레비전에 대한 호·불호만을 가정하는 경우에는 이율배반적 태도를 설명할 수 없지만, 이율배반적 태도를 가정하는 경우에는 텔레비전에 대한 호·불호를 설명할 수 있기 때문이다.[17] 그러므로 본 고에서 연구자는 수용자들의 이율배반적 태도에 초점을 두고 이를 해명하는 데 집중하고자 한다.

그런데 위에서 언급한 이근삼과 하종원·손병우의 연구는 기본적으로 '이율배반적 태도' 혹은 '이중적 감정 구조'를 해명하기 위한 것이 아니었다. 텔레비전 연예·오락프로그램의 생산과 수용 그리고 텍스트를 두루 살펴봄으로써 그것의 발전방안을 마련하기 위한 이들의 연구에서, 텔레비전 코미디에 대한 수용자들의 이율배반적 태도는 지엽적이고 사소한 문제에 불과했다. 하종원과 손병우는 텔레비전 코미디에 대한 수용자들의 이중성을 감정적인 반응과 이성적 평가라는 두 가지 기준으로 따로 떼어 설명함으로써, 양자의 구체적 관계에 대한 심층적 논의를 비껴간다. 그리고 이근삼은 텔레비전 코미디에 대한 부정적 평가는 근본적으로 그것의 유익성과 공익성 그리고 오락성에 문제가 있기 때문이라고 하면서, 이 문제에 대하여는 더 이상 언급하지 않는다.

그러나 수용자들의 이율배반적 태도에 대한 논제는 매우 중요한 연구주제일

---

17) '이율배반적 태도'를 가정하는 경우, 호·불호는 이율배반성의 특정한 한 부분이 강조된 결과로 이해될 수 있다. 즉 하종원과 손병우의 표현대로라면, '호'는 감정적 반응이 강한 결과로 '불호'는 이성적 판단이 강한 결과로 설명된다. 그러나 호·불호의 대립만을 이야기할 경우, 이들의 상호 작용에 의해 형성된 '이율배반적 태도'는 제3의 범주를 설정하지 않는 한, 설명될 수 없다. 이는 인간의 '이기성(selfishness)'을 가정하는 것이 인간을 '이타적(alturistic)'이라고 가정하는 경우보다 방법론적으로 우위를 점한다는 경제학의 기본적인 가정과 마찬가지 논리이다.

수도 있다. 왜냐하면 수용자들의 이율배반적 태도는 어떠한 의미에서는 텔레비전 코미디와 연관된 사회문화적 주체의 형성과정과 밀접한 연관을 맺고 있으리라, 유추할 수 있기 때문이다. 손병우와 하종원이 언급한 감정적 반응과 이성적 평가의 불일치는 사회문화적인 수준에서 욕망과 담론의 불일치라고 바꾸어 표현할 수도 있을 것이다. 이들 욕망과 담론의 문제는 문화연구의 주요한 논제들로 이미 숱한 연구와 논의 속에서 언급되고 논의된 바 있다. 그러나 기존의 문화연구에서 이들은 각각 다른 논제들로 취급되어 오거나 함께 다루어진다고 하더라도 한쪽에 지나치게 기울어진 논의 전개로 이들을 균형 있게 다루지는 못하였던 것 같다. 기존의 문화연구에서 욕망과 담론의 불일치는 대개 담론을 우위에 두고 이로부터 욕망의 사회문화적 억압을 다루는 연구들이나,[18] 욕망에 방점을 두어 담론적 억압으로부터 탈주하는 수용자들의 자율성과 능동성을 언급하는 연구들이 대부분이었다.[19] 그러므로 이들의 연구는 흔히 담론의 이데올로기적 지배를 재확인하거나[20] 욕망에 근거한 문화적 저항을 주장하는 극단적 결과를 제시하는 데 그치고 있는 것이다.[21] 어떠한 의미에서 이들의 논의 속에

---

18) 이를테면, 맑시즘에 입각한 전통적 문화연구들이 대개 이 범주에 들어가게 될 것이다. 이들 연구경향을 일별하기 위해서는 원용진, 대중문화의 패러다임, 서울: 한나래, 1996, pp.105~170을 참조할 것.

19) 홀이 저항적 해독의 가능성을 언급한 이래, 문화연구는 이데올로기에 포섭되지 않는 수용자들에 대한 연구에 집중하기 시작하였다. 이를테면 몰리(D. Morley)와 앙(I. Ang)의 *Nation Wide*와 *Dallas*의 수용자들에 대한 연구나 피스크의 마돈나 뮤직 비디오의 수용자들에 대한 연구가 이에 해당한다. 이들의 전반적 흐름을 살펴보기 위해서는 G. Turner, *British Cultural Studies: An Introduction*, 김연종 역, 문화연구입문, 서울: 한나래, 1995, pp.107~256을 참조할 것.

20) 이를테면 스튜어트 홀(S. Hall)의 뉴스 사진에 대한 연구가 그러하다. S. Hall, 'The Determinations of News Photographs', 임영호 역, '뉴스 사진의 결정', 임영호 편역, 스튜어트 홀의 문화이론, 서울: 한나래, 1996, 참조.

21) 이를테면 대중문화의 저항적 특성을 강조하는 피스크(J. Fiske)의 연구들이 그러하다. 그의 주장이 가장 잘 드러나 있는 저서로는 특히 다음을 참조할

서는 진정한 의미의 '불일치'는 존재하지 않는다.

현실적으로 담론의 이데올로기적 억압이 제아무리 드세다고 할지라도 이로부터 벗어나 엉뚱하게 행동하는 사람들이 존재하고, 인간의 욕망이 제아무리 강하다 할지라도 담론과 이데올로기로부터 마냥 자유로울 수 없다. 마찬가지로 수용자들 역시 어떠한 부분에 있어서는 담론과 이데올로기에 포섭되지만 또 다른 부분에 있어서는 그렇지 않을 수 있다. 그러므로 욕망과 담론의 불일치로 표현된 수용자들의 이율배반적 태도는 그 자체로 함께 다루어질 문제이지 따로 연구되어 절충되거나 해서는 곤란한 문제일 것 같다.

만약 담론과 욕망이 그 나름의 무게와 비중으로 수용자의 행위와 태도에 영향을 미친다면, 그리하여 이들 수용자들의 주체는 담론과 욕망이 얽히고 섞인 복합적 구성체라고 하지 않을 수 없다. 그런데 담론과 욕망이 위에서 언급한 대로 불일치와 모순을 낳는 대립적 성격을 지니고 있다면, 수용자 주체는 통일된 공간이라기보다는 분열된 공간이고 통합된 공간이라기보다는 파편화된 공간이라고 생각하여야 한다. 그러므로 문화연구의 전통적인 표현법에 따르자면 '수용자들의 이율배반적 태도'란 결국 '욕망과 담론의 불일치에서 비롯된 이중화된 주체의 형성 결과'인 셈이다.

텔레비전 코미디의 수용자들은 그들의 욕망에 따라 텔레비전 코미디를 즐겨보지만, 그것에 대한 부정적 담론으로부터 영향을 받아 그것을 비난하고 질시할 수 있다. 이러한 수용자들의 이율배반적 태도는 비정상이라거나 예외적인 현상이라고 치부하고 간단히 넘겨버릴 문제가 아니다. 그것은 오히려 수용자 주체의 정체성은 바로 이러한 이율배반적 태도에 뿌리박고 있을 수도 있기 때문이다. 그렇다면 이러한 욕망과 담론의 불일치에서 초래된 텔레비전 코미디 수용자들의 이율배반적 태도는 과연 어떠한 과정을 통해 형성되었는가? 그리고 그것은 현실의 사회문화적 조건 속에서 어떠한 의미를 가지고 있는가? 본 연구

것. J. Fiske, *Understanding Popular Culture*, London: Methuen, 1989.

는 이러한 의문을 해결하기 위한 하나의 시도이며 그 결과가 될 것이다.

1.2. 질문들

본 연구의 목적은 욕망과 담론의 불일치라는 텔레비전 코미디 수용자들의 이율배반적 태도를 하나의 사회문화적 과정으로 설명해내는 데 있다. 여기에서 '사회문화적 과정'이라는 표현은 이 문제를 사회적인 수준에서 문화연구의 전통에 따라 논의하겠다는 본 연구자의 입장을 표명하기 위한 것이다. 하나의 문제에 접근하여 그것을 해결하는 데에는 수많은 방법과 경로가 있을 수 있겠지만, 본 연구는 그것을 문화연구의 전통 안에 정위시키고자 한다. 문화연구는 문화적 현상을 권력과 연관된 일종의 정치적 사안으로 취급하는 경향이 있는데, 이는 본 연구에서도 마찬가지이다. 본 연구자의 입장에서, 욕망과 담론의 문제는 권력과 밀접히 연관되어 있으며, 욕망과 담론의 불일치로부터 비롯된 수용자들의 이율배반적 태도는 권력의 한 산물로 간주된다.

이러한 문제는 한편으로는 텔레비전 코미디의 생산과 그것의 유통이라는 경제적 관점에서도 탐구될 수 있을 것이다. 프로그램의 수준을 낮추는 것은 경제적 이윤의 극대화하기 위한 텔레비전의 시장전략과 밀접히 연관되어 있다. 즉 저질 텔레비전 코미디의 양산은 시장에서의 생존과 자기 재생산을 위한 텔레비전의 전략적 선택에서 비롯되는 의도되지 않은 결과(unintended consequence)일 수 있다. 마찬가지로 신문에서 이야기되는 텔레비전 코미디에 대한 부정적 담론 역시 수요에 따른 결과로 해석될 수 있다. 즉 텔레비전 코미디에 대한 부정적 담론은 이윤극대화를 위한 신문의 시장전략이라는 것이다. 그렇다면 수용자들의 이율배반적 태도란 상이한 두 가지 자본 즉 텔레비전과 신문의 경제적 활동에서 기인하는 것이라고 볼 수 있다. 그리고 그것의 구조적 효과는 경제적 이익의 극대화와 더불어 기존의 사회적 가치와 신념을 유지하는 정치적 이익의 극대화로 연결된다. 이러한 접근방법은 상당부분 텔레비전 코미디의 생산과정을 염두에 둔 것이다. 물론 이는 매우 중요하고 매력적인 논제이다.[22] 그러나 연구자는 본 고의 범위를 텔레비전 코미디의 텍스트와 그것의 사회적 수용에 국한시키고 이를 문화이론의 전통 안에서 논의하고자 한다.

개인의 삶이 사회로부터 벗어나 자존적이며 독립적일 수 없듯이, 이들의 욕망과 담론 역시 사회로부터 완전한 자유를 누릴 수는 없다. 욕망과 담론은 사회적 관계의 틀 안에 있다. 욕망은 한편으로는 개인적이며 자의적이지만 다른 한편으로는 사회적이며 규범적이다. 우리들의 욕망은 때때로 다른 사람들의 욕망과 충돌하거나 상충한다. 물론 서로 다른 욕망들이 한데 어울려 집단화되기도 하고 서로를 격려하며 상승되고 고양될 수도 있다. 그리고 많은 경우에 있어 나의 욕망은 내 자신으로부터 말미암은 것이라기보다는 오히려 다른 사람의 욕망을 흉내낸 것이기도 하다.[23] 욕망과 마찬가지로 담론 또한 사회적이다. 그것의 주요 매체인 언어와 기호가 사회적으로 기원한 이상, 담론이란 그 자체로 하나의 사회적 현상일 수밖에 없다.

그런데 사회적 관계란 교환을 통해 형성된다. 그것이 말이건 재화이건 혹은 감정이건 관계없이 관계는 교환에 의존한다. 교환은 주는 자와 받는 자의 관계이며, 가진 자와 가지지 못한 자의 관계이다. 그것은 대등할 수도 있고 그렇지 않을 수도 있다. 받은 만큼 줄 수 있는 관계라면 대등한 것이고 그렇지 않다면 대등하지 못한 것이다. 만약 어떤 관계가 대등하지 못하다면 이로부터 권력과 위계가 발생한다.[24] 권력과 위계는 사회를 특유의 질서로 틀 지우며, 그 안에서

---

22) 본 고의 논제를 경제학적으로 특히 생산과정과 연관지어 확장할 수 있는 가능성에 대하여는 특히 다음 글을 참조하기 바람. 장용호, '한국TV산업의 시장구조, 행위 및 성과에 관한 연구', 서강대언론문화연구소 편, 언론학논선 제6집, 서울: 나남, 1989.

23) R. Girard, *La Violence et Le Sacre*, 김진식, 박무호 역, 폭력과 성스러움, 서울: 민음사, 1997 참조.

24) 교환(exchange)이란, 가지지 못한 자는 가진 자에게 공여의 대가로 무엇인가를 지불하여야 하는 관계이다. 공여에 상응하는 대가가 준비되어 있을 때 교환은 평등하게 이루어지지만, 그렇지 못한 경우 채무가 발생한다. 채무는 관계를 어지럽

일어나는 모든 현상은 그것의 질서로부터 결코 자유로울 수 없다. 그러므로 욕망과 담론은 권력관계의 영향권 안에 있으며,[25] 텔레비전 코미디 수용자의 이율배반적 태도 또한 권력관계로부터 자유로울 수 없다.

이율배반적 태도의 발생공간은 무엇보다 '수용자 주체'이다. 어떠한 의미에서 이율배반적 태도는 권력의 효과로 발생한다. 그리고 권력의 효과는 주체에 의해 담지된다. 권력은 명령과 복종의 관계이며 그것을 가능케하는 자원의 정돈된 배열(oikos: economy)이다.[26] 그러나 자원의 배열만으로는 권력을 보장

한다. 끊임없는 물질의 순환만이 사회를 유지하는 유일한 힘이다. 그러나 채무의 발생은 물질과 상징의 흐름을 끊고 더 이상의 관계를 보장하지 못한다. 이로부터 채무이행의 시간적 유예가 발생한다. 그런데 문제는 유예된 채무기간에 있다. 만약 채무이행이 순조롭게 진행되고 그 기간이 비교적 짧다면 아무런 문제도 발생하지 않는다. 그러나 채무이행을 확실히 보장할 수 없다면, 불씨는 여전히 남아있는 셈이다. 이 불씨가 권력의 근원이다. 공여에 상응하는 변제수단을 가지고 있지 않을 때, 그것을 대신할 무엇이 필요하다. 이로부터 복종이 발생한다. 공여와 복종은 사회적 서열을 창출한다. 권력이란 가진 것과 가지지 못한 것의 차이로부터 발생한다. 그리고 이는 공여로부터 발생하지만 넓게는 그 가능성으로부터도 발생할 수 있다. '선물경제에 의한 권력의 발생'이라고 표현할 수 있을 만한, 이 이론은 모스(M. Moss)로부터 제기되어 레비-스트로스(C. Levi-Strauss)에 의해 가다듬어지고 부르디외에 의해 정식화되었다. P. Bourdieu, *Outline of A Theory of Practice*, Cambridge: Cambridge University Press, 1977 참조.

25) 욕망과 담론은 권력과의 관계― 그것에 복종하든가 혹은 그것에 저항하든 상관없이― 에 따라 형성된다. 그러므로 브루디외는 취향은 '계급의 지표(index)'로 기능할 수 있다고 말하였고, 페쇠는 담론이 권력관계를 반영한다고 주장하였다. P. Bourdieu, *La Distinction*, 최종철 역, 구별짓기: 문화와 취향의 사회학, 서울: 새물결, 1995, p.21; C. MacCabe, On Discourse, *Economy and Society*, 8(4), 1979, pp.279~307; D. Macdonell, *Theories of Discourse: An Introduction*, 임상훈 역, 담론이란 무엇인가: 알튀세 입장에서의 푸코 · 포스트맑시즘 비판, 서울: 한울, 1992 참조.

26) 라 페리에르(Guillaume de La Perrire)에 의하면, "통치란 목적에 편리하게 이를 수 있도록 정리된, 사물들의 올바른 배열"이다. M. Foucault, 'Governmentality',

22

할 수 없다. 가지지 못했다는 것은 상대적일 뿐이다. 교환대상이 바뀌면 가진 자와 가지지 못한 자의 관계도 바뀌게 된다. 그러므로 권력관계를 안전하게 유지하기 위해서는 어떻게 해서든 교환대상을 하나로 고정시켜야 하지만, 그것은 현실적으로 불가능한 일이다. 모든 자원은 상호 환원 불가능한 그 나름의 가치를 지니고 있기 때문이다.[27] 그러므로 가진 자는 자신이 가진 것을 변호하고 옹호함으로써 교환대상을 고정시키려 한다. 가진 자의 그것은 그 무엇보다 소중하며, 그 무엇보다 가치가 있다는 맹목적인 믿음이 필요하다. 그러나 그것이 '가진 자'만의 생각이어서는 곤란하다. 가지지 못한 자 또한 그렇게 믿도록 만들어야 한다. 그렇지 않으면 어떠한 교환이나 권력도 발생할 수 없게 된다.[28] 이러한 믿음은 개개인의 삶을 규제하고 조정하는 내면화된 믿음, 그가 살아가는 양식이 되어야 한다. 이로부터 이데올로기— 알튀세적인 의미에서의— 가 발생한다.

수용자들의 '이율배반적 태도'는 사회권력의 효과가 개인의 내면을 파고든 결과, 즉 주체구성의 결과이다. 욕망과 담론의 불일치 혹은 모순은 수용자에게 감정적 반응과 이성적 반성에서 서로 다른 잣대를 들이대도록 만든다. 그러나 이러한 모순은 순전히 인식론적인 것일 뿐, 경험 안에서 그리고 일상적 삶의

정일준 역, '통치성', 정일준 편역, 미셸 푸코의 권력이론, 수정증보판, 서울: 새물결, 1995, p.34 참조.
27) あさだ あきら, 構造と力, 이정우 역, 구조주의와 포스트 구조주의: 구조에서 힘으로, 서울: 새길, 1995 참조.
28) 가진 자는 줌으로써 얻기 위하여, 가지지 못한 자는 얻음으로써 주기 위하여. 그러므로 하나의 대상을 놓고 이루어지는 교환이란 애초부터 불평등과 불화의 씨앗이었다. 이러한 관점에서 볼 때 마르크스(K. Marx)의 해방과 혁명은 결국 '화폐'라는 단일한 교환대상(자본)에 의해 지배되는 자본주의적 관계로부터 탈피하여 교환대상을 복수화하는 새로운 관계로의 전이라고 표현할 수 있을 것이다. '화폐'의 폭력으로 동질화되고 양화된 노동(노동력)으로부터 상호 환원 불가능한 질적 노동의 세계로 나아가야 한다는 것이 그의 중심적인 논제가 아니었겠는가? 이에 대하여는 위에서 언급한 あきら의 글을 참조할 것. 또한 K. Marx, Capital, 김수행 역, 자본론 제1권, 서울: 비봉출판사, 1989, pp.106~17를 살펴 볼 것.

순간에서는 아무런 문제도 일으키지 않는 것처럼 보인다. 권력은 모순된 두 수준을 한데 엮어 하나의 주체 안에 밀어 넣는다. '이율배반'이란 주체형성의 모순된 결과, 주체의 내적 복수화의 결과이다. 그러므로 본 연구의 목적은, 텔레비전 코미디에 대한 수용자들의 욕망과 그것에 대한 사회적 담론에 개입함으로써 수용자를 이율배반적 주체로 자리매김하는 권력의 효과를 해명하는 데 있다.

시청자들의 욕망은 텔레비전 코미디라는 텍스트와 직접적으로 결부된 정서적 반응에서 연유하지만, 이에 대한 평가는 사회적 담론 안에서 이루어진다. 그러므로 텔레비전 코미디에 대한 욕망은 텍스트의 수용으로부터 발생하는 '즐거움(pleasure)'에 연관되며, 이에 대한 부정적 평가는 사회적 담론에 의해 형성되는 '이데올로기'에 연관된다. '즐거움'이란 일차적으로 수용자들의 정서적 반응, 텍스트를 통해 느끼는 재미와 희열을 의미한다. 그러나 수용자의 '즐거움'은 사회화를 통해 내면화된 감수성, 즉 사회문화적으로 기율된 감수성을 의미할 수도 있다. 사회적 담론이 즐거움과 연관되는 지점은 바로 이곳, 즐거움을 사회적으로 기율하는 과정이다.

예를 들어 설명해보기로 하자. 자신의 신체적 능력을 발휘함으로써 즐거움을 누리는 방식은 사람들마다 서로 다르다. 어떤 이는 다른 사람들에게 그것을 행사함으로써 즐거움을 얻기도 한다. 그러나 우리가 '폭력'이라고 부르는 이러한 행위는, 사회의 존립을 위태롭게 하는 위험한 행위이다. 그러므로 사회는 이를 배제하고 추방하기 위해 일련의 전략들을 수립한다. 이러한 전략들의 가장 흔한 형태로 [사법적] 처벌이 있다. 처벌의 의미는 행위자에 대한 제도화된 복수이며, 잠재적 행위자들에 대한 경고이다. 그러나 이는 근원적인 대책이 되지 못한다. 사후적 통제보다는 예방이 우선이다.[29] 그러므로 가장 바람직한 형태의 전략은 그것으로부터 오는 즐거움을 거세하는 일이다. 즐거움이 아니라 괴로움일 때, 더 이상의 폭력은 자취를 감추고 말 것이다. 폭력을 괴로움으로 만들기 위해 사회는 그것을 바람직하지 못한 것으로 규정하고 왜 바람직하지 못한지에

---

29) Girard, *op. cit.*, 참조.

24

대하여 차근차근 이야기하여야 한다. 이렇게 폭력에 대하여 말하는 것, 그것이 바로 담론이다.

그러나 사회적 담론의 존재, 특히 금지와 부정의 담론은 한편으로는 현실은 그렇지 않다는 증후이다. 폭력이 존재하기 때문에 그것이 나쁘다는 담론이 존재하는 것이다. 그런데 폭력의 가해자는 한편 언제라도 피해자의 위치로 전락할 가능성을 지니고 있다. 가해는 또 다른 가해를 낳는다. 이러한 폭력의 만연은 가해자의 입장에서도 결코 바람직하지만은 않은 현상이다. 그러므로 '폭력'은 나쁘다는 만장일치의 동의가 성립될 수 있다. 이러한 만장일치의 동의가 곧 사법적 권력의 근원이며, 앞에서 말한 처벌을 정당화하는 근거가 되기도 한다.[30] 그러나 우리 사회의 모든 영역에서 이러한 만장일치가 이루어질 수는 없다. 그리고 만장일치가 이루어졌다고 해도 금기가 완전히 해소되는 것도 아니다. 만장일치에도 불구하고 '폭력'은 여전히 발생하고, 더욱 거세어져 가기만 한다. 왜냐하면 만장일치의 강력한 담론에 의해서도 그것이 주는 무엇, 그것을 행하게 하는 직접적인 동인은 사라지지 않았기 때문이다.[31]

사회권력은 담론을 통해 사회 제 부문에 대한 지배력을 행사하려고 하지만 즐거움은 그것의 바깥에 있다.[32] 아무리 금지하고 부정한다고 하더라도 즐거움

---

30) *ibid.* p.204 참조.
31) 폭력을 하나의 범죄 혹은 일탈적 행동이라고 했을 때, 그것의 사회적 의미는 인과적이며 필연적인 자연적 과정을 통해 주어지는 것이 아니라 사회적으로 만들어지는 것이다. 사회적 일탈은 어떠한 의미에서 자의적이며 구성적인 것이다. 그리고 일탈의 자의적 구성은 무엇보다 담론을 통해 이루어진다. 일탈의 사회적 구성 과정을 추적하는 일탈사회학의 한 조류를 흔히 '낙인이론(labeling theory)'이라 부른다. 이 이론에서 한 가지 흥미로운 것은 '일탈'이 매우 매력적이라는 점을 전제하고 있다는 점이다. 이들은 사회적 일탈에 대한 행위자들의 욕망을 하나의 보편적 전제로 받아들인다. N. J. Davis, *Sociological Construction of Deviance: Perspectives and Issues in the Field*, Dubuque, Iowa: Wm. C. Brown Company Publishers, 1975, pp.179~84 참조.
32) J. Fiske, *Television Culture*, London: Methuen, 1987, pp.224~5 참조.

을 뿌리 채 뽑아 없앨 수는 없다. 이는 권력의 지배에 구멍이 뚫려 있음을 의미
한다. 신화와 이데올로기에 의해 행사되는 지배권력의 담론적 힘은 텍스트 수
용의 직접적 계기인 즐거움까지 침범할 수는 없다.[33] 그렇다면 담론은 즐거움
에 어떠한 영향도 미치지 못하는 것일까? 즉 텔레비전 코미디에 대한 부정적
담론은 텔레비전 코미디의 즐거움에 어떠한 효과도 발생하지 못하는가?

텔레비전 코미디에 대한 부정적 담론은 그것이 지배적인 한에 있어 지배의
이데올로기로서 작용하게 된다. 이는 단지 권력에 의해 조작되고 날조된 허위
와 기만이 아니다. 그것은 수용자들이 텔레비전 코미디를 해석하고 경험할 수
있는 개념적 틀을 제공한다.[34] 그러므로 만약 텔레비전 코미디가 이데올로기와
신화에 의해 부정적인 것으로 규정되고 있다면, 수용자들은 일종의 부담감을
안겨주게 된다. 이러한 부담감은 물론 텔레비전 코미디를 시청하고 이로부터
즐거움을 얻는 수용자들의 행위까지 제제할 수 있을 정도로 충분히 강력한 것
이 아니다. 그러나 수용자 대중이 지배적 담론의 이데올로기를 받아들이는 한,
그들은 금지된 것 혹은 바람직하지 못한 것을 행한다는 께름직함을 느끼게 될
것이다. 이때 수용자들은 심리적으로 압박받는다. 개인적 수준에서의 즐거움은

---

33) 예를 들어, 최근에 개봉된 잔혹 코미디 〈조용한 가족〉을 생각해 보라. 이 영화는
   산장에 이사온 한 가족이 벌이는 살인행각을 코믹하게 그려내고 있다. 살인이라
   는 결코 웃음을 수 없는 주제로 웃음을 이끌어 내고 있는 것이다. 물론 이러한 웃
   음을 다른 코미디 장르와 동일시 할 수는 없을 것이다. 그것은 어처구니가 없는
   웃음일 수도 있고, 뒷맛이 개운치 않은 찝찝한 웃음일 수도 있다. 그러나 처음에
   는 실수로 나중에는 그 실수를 덮어두기 위해 벌이는 이들의 살인과 암매장의 연
   속적 해프닝은 관객들로부터 웃음을 자아낸다. 그리고 그 웃음의 순간만큼은 여
   타의 코미디와 그다지 다르지 않은 것 같다. 그 순간 관객들에게는 살인이라는 심
   각한 상황보다는 웃음이 먼저인 것 같다. 어떠한 의미에서 이는 즐거움이 사회문
   화적 담론에 의해 기율된 규범과 규칙에 앞질러 가는 한 예를 보여주고 있는 것은
   아닐까?
34) S. Hall, Cultural Studies and the Centre: Some Problematics and Problems,
   in S. Hall, D. Hobson, A. Lowe, & P.Willis(eds.), *Culture, Media,
   Language*, London: Hutchinson, 1980, p.33; Turner, *op.cit.* p.39 참조.

사회적 수준에서의 담론으로부터 자유로울 수 없다. 텔레비전 코미디는 개인들에 의해 사회적으로 수용된다. 사회적 담론은 텔레비전 코미디의 즐거움을 '왜곡'함으로써 수용자들을 '이율배반적 태도'를 지닌 '모순적 주체'로 주조해낸다. 텔레비전 코미디의 수용행위를 위축시키거나 다른 사회영역에 대한 그것의 영향력을 최소화하는 독특한 전략을 구사한다. 이것이 본 연구의 핵심 논제이며 기본적인 이론적 가정이다.

이상의 논의를 통해 알 수 있듯이 '텔레비전 코미디 수용자의 이율배반적 태도'란 결국 '왜곡된 즐거움'으로부터 온다. 그리고 그것은 '권력'이라는 주체가 '담론'을 수단으로 텔레비전 코미디의 '즐거움'이라는 대상에 구사한 전략이며 그 효과이다. 따라서 본 연구의 목적인 '이율배반적 태도의 형성과정을 해명하는 일'은 권력이 담론을 통해 텔레비전 코미디의 즐거움을 어떠한 방식으로 왜곡하느냐 하는 물음으로부터 시작할 수밖에 없다. 그러므로 이 책의 연구목적을 위해서는 권력이 작동하는 구체적 공간 즉 담론에 집중하여야 할 것이다. 그러나 담론에 대한 논의만으로는 모자라는 점이 있다. 권력은 담론을 통해 텔레비전 코미디에 대하여 이야기하고 있으며, 이는 그것의 즐거움과 밀접히 연관되어 있다. 만약 텔레비전 코미디의 즐거움이 무엇인지에 대하여 살펴보지 않는다면, 담론에 대하여 아무리 이야기한다 한들 소용이 없다. 왜냐하면 담론을 통해 무엇이 왜곡되고 무엇이 강조되고 무엇이 감추어지고 무엇이 변형되었는지를 확인하지 않는다면, 이에 대하여 더 이상 아무런 말도 할 수 없기 때문이다.

본 연구의 목적을 위해서는 텔레비전 코미디의 즐거움과 그것에 대한 사회적 담론에 관심을 두지 않으면 안 된다. 텔레비전 코미디의 즐거움에 대한 논의는 권력이 행사되는 직접적 대상이 무엇인가를 밝히는 문제이며, 그것에 대한 사회적 담론을 논의함은 권력의 구체적인 행위와 전략을 밝히는 문제이다. 이 두 문제를 해명할 수 있다면, 텔레비전 코미디를 둘러싸고 움직이는 권력의 구체적인 작동방식을 이해할 수 있을 것이다. 그러므로 이 책의 연구문제는 다음과 같다. "텔레비전 코미디 수용자들의 이율배반적 태도를 형성하는 즐거움과 그것에 대한 사회적 담론의 관계는 무엇인가?" 그런데 이러한 문제를 해결하기 위해서는 무엇보다 텔레비전 코미디의 즐거움과 그것에 대한 사회적 담론이 무엇인지에 대하여 각각 살펴보아야 할 것이다. 그러므로 위의 문제는 분석적인 수준에서 다음과 같은 두 가지 문제로 쪼개어진다. "첫째, 텔레비전 코미디의 즐거움이란 무엇인가?", "둘째, 사회적 담론은 텔레비전 코미디의 즐거움을 어떻게 의미화하는가?"

1.2.1. 텔레비전 코미디의 즐거움

이는 권력이 담론을 통해 왜곡하는 '대상'에 대한 문제이다. 그렇다면 즐거움이 '왜곡'되어야 하는 까닭은 무엇인가? 물론 그것이 지배권력에 포섭되지 않는 비담론적 영역에 속해있기 때문이다. 담론으로 포착할 수 없는 영역이 존재한다는 사실은 권력의 입장에서는 불안하고 위험한 일이다. 권력은 사회문화적 전 영역에 그 영향력을 행사하려 하지만, 비담론적 영역으로서의 '즐거움의 세계'는 이것에 길항함으로써 권력의 균열과 구멍을 들춰낸다. 즐거움은 어떠한 면에서 권력으로부터 이탈하고 그것으로부터 벗어나는 출구가 된다.

물론 즐거움을 권력과 연관지어 논의할 때 흔히 빠지게 되는 오류는 그것을 권력의 재생산 혹은 권력에 대한 저항이라는 관점에서 파악하는 데 있다. 물론 즐거움은 권력을 재생산하거나 그것에 저항하는 제도적 실천과 연관될 수 있다. 루나차르스키(Lunacharski)가 중세의 카니발을 그리고 니콜(A. Nicoll)이 광대극이나 마임과 같은 대중희극을 사회적 안전판(safety valve)이라고 규정하였듯이, 텔레비전 코미디의 웃음과 즐거움 또한 사회적 질서를 보수하고 재생산하는 면이 있다.[35] 그러나 사회적 안전판으로서의 즐거움이란 한편으로는 권력

---

35) J. Docker, *Postmodernism and Popular Culture: a Cultural History*, Cambridge: Cambridge University Press, 1994, p.171; A. Nicoll, *Masks*

28

이 개입되어 그것에 포섭된 즐거움이지 순수한 의미에서의 즐거움이라고는 말할 수 없다. 이는 '즐거움'으로부터 저항과 반역의 계기를 찾고자 하는 경우에도 똑같이 적용된다. 이 또한 '즐거움'의 효과일 뿐, '즐거움' 그 자체는 아니기 때문이다. 어떠한 면에서 즐거움은 아무런 의미도 지니지 않고 있다. 그것은 의미화의 영역 바깥에 있는 비담론적 세계이기 때문이다.

지배권력이건 저항적 권력이건 권력이기는 매한가지다. 담론을 통해 스스로의 지배력을 확장해나가는 가운데 어떠한 하나의 권력이 사회문화적 헤게모니를 틀어 쥐었을 때 그것을 '지배권력'이라 부르고, 그것에 대적하여 대안적인 질서와 규범을 제시하는 쪽을 '저항적 권력'이라 부른다는 점에서 차이가 있을 뿐이다. 즐거움은 엄밀하게 말해 지배의 편도 그렇다고 저항의 편도 아니다. 다만 사회문화적 조건과 맥락 안에서 어떻게 의미화되고 담론화되느냐에 따라, 지배권력에 봉사하는 것처럼 여겨질 수도 있고 그것에 저항하는 것으로 인식될 수도 있을 뿐이다. 그러므로 '즐거움'이 길항하는 권력이란 특정한 권력이라기보다는 권력 일반이라 해야 옳을 것이다. 즐거움은 사회적 질서와 규범을 내세우고 그것에 의미를 부여하는 담론화된 권력 일반에 길항한다. 그렇다면 텔레비전 코미디의 즐거움이란 무엇인가? 그리고 그것은 어떠한 방식으로 권력의 담론적 포섭에 길항하는가? 이러한 질문은 본 연구의 첫 번째 연구문제가 될 것이다.

1.2.2. 즐거움에 작용하는 사회적 담론

이는 권력이 텔레비전 코미디의 즐거움을 죄의식화하는 '수단' 혹은 '방법'에 대한 문제이다. 앞에서 논의한 바대로 텔레비전 코미디의 즐거움은 권력에 의해 통제된다. 이때 사회권력의 통제는 사회적 담론을 동원하여 텔레비전 코미디를 부정적으로 평가함으로써 대중들에게 모종의 영향력을 행사하는 방식으로 진행된다. 그렇다면 이는 구체적으로 어떻게 이루어지는가? 텔레비전 코미디에

Mimes and Miracles, New York: Cooper Square Publishing Inc., 1963, p.18.

대한 사회적 담론은 부정적이다. 그러나 이는 모든 사회적 담론이 적대적이나 비호의적이라는 말이 아니라, 우리 사회의 지배적인 평가가 그러하다는 말이다. 지배적인 담론은 일반적으로 지배권력의 이데올로기를 반영한다. 그러나 이들 사이에 필연적이며 논리적인 관계가 존재하는 것은 아니다. 지배권력의 이해를 반영한다고 해서 모두 지배적 담론이 되고 지배적인 이데올로기가 되지는 않는다. 지배권력의 이데올로기가 지배적인 이데올로기로써 지배적 담론을 타고 흐르기 위해서는 모종의 사회정치적 과정이 개입되어야 한다. 이데올로기나 담론이 '지배적'이라는 말은 그것이 특정 사회의 보편적인 가치를 반영하고 있음을 의미한다. 지배적 담론은 지배권력만의 담론이 아니고, 지배 이데올로기는 지배권력만의 이데올로기가 아니다. 그것은 모종의 과정을 통해 보편화되고 상식화되어 그 사회의 모든 구성원들에게 진실된 것으로 혹은 정당한 것으로 인정되어야 한다. 이러한 과정은 담론을 전략적 행위들이 충돌하는 일종의 게임의 공간으로 규정짓게 만든다.[36] 텔레비전 코미디에 대한 부정적 담론은 그러므로 특정한 사회적 과정을 거쳐 정당하다고 인정된 지배적 담론인 것이다.

텔레비전 코미디에 대한 사회적 담론의 문제는 그것을 정당화하는 일련의 사회정치적 과정들에 있다. 이는 특정 담론의 진리가를 확인하거나, 대항적 담론이 허위임을 증명하는 일이다. 전자는 긍정적 방식의 정당화이며 후자는 부정적 방식의 정당화라 부를 수 있을 것이다. 그런데 하나의 담론을 정당화하는 것은 또 다른 담론이다. 담론의 진리가는 그것을 정당화하는 또 다른 담론의 진리가에 의존한다. 담론은 다른 수많은 담론들과 관계의 사슬을 형성하고 있다. 텔레비전 코미디에 대한 부정적 담론 역시 예외일 수는 없다. 텔레비전 코미디에 대한 담론은 단일한 하나의 담론이 아니라, 연관되는 수많은 담론들의 사슬로 존재한다. 담론들은 진리가 획득을 위한 상징적 자원을 상호 공급함으로써 서로를 지탱하고 지지하는 상호의존적 관계를 형성한다. 그러므로 텔레비전 코미디의 사회적 담론에 대한 문제는 담론들의 관계, 즉 담론 사슬의 구성양식

---

36) P. Bourdieu, *Outline of A Theory of Practice*, p.168 참조.

에 대한 문제이기도 하다. 이 책의 두 번째 연구문제는 다음과 같다: 텔레비전 코미디에 대하여 부정적 평가를 내리고 있는 사회적 담론은 어떠한 사슬 구조를 형성하고 있는가? 이러한 사슬 구조 안에서 개별 담론들은 어떻게 연관되는가?

1.3. 방법, 인식론적 전제들

본 연구의 문제는 텔레비전 코미디의 즐거움과 담론에 대한 것이다. 이를 구체적인 분석대상과 연관지어 이야기한다면, 즐거움의 문제는 텔레비전 코미디의 텍스트에 대한 분석을 통해서 그리고 담론의 문제는 그것에 대한 사회적 담론을 분석함으로써 해결될 수 있을 것이다. 이들 상이한 두 대상을 분석하기 위하여 필자는 텍스트 분석과 담론 분석을 이용할 것이다. 이들은 질적 방법에 속하는 것으로, 양적 방법과는 다르게 비체계적이고 비공식적인 특징을 가지고 있다. 그러므로 이들 방법을 통해 양적 분석에서와 같은 객관성을 기대할 수는 없을 것이다. 이들 방법이 대상을 인과적으로 설명(causal explanation)하기 위한 목적에서 보다는 대상에 대한 기술적(descriptive) 이해를 위해 이용되고 있음은 바로 이러한 까닭 때문이다. 객관성과 인과적 설명에 대한 문제는 이러한 방법론들이 지니는 일반적 한계이다. 그러나 이러한 한계를 인정한다고 해서 아무렇게나 해도 좋은 것은 아니다. 제한된 범위 내에서나마 연구결과의 객관성을 최대한 확보하여야 하고 이로부터 기술(description)상의 합리성을 보장받을 수 있어야 한다. 그러므로 질적 방법, 특히 텍스트 분석이나 담론 분석과 같은 극히 비정형적인 방법에 있어서는 무엇보다 '일관성'을 유지하는 일이 중요하다. 텍스트와 담론이라는 상이한 두 대상을 일관성 있게 다루기 위해 연구자는 나름대로 이에 대한 두 가지 접근방법을 설정하고자 한다.[37] 첫 번째는 본 고를 통해 수미일관 되게 견지하는 연구자의 존재론적 입장이며, 두 번째는 그러한 입장 위에서 구체적인 분석에 그

---

37) 분석대상과 연관된 구체적인 방법은 해당되는 장에서 자세하게 다루기로 하겠다.

나름의 일관성을 부여하는 연구자의 인식론적 입장이다.

첫째, 본 연구에서 필자는 '욕망'과 '즐거움'에 대하여 '비실체론적 실재론(non-substantialist realism)'의 입장을 취하고자 한다.[38] 여기에서 '비실체론적 실재론'의 입장이란 대상의 현실적 존재를 인정하면서도 그것의 고정불변의 속성 혹은 본질을 상정하지 않는 입장을 말한다. 흔히 실재론(realism)은 실체론(theory of substance)과 혼동되어 구분 없이 사용되어 왔다. 그러나 실재론은 엄밀한 의미에서 '무엇이 있다'고 이야기할 뿐, 그 무엇에 대하여는 아무런 이야기도 하지 않는다. 그러나 실체론은 그 무엇에 대하여 이야기하기를 즐긴다. 그러므로 실재론과 실체론은 사실 다른 것이고, 이들은 항상 하나의 짝패처럼 움직이지도 않는다. 예를 들어 플라톤의 '이데아론'은 실재론이며 동시에 실체론이지만, 칸트의 '불가지론'은 실재론이지만 실체론은 아니다. 여기에서 '비실체론적 실재론'이란 이러한 좁은 의미의 실재론, 즉 실체론과 결합하지 않고 개별적 사물의 현실적 존재만을 인정하는 실재론을 가리킨다.

본 연구자가 비실체론적 실재론의 입장을 취하고자 하는 까닭은, 그것이 언어외적 존재를 부정하지 않으면서도 그것의 의미는 다양할 수 있다는 인식론적 유연성을 동시에 만족시키기 때문이다. 구조주의와 후기 구조주의의 영향하에서 동 시대 문화연구의 한 부류는 언어외적 실재의 가능성을 부정하는 극단적 유명론(radical nominalism)에 빠져있다. 라캉이 상징계를 언어적 세계로 묘사하고 이로부터 인간 정신을 언어와 기호로 묶어두고, 〈성의 역사〉 이전의 푸코가 담론을 통하지 않고서는 인간 삶을 들여다 볼 수 없는 것처럼 묘사한 이래, 무페와 라클라우, 힌데스와 허스트 같은 소위 포스트 맑스주의 담론 이론가들은 마치 담론 밖의 실재는 존재하지 않는 것처럼 묘사해 왔다.[39] 그러나 이러한

---

38) 비실체론적 실재론의 현실적 함의에 대하여는 다음 글을 참조하기 바란다. R. Baskar, *Reclaiming Reality: A Critical Introduction to Contemporary Philosophy*, London: Verso, 1989.

39) Macdonell, *op. cit.*; Laclau & Mouffe, *op. cit.* 참조.

극단적 견해는 우리 삶의 분명하고 건전한 경험에 위배된다. 말해지지 않았다고 해서 없는 것은 아니다. 담론 밖의 세계는 분명히 존재한다. 만약 이를 인정하지 않는다면 모든 담론은 허위이며 허구인 것으로 되어 버린다.[40]

그러나 유명론을 거부한다고 해서 형이상학적 실체론에 빠지게 되는 것은 아니다. 형이상학적 실체론은 사물의 고정불변하는 본질(eidos)을 가정한다. 이를테면 모든 종류의 가방에는 '가방임(bagness)'이 자리잡고 있어 그것을 가방이게끔 한다고 주장한다. 그러나 세상의 모든 가방에 일치되는 공통된 특징이란 존재하지 않는다. 특정한 '가방'은 '가방임'이라는 본질로부터 연역된 것이 아니다. 우리는 개별적인 가방들에 '가방'이라는 보편 명사를 부여할 뿐이며, 그것으로 다만 그러한 것들을 지시할 뿐이다. 그러므로 모든 대상은 실재로는 개별적으로만 존재할 뿐, 보편 명사가 지시하는 실체 혹은 본질의 담지자로서 존재하는 것은 아니다. 유명론의 거부는 이렇듯 단지 개별적으로 존재하는 언어외적 존재를 인정한다는 의미 이상이 아니다. 존재하는 것이 반드시 실체와 본질의 담지자여야만 하는 것은 아니기 때문에, 유명론의 거부가 곧 실체론을 의미하게 되지는 않는다.[41]

---

40) R. Rorty, *Contingency, Irony, and Solidarity*, Cambridge: Cambridge University Press, 1989 참조. 그리고 이러한 입장에 따르자면, 어떠한 담론도 다른 담론에 비하여 보다 옳다거나 보다 정당하다고 말할 수 없게 된다. 왜냐하면 이때 진리는 단지 담론 내적인 문제일 뿐이므로, 자의적이며 우연적일 수밖에 없기 때문이다. 이를테면, 화이트(H. White)와 같은 이는 역사에 대한 객관적 기술이 불가능하다고 주장한다. 그에 따르면, 역사는 문학과 다를 바 없는 허구적 텍스트에 지나지 않는다. 다만 우리가 역사와 문학을 다르다고 생각하게 되는 까닭은 그것이 서로 다른 사회제도와 결부되어 있고, 서로 다른 수사적 장치들을 통해 구별되고 있기 때문이다. H. White, 'The Historical Text as Literary Artifact', in *Tropics of Discourse: Essays in Cultural Criticism*, Baltimore: The Johns Hopkins University Press, 1978, pp.81~100 참조.

41) 이를테면 위에서 말한 플라톤과 칸트의 철학적 입장을 '가방'의 예로 설명하면 다음과 같다. 플라톤은 이데아론(theory of Idea)을 통해 '가방임'의 실재성을 주장한다. 즉 모든 가방에 공통된 본질로서의 '가방임'이라는 속성이 존재한다는 것이

연구자의 기본적인 입장은 '비실체론적 실재론'에 있다. 이러한 관점에서 욕망은 더 이상 담론적 현상이 아니며, 권력 역시 담론에 포박된 언어적 실천 이상의 의미를 획득하게 된다. 여기에서 욕망은 직접적이며 무매개적일 수 있고, 따라서 그것을 충족시킬 때의 즐거움 역시 직접적이며 무매개적인 경험으로 상정될 수 있다. 권력은 담론을 통해 행사된다고 하더라도 그것은 실제의 효과와 연관될 수 있게 된다. 담론 중심적인 사고에서 볼 때, 권력에 의해 형성되는 지배와 피지배의 관계는 하나의 언어적 허구에 지나지 않게 된다. 즉 지배와 피지배는 그렇게 생각하고 그렇게 말하기 때문에 발생하는 것이지 실제로는 어떠한 물리적 연장(physical extension)도 가지지 않는다는 말이다. 이러한 유명론적 주장은 사회문화적 삶에 있어서 언어의 중요성을 일깨운다는 점에서 문화연구의 이론적 진전에 커다란 영향을 미치기도 하였다. 그러나 이는 권력의 현실을 외면한 지나친 관념성 때문에 그만큼의 문제점 또한 지니고 있다. 언어는 삶의 전부가 아니라 삶의 일부일 뿐이다. 오스틴(Austin)이나 설(Searl)의 주장대로, 언어는 그 자체로 의미가 있다기보다는 무엇을 위한 매개이며 도구일 뿐이다.[42] 권력이 담론을 통해 행사된다는 것은 담론이 그것을 매개한다는 의미

다. 이는 모든 가방의 실체이며, 하나 하나의 가방들은 이러한 실체를 나누어 갖고 있는 일종의 모사물이다. 이에 반해 칸트는 모든 가방의 경험적 자료들을 사상해 나갈 때, 가방의 본질, 혹은 물자체(Ding an sich)만이 남는다고 하였다. 그러나 그는 물자체는 알 수 없다는 불가지론을 편다. 플라톤은 철학의 목적을 이데아를 발견하는 데 두었지만, 칸트는 물 자체에 대한 논의를 회피한다. 이들 사이의 현격한 입장 차이는 결국 가방의 '실체성'과 그것에 대한 접근가능성에 대한 서로 다른 견해에 있다.

42) 비트겐슈타인은 언어를 일종의 연장상자(tool box)에 비유하였다. 그에게 있어서 언어는 무엇을 하기 위한 전략이며 도구였다. 물론 여기에서 이 도구가 얼마나 충실한 것인지, 흔한 표현대로 얼마나 투명한 것인지는 문제가 되지 않는다. 중요한 것은 언어는 무엇을 하기 위한 것이며, 또한 무엇을 하고 있는 것이라는 점이다. 언어는 언어 밖의 실재와 연관되지 않고서는 아무 일도 할 수 없다. 그러므로 언어는 쓰이고 있을 때 살아 있는 것이 된다. 이러한 입장은 철학에서는 여기에 언급한 오스틴·설과 같은 일상언어학파(ordinary language school)의 학자들에게

이지, 담론 자체가 권력이라는 뜻으로 받아들여서는 곤란하다.[43]

둘째, 연구자는 본 고의 서술과 전개에 있어서는 만하임(K. Mann-heim)과 가핑클(H. Garfinkel)의 다큐멘터리 방법(documenttary method)을 차용하고자 한다. 이는 구체적인 방법도 그렇다고 정식화된 방법론도 아니지만 본 고를 일관되게 기술해 나가기 위한 하나의 지침이다. 만하임은 그의 초기 저술에서 해석학의 인식론적 패러다임을 수용하여, 소위 다큐멘터리 방법을 제시한다.[44] 다큐멘터리 방법이란, 인간행위의 '숨어있는 패턴(underlying pattern)'을 찾아내는 일을 목적으로 하는 지식사회학적 방법이다. 만하임에 의하면, 인간의 행위에는 어떤 패턴이 숨겨져 있는바, 이는 특정한 사회문화적 맥락 안에 있는 인간들의 개별적인 행위들을 꿰뚫는 하나의 경향으로 존재한다. 만하임은 인간 행위의 '숨어있는 패턴'에 접근하기 위해서는 그것을 담지하고 있는 현실의 경험적 대상들 즉 인간행위 이를 만함임은 '다큐멘터리(documentary)'라고 불

계승되었다. 구조주의 이후의 철학에서 이러한 입장은 특히 들뢰즈에 의해 계승되고 있는 듯 한데, 이를테면 그는 '말'을 일종의 '명령문'으로 취급하고 있다는 점에서 그러하다. 이들의 논지에 대하여는 다음을 참조하기 바란다. L. Wittgenstein, *Philosophical Investigations*, London: RKP, 1953; J. Austin, *How to Do Things with Words*, 김영진 역, 말과 행위, 서울: 서광사, 1992; J. Searl, 'What is a Speech Act', in M. Black(ed.), *Philosophy in America*, Ithaca: Cornell University Press, 1965; G. Deleuze & P.Guattari, *A Thousand Plateaus: Capitalism and Schizophrenia*, Minneapolis: University of Minnesota Press, 1987.

43) 현상적으로는 담론이 곧 권력이다. 하지만, 담론의 권력은 담론 자체의 선험적이며 초월적인 힘이 아니다. 힘과 권력은 담론을 타고 흐를 뿐이다. 문제는 이러한 흐름이 들뢰즈와 가타리가 바라듯 늘 그렇게 유연하고 순조롭지는 않다는 데 있다. 그것은 종종 제자리에 고여 썩는다. 이렇게 썩는 냄새는 담론을 뚫고 배어 나오며, 이 냄새는 담론 자체를 권력으로 오해하도록 만든다. 실천적인 차원에서 문제는 담론에 고여있는 썩은 권력들에 새로운 흐름을 부여하는 일이다.

44) K. Mannheim, On the Interpretation of Weltanschauung in P. Kecskemeti(ed.), *Essays in the Sociology of Knowledge*. New York: Oxford Univ. Press, 1952.

렀다 를 '해석'하여야 한다고 하였다.

그런데 '숨어 있는 패턴'이란 행위의 구성원리이기도 하므로,[45] '숨어 있는 패턴'은 다큐멘터리를 결정하는 선험적 원리가 되고, 다큐멘터리는 '숨어 있는 패턴'을 드러내는 해석자(interpretant)가 된다. 숨어 있는 패턴과 다큐멘터리 사이에는 하나의 '상호 관계(interaction)'가 존재한다. 이를 가핑클(H. Garfinkel)은 '해석학적 순환(hermeneutic circle)'이라고 불렀다.[46] 해석학적 순환이란 원래 텍스트의 부분과 전체 사이의 관계를 나타내는 말이다. 텍스트를 해석하고 이해하는 과정은 부분에 기대에 전체의 의미를 유추하고(down-up), 전체의 의미를 통해 부분의 의미를 추론(up-down)하는 순환적 과정이다. 그런데 이러한 관계는 한자리를 맴도는 원환적(circuliar) 관계라기보다는 서로가 서로의 의미를 강화함으로써 해석을 진전시키는 일종의 나선적(spiral) 관계를 형성한다. 다큐멘터리에 대한 해석이 진전될수록 세계관의 의미는 보다 분명해지고 세계관의 의미가 분명해질수록 다큐멘터리의 의미 역시 분명해진다.

다큐멘터리 방법의 가장 커다란 미덕은 이러한 '해석학적 순환'에 있다. 이는 의미론적 관점에서는 텍스트 해석에서 부분과 전체의 상호 관계를 언급하지만, 사회학적 관점에서는 행위자와 구조의 상호 작용을 언급한다. 구조는 행위의 결과이며 행위는 구조에 의해 결정된다. 사회학적 관점에서는 '해석학적 순환'은 구조와 행위의 상호 작용을 의미한다. 이때 행위자는 구조의 수동적 담지자도 그렇다고 전적으로 독립적이며 자율적인 존재도 아니다. 행위자는 구조의 제약 속에서 전략적으로 행위한다. 행위자와 구조 사이에는 상호 작용이 존재한다. 이렇게 행위와 구조의 문제를 해석학적 순환의 관점에서 파악하는 일은 사회과학에서 오랫동안 고민해왔던 행위와 구조 사이의 갭을 메워준다.[47]

---

45) Mannheim, *ibid.*

46) H. Garfinkel, *Studies in Ethnomethodology*, Englewood Cliffs: Prentice Hall, 1967, p.24 참조.

47) John Heritage, *Garfinkel and Ethnomethodology*, London: Polity Press, 1984, pp.103~34; 박근서, '구조와 행위', 언론문화연구 12집, 서강대 언론문화

다큐멘터리 방법의 일차적인 목적은 인간행위의 다양한 결과들을 통해 그것 배후의 숨어있는 패턴을 밝히는 데 있다. 일반적으로 다큐멘터리 방법은 직접적으로 드러낼 수 없는 인간행위의 의미론적 패턴을 해석해내는 데 이용되지만,[48] 본 고에서는 이를 행위의 구조적 패턴을 찾아내는 데 이용하고자 한다. '다큐멘터리 방법'의 이러한 사회학적 이용은 특히 가핑클에 의해 발전되었다. 가핑클은 그 스스로가 자신의 주요 방법론을 만하임의 '다큐멘터리 방법'으로 규정하고 이를 행위의 구조적 패턴을 찾아내는 데 이용하고 있다. 그에게 있어 인간은 그가 규칙이라고 명명한 '숨어있는 패턴'과의 관계 속에서 행위한다. 규칙은 행위를 규정하는 하나의 규준이지만, 인간은 그것을 인식하고 그것을 이용하는 전략적이며 성찰적인 행위를 할 수도 있다. 그러므로 규칙은 행위의 조건이며 동시에 그 결과가 된다.[49]

본 연구에서 '다큐멘터리 방법'은 텔레비전 코미디의 텍스트와 사회적 담론을 다큐멘터리 삼아, 그 안에 감추어진 행위의 구조를 포착해내기 위한, 인식론적 도구이다. 텔레비전 코미디의 텍스트나 그것에 대한 사회적 담론들은 모두가 숨어있는 패턴을 드러내어 주는 다큐멘터리들이다. 이들은 우리 사회의 문화적 공간이 지닌 패턴을 담지한다. 텔레비전 코미디의 텍스트와 그것에 대한 사회적 담론은 모두 인간행위의 사회적 결과물들이다. 그러므로 그것에는 우리 사회의 특정한 관계들에 대한 흔적이 자리하고 있다. 넓은 의미에서 텔레비전 코미디나 사회적 담론은 타협과 협상 혹은 반목과 투쟁의 산물이다. 그러므로 이들 하나 하나는 인간 삶의 특정한 구조를 담지하고 있으며, 이들 사이에는 구조들 사이의 충돌과 접합에서 생긴 관계의 구조가 내재되어 있다. 이러

연구소, 1995 참조.

48) 해석의 방법론적 틀로서 '다큐멘터리 방법'을 이용한 예는 김용수에게서 찾아 볼 수 있다. 그는 우리나라 신파극의 사회문화적 의미를 파악하기 위하여 이 방법을 이용하고 있다. 김용수, '신파극의 재해석: 행위 구조에 나타난 삶의 인식과 정서', 언론문화연구 13집, 서강대 언론문화연구소, 1996 참조.

49) Garfinkel, *op. cit.*, p.78 참조.

한 관계의 구조 즉 텔레비전 코미디의 텍스트와 담론에 '숨어 있는 패턴'이란 무엇보다 텔레비전 코미디의 텍스트를 통해 구축되는 즐거움과 그것에 대한 사회적 담론을 통해 행사되는 권력을 의미한다.

2. 즐거움, 담론 그리고 권력

본 연구와 연관하여 중요하게 부각되는 개념들은 즐거움, 담론, 그리고 권력이다. 이들 각각 위에서 제기한 두 가지 연구문제를 풀어가는 데 있어서 핵심적인 위치를 차지한다. 또한 이들은 또한 동 시대 문화연구에서 가장 중요하게 다루어지고 있는 개념들이기도 하다. 그러나 이들 세 개념은 그동안 하나의 일관된 이론적 체계 안에서 통합적으로 다루어지기보다는 개별적이며 분산적인 방식으로 다루어져 왔다. 물론 담론과 권력의 개념은 이미 푸코 등에 의해 그 긴밀성이 주장되기는 하였으나 그럼에도 불구하고 이들 사이의 명확한 관계설정은 아직도 미완의 과제로 남아있는 듯하다. 그러므로 연구자는 우선 이들 개념의 이론적 방위를 설정하고 아울러 본 연구와 관련하여 이들은 어떻게 정의될 수 있는지를 살펴보고, 이들 개념이 어떻게 연관될 수 있는지 그리고 이를 통해 어떠한 이론적 주장을 펼칠 수 있는지를 논의하기로 한다.

2.1. 텍스트의 즐거움

2.1.1. 쥬이상스와 카니발의 웃음

대중문화에 있어서 즐거움에 대한 논의는 그동안 문화연구의 주류를 차지해온 구조주의와 문화주의의 연구전통으로부터 벗어나 문화현상에 대한 새로운 접근을 가능케 한다. 그동안 구조주의와 문화주의의 연구전통에서 문화연구의 주된 관심사는 지배 이데올로기의 생산 및 재생산 문제, 주체구성에 의한 지배 이데올로기의 이념작용, 대중문화 텍스트의 선호된 해독(preferred reading)의 이론같이 대중문화를 지배 이데올로기의 헤게모니 기구로 보고 그 과정을 살펴보고자 했다.[50] 그러나 이들이 한결같이 주장했던 대중문화의 이데올로기 기구로서의 기능은 현실적으로 그것에 포섭되지 않는 수용자 주체의 존재를 확인함으로써 문제시 되기에 이르렀다. 기존의 연구에서 즐거움이란 지배 이데올로기를 통해 수용자 들을 호명(interpellation)하는 미끼에 지나지 않았다. 그러나 문화연구의 관심 은 점차 이데올로기가 주체를 결정하고 호명하는 데 실패하고 선호된 해독을 유도하는 데 실패하게 되는 이유, 그 방식을 밝히는 일에 집중하기 시작하였 다.[51] 이로부터 수용자들은 부른다고 해서 무작정 달려가는 문화적 얼간이 (cultural dope)들이 아니라, 성찰적으로 사고하고 스스로의 의지대로 행동하 는 능동적 존재라는 인식이 싹트기 시작하였다. 이로부터 이데올로기가 아니라 면 그 무엇이 수용자들을 움직일 수 있는가 하는 문제가 제기되었고, 이는 욕 망에 대한 다양한 연구들을 촉발하는 계기가 되었다. 욕망에 대한 연구는 곧 에피쿠로스학파(Epicuros school) 이후에 역사의 뒤 안에 묻혀 있었던 쾌락의 문제를 끄집어 내도록하였으며, 이는 문화의 연구의 주요 논제를 '즐거움'으로 이끌었다. 소위 '능동적 수용자'라는 개념은 이러한 정황에서 유래한 것이다.[52] '능동적 수용자'란 스스로의 '욕망'에 충실하며 '즐거움'을 위해 모든 것을 희생 할 준비가 되어 있는 '쾌락지향적 존재'이다.

그렇다면 '즐거움'이란 과연 무엇인가? 바르트는 즐거움을 '쥬이상스

---

50 박명진, '즐거움, 저항, 이데올로기', 사회과학과 정책연구, 서울대 사회과학연구 소, 1991, p.67 참조.

51) Turner, op. cit., p.245 참조.

52) '능동적 수용자'의 문제는 문화연구 전통의 바깥에서는 전혀 새로울 것 없는 '낡 은' 문제의식으로 보일지도 모른다. 커뮤니케이션 효과연구의 '선택적 수용 (selective reception)' 개념이나 '이용과 충족이론' 그리고 야우스(K. Jauss) 등에 의해 주도된 '독자반응비평(reader response criticism)' 등에서 보이는 수용자들 의 능동성에 대한 이야기는 결코 어제 오늘의 일이 아니기 때문이다. 문화연구에 서 '능동적 수용자' 개념이 어떻게 발전하였는지에 대하여는 ibid. pp.155~93과 J. Fiske, op.cit. pp.62~83"을 참조할 것.

(jouissance)'와 '플레지르(plaisir)'로 구분한다. 간단히 말해, '플레지르'는 사회문화적인 즐거움이며, '쥬이상스'는 육체적이며 본능적인 즐거움이다.[53] 그리고 이들은 이데올로기와 연관하여 각각 호명된 즐거움과 호명되지 않은 즐거움에 대응한다. 문화연구에서 즐거움이란 우선 쥬이상스이며, 본 연구에 있어서도 즐거움이란 좁은 의미에서 쥬이상스를 가리킨다.[54] 우선 쥬이상스는 텍스트의 의미 해석을 포기하고 그것을 감각적이며 육체적인 자극으로 받아들일 때 느껴지는 즐거움을 의미한다. 해석이란 텍스트의 의미를 그 나름의 합리적 기준에 따라 하나의 일관된 전체에 복종시키는 작업이다. 해석은 상식을 전제로 텍스트의 의미를 논리적으로 전개함으로써 얻어진다. 현실의 지배적 기준을 따르거나 혹은 그것에 저항하거나 간에 해석은 상식과 논리에 의존한다. 상식을 저버린 해석은 엉뚱하고 얼토당토않은 해석으로 외면당하고, 논리를 저버린 해석은 제 아무리 상식적인 이야기를 언급하고 있다고 해도 충분한 설득력을 확보하지 못한다. 그러므로 해석을 통한 즐거움은 사회문화적 즐거움 즉 플레지르이지 쥬이상스는 아니다.[55]

---

53) 여기에서 육체적 즐거움이란 성적 쾌감을 말하는 것이 아니라 보고, 듣고, 만지고, 냄새맡는 감각적인 즐거움을 말하는 것이고, 본능적 즐거움이란 사회문화적 규범에 매개되지 않는 직접적이며 즉물적인 즐거움을 말한다. 그러므로 표현상의 차이는 있을지언정, 그 내용에 있어서 육체적 즐거움과 본능적 즐거움은 한 가지로 통한다. 쥬이상스는 사회문화적으로 매개되지 않은 감각적 즐거움이다. R. Barthes, *Pleasure of Text*, 김명복 역, 텍스트의 즐거움, 서울: 연세대학교 출판부, 1990, p.15 참조.

54) 여기에서 호명되었다는 것은 사회문화적으로 매개되었다는 의미이기도 하다. 따라서 쥬이상스는 호명되지 않은 즐거움 즉 쥬이상스에 대응하고, 플레지르는 호명된 즐거움 즉 플레지르에 대응한다. 한편 호명된 즐거움으로서의 플레지르는 이를테면 사회문화적으로 훈련되지 않으면 느낄 수 없는 즐거움을 말한다. 예를 들어 피카소의 그림은 그것의 미술사적 위치와 그 맥락을 이해하지 못하는 한 그 가치를 느낄 수 없다. 이때 배경적인 지식에 훈련된 감식력이 더해짐으로써 느낄 수 있는 즐거움이 플레지르이다.

55) 그러므로 바르트는 플레지르를 '비평적 즐거움'이 칭한다. *ibid.*, p.23 참조.

42

쥬이상스는 사회문화적 기준과는 무관한 감각적이며 육체적인 즐거움을
의미한다. 그러나 모든 감각적 자극이 쥬이상스가 될 수 있는 것은 아니다.
어떠한 면에서 감각적 자극들 역시 사회문화적 규범에 의해 틀 지워지기 때
문이다. 이는 유행과 패션의 경우를 생각해 보면 쉽게 납득할 수 있을 것이
다. 철 지난 옷차림이 촌스럽게 보이는 까닭은 그것이 본래적으로 추하거나
어설픈 차림새이기 때문이 아니라, 시대적인 유행과 경향으로부터 벗어나 있
다는 사회문화적 판단이 작용하기 때문이다.[56] 그러므로 쥬이상스는 이러한
사회문화적으로 규정된 규범화된 감각으로부터 오는 것이 아니라, 그것과는
관계없는 초월적 즐거움이다.[57]

그렇다면 '쥬이상스'는 텍스트 속에서 어떻게 구체화되는가? 물론 모든 텍스
트는 원리상 쥬이상스의 텍스트가 될 수 있다. 모든 텍스트는 말로는 표현하기
힘든 무매개적이며 직접적인 즐거움을 줄 수 있기 때문이다. 시나 소설을 읽는
즐거움은 그것이 묘사하는 풍경과 이미지를 해석하고 플롯과 이야기를 재구성
해냄으로써 뿐 아니라, 운율과 문체의 조화에 따른 소위 글맛을 느낌으로써도
얻어진다. 그러나 모든 텍스트가 똑같은 힘으로 쥬이상스를 불러일으키지는 않
을 것이다. 상대적으로 의미의 구심성이 강하여 수용자들을 플레지르로 이끄는
텍스트들이 있을 수 있으며, 그와는 반대로 감각적 자극이 강하여 수용자들을

---

56) 유행과 패션은 그러므로 '시선의 상식'을 창출한다고 말할 수도 있을 것이다. 시
선의 사회문화적 기율은 여러 측면에서 해석할 수 있을 것이다. 우선은 패션 산
업의 경제적 이해라는 측면에서 이야기할 수 있고, 당대의 사회문화적 분위기
(milieu)와 연관 지을 수도 있다. 어쨌든 유행과 패션은 시선의 폭력을 수반함으
로써 사람들로 하여금 어느 정도까지는 그것을 추종하지 않을 수 없도록 만든다.
57) 그러므로 쥬이상스는 '매혹'의 문제와 밀접히 연관되는 것처럼 느껴지는데, 이를
테면 추하고 징그럽고 무섭다는 느낌 때문에 피하고 꺼려하면서도 호기심을 자극
하고 왠지 모를 쾌감을 불러 일으키는 대상들이 쥬이상스의 한 계기들을 확보하
고 있는 것처럼 보이기도 한다. 악마, 괴물, 귀신에 대한 관심과 뱀, 악어와 같은
파충류에 대한 호기심이 그 대표적인 예가 될 것이다.

쥬이상스로 이끄는 텍스트가 있을 수 있다.[58] 바르트의 '플레지르의 텍스트'와 '쥬이상스의 텍스트'는 바로 이러한 관점에서 이해되어야 하는바, 이에 대한 단서는 '프로레슬링'과 '권투'의 예에서 찾아 볼 수 있을 것이다.

'프로레슬링'은 여느 스포츠 경기 이를테면 '권투'와 전혀 다른 모습을 보이는데, 권투는 선수들의 기량에 따라 승패가 갈리는 합리적인 게임인 데 비해, 프로레슬링은 합리성과는 거리가 먼 하나의 쇼에 불과하다. 여기에서 권투가 합리적이라는 말은 시합의 전반적인 규칙이 존재하고, 그것을 준수해야 하기 때문이다. 권투의 목적은 규칙이 정한 바에 따라 선수들 상호간의 기량을 점검하고 그 우열을 가려냄으로써 그들을 서열 짓는 일이다. 그것의 합리적 성격 탓으로 권투의 서사 또한 합리적인 성격을 갖게 되는데, 왜냐하면 시합의 목적은 이기는 데 있고, 이기고 지는 것은 경기가 시작되기 전까지 선수들이 무엇을 어떻게 훈련하였는지에 의해 결정되기 때문이다. 권투는 그러므로 동기(시합에서의 승리)와 행위(준비된 기량의 표출, 즉 시합)는, 행위와 결과(시합의 승패)라는 합리적 서사를 보여준다.[59] 그러나 프로레슬링에서 권투의 합리적 서

---

58) 그런데 여기에서 '쥬이상스의 텍스트' 혹은 '플레지르의 텍스트'라는 명칭은 잠정적이며 유보적이다. 물론 텍스트의 성격에 따라 수용자들의 즐거움을 이끌어내는 방식에서 차이가 날 수 있으며, 따라서 쥬이상스와 플레지르는 텍스트에 특정한 방식으로 고정될 수 있다. 그러나 텍스트에 쥬이상스와 플레지르가 고정되는 방식은 상대적이며 따라서 전적으로 쥬이상스적인 텍스트나 완전히 플레지르적인 텍스트는 존재할 수 없다고 보아야 한다. 그러므로 바르트 자신도 쥬이상스의 텍스트와 플레지르의 텍스트를 구분하는 일이 가능하냐는 물음에 대하여 부정적으로 대답하고 있다. 텍스트가 원리적으로 다의적이듯이, 텍스트의 즐거움 또한 하나로 고착될 수 없다. 이를테면 바르트의 프로 레슬링에서 플레지르를 구하는 사람들도 있을 수 있으며, 정부의 홍보 영화 속에서 쥬이상스를 구하는 사람들도 있을 수 있다. 그러므로 하나의 텍스트 안에 쥬이상스와 플레지르의 계기가 모두 포함될 수도 있다. 그러므로 상대적으로 과도한 스펙터클이 텍스트를 주도하는 그러한 상황이라고 할지라도 그것은 상대적인 의미에서만 '쥬이상스의 텍스트'일 수 있다. ibid. p.25 참조.

59) R. Barthes, '캐치를 하는 세계', 정현 역, 신화론, 서울: 현대미학사, 1995,

44

사를 찾는 일은 거의 불가능해 보인다. 프로레슬링에도 승패와 규칙이 있다.
그러나 그것은 결코 합리적이지 않다. 동기 · 행위 · 결과의 필연적 연관이라는
권투의 서사적 인과성은 프로레슬링에서 완전히 무시된다.[60]

　프로레슬링의 즐거움은 합리적 서사에서 비롯된 플레지르라기보다는 그것의
장면 장면이 연출하는 스펙터클로부터 비롯하는 쥬이상스에 가깝다. 그러나 프
로레슬링이 쥬이상스에 가까울 수 있는 것은 그것이 서사적 규범을 무시할 뿐
만 아니라, 규범화된 감각마저도 무시하고 있기 때문이다.[61] 프로레슬링에 등장
하는 인물들은 상식적인 수준에서는 결코 아름답다거나 잘생겼다고 말할 수 없
는 몰골을 하고 있다. 덥수룩한 수염, 봉두난발, 지나치게 반짝거리는 대머리,
무릎마저 덮어 버릴 것같이 늘어진 뱃살 등, 대개의 프로레슬러들은 이목구
비가 뚜렷한 얼굴과 팔등신으로 잘 빠진 몸매와는 별로 인연이 없는 듯하다.
프로레슬링은 할리우드 대작 영화들이 보여주는 장대함이나 미인과 미남으
로 가득한 영화 속 세상과는 전혀 다른 종류의 스펙터클을 보여준다. 이러한

---

pp.100~1 참조.

60)　*ibid.* p.110~1 참조.

61)　피스크에 의하면 대중문화 텍스트들은 과도한 스펙터클을 조장함으로써 이데올로
　　　기에서 벗어나 즐거움과 저항의 영역을 형성한다고 한다. 그는 이데올로기와 즐
　　　거움을 구분하고 이를 각각 통제와 저항/거부의 영역에 포함시킨다. 이데올로기
　　　는 의미의 심층에 기거하며 주체를 호명하고 상식과 통일 그리고 동질성을 지향
　　　한다. 그러나 즐거움은 표면적 감각에 의존하여 몸으로 느끼는 재미를 일궈내며,
　　　이들 상호간의 관계는 논리적 일관성을 결여한 채 이질적이며 파편화된 채로 텍
　　　스트에 기생한다. 그러나 바르트와 피스크의 논지를 오해하여 대중문화 텍스트의
　　　저항적 즐거움은 그것이 주는 '스펙터클'에 있다고 말해서는 곤란하다. 권투에도
　　　스펙터클은 존재한다. 어떤 의미에서 권투가 주는 즐거움 역시 기량을 겨루는 링
　　　위의 두 선수가 빚어내는 스펙터클에 의존한다. 바르트가 말한 캐치의 즐거움
　　　은 '스펙터클'이 아니라 '과도한 스펙터클'에서 온다. '과도한'이란 수식어
　　　는 캐치가 '과장된 몸짓'을 보여준다는 말이며, 결국 상식적인 틀로부터
　　　이탈하여 이제는 전혀 '그럴듯해 보이지 않는' 스펙터클을 드러낸다는 의
　　　미일 것이다. Fiske, *op. cit.* 참조.

사회문화적으로 규범화된 감각으로부터 벗어나 있는 스펙터클을 바르트는 '과도한 스펙터클(the spectacle of excess)'이라고 표현한다.[62] 그러므로 프로레슬링의 예를 통해, '쥬이상스의 텍스트란 합리적 서사와 규범화된 감각으로부터 벗어남으로써 즐거움을 유발하는 텍스트'라고 정의할 수 있을 것이다.[63]

---

62) Barthes, *op. cit.* pp.99~116; Fiske, *op. cit.* pp.243~250 참조.

63) 사회문화적 규범으로 벗어나 있다는 까닭에서 '즐거움(jouissance)'은 이데올로기의 호명에 거부하는 수용자들의 '저항(resistance)'과 연관되기도 한다. 최근의 문화연구에 있어서 즐거움이란 무엇보다 '저항하는 즐거움'이다. 박명진은 즐거움의 문제를 '공모적 즐거운(complicit pleasure)', '저항적 즐거움(resistant pleasure)', '상황적 즐거움(contextual pleasure)'으로 구분하고 있지만, 이들 가운데 문화연구의 최근 경향을 반영하는 용어라면 무엇보다 '저항적 즐거움'이 될 것이다. 그러나 본 연구자는 문화연구의 일반적인 경향과는 다르게 '즐거움'은 매우 제한된 의미에서만 '저항'의 문제와 연관될 수 있다고 주장한다. 수용자 주체는 이데올로기에 의해 호명되며 동시에 호명되지 않기도 하기 때문에, 그들의 '즐거움' 역시 호명된 것일 수도 있고, 호명되지 않은 것일 수도 있다. 그리고 호명되지 않은 즐거움이라고 해서 무조건 '저항하는'이라는 수식어를 붙일 수 있는 것도 아니다. 호명되지 않은 즐거움이 '저항하는 즐거움'이 되기 위해서는 다음과 같은 세 가지 조건을 만족시켜야 한다. 첫째 적대의 대상이 분명하여야 한다. 저항이란 항상 무엇에 대한 저항이므로 저항하는 즐거움 역시 그 대상을 전제로 하지 않을 수 없기 때문이다. 둘째 행위의 합목적성이 가정되어야 한다. 저항은 반항과는 다르게 행위의 분명한 목적과 그것을 성취하기 위한 수단의 전략적 배치를 전제하기 때문이다. 셋째 사회적 저항의 한 부분으로 참여하여 그 나름의 전략적 지위를 확보해야 한다. 부가적인 조건이기는 하지만, 즐거움이 진정하게 저항적일 수 있으려면 그것은 보다 넓은 범위의 저항에 봉사할 수 있어야 한다. 이러한 조건들이 충족되지 않는 한 즐거움은 저항적일 수 없다. 그러나 즐거움이란 본성상 자발적이며 본능적이기에 이러한 의식적 과정을 통해 획득된다고 말할 수 없다. 결국 즐거움이란 그 자체로는 저항적이지도 않으며 보수적이지도 않다. 어떤 의미에서 '저항하는 즐거움'이라는 말은 즐거움에 대한 사후 평가이고 그것에 부여된 하나의 해석일 뿐, 즐거움의 본성과는 아무런 관계가 없을 수도 있다. 박명진, *op. cit.* pp.81~91 참조.

46

이러한 '쥬이상스'와 '쥬이상스의 텍스트' 개념은 바흐친의 '카니발의 웃음 (carnivalesque laughter)'과 '그로테스크 리얼리즘(grotesque realism)'을 통해 보다 구체화될 수 있을 것이다. '카니발의 웃음'과 '그로테스크 리얼리즘'은 사회문화적 규범으로부터 일탈하는 민중적 즐거움과 그것의 문화적 양식을 의미한다. 바흐친은 르네상스기의 소설가였던 라블레(Rablais)의 작품들을 분석하는 가운데, 그의 작품 안에서 고급 취향과 저속한 취향의 충돌을 목격하였다. 라블레의 텍스트는 이러한 충돌의 결과로 형성된 '그로테스크 리얼리즘'의 전범으로서, 저속하며 세속적인 것이 스스로의 권리를 주장하며 그 힘을 증언하는 '카니발의 웃음'을 보여준다.[64]

바흐친은 문화를 그것이 '공식적으로' 받아들여지고 있느냐 아니면 '비공식적으로' 받아들여 지고 있느냐에 따라 고급문화와 하급문화의 두 층위로 구분한다. 그에 의하면, 이들 사이에는 끊임없는 긴장과 갈등이 존재하여 왔으며, 이러한 긴장과 갈등은 특히 중세와 르네상스기의 민속문화가 지닌 '해학적인 성격'에 의해 가장 첨예하게 대립되었다. 그리고 이러한 '해학적인 성격'의 민속문화들 가운데 가장 중요한 위치를 차지하고 있었던 것이 바로 '카니발'이었다.[65] 카니발은 '지배 질서와 기존 질서로부터의 일시적인 해방이며, 모든 위계 질서, 특권, 규범 그리고 금지에 의문부호를 찍는다'.[66]

중세와 르네상스에 걸쳐 일년에 3개월씩이나 계속되었던 카니발의 공간은 방탕한 성, 무절제한 음주와 과식 그리고 떠들썩한 볼거리들로 특징지워진다.

---

64) 물론 카니발이라는 제한된 공간을 전제한다는 점에서 '카니발의 웃음'은 사회문화적 규범에서 일탈하는 쥬이상스의 특수한 계기로 파악될 수도 있을 것이다. 그러나 그것의 함의는 비단 중세의 카니발에 국한되지 않는다. 카니발적 일탈의 현대적 의미는 넓게는 사회문화적 규범 일반으로부터의 일탈과 일맥상통하기 때문이다. Bakhtin, M., *Rablais and His World*, tr. by Iswolsky, H., Bloomington: Indiana University Press, 1984 참조.

65) 김욱동, 대화적 상상력: 바흐친의 문학이론, 서울: 문학과 지성사, 1988, pp.236~40 참조.

66) Bakhtin, *op. cit.* p.10.

그러나 이들 모두를 감싸 안으며 밑으로부터 기본적인 원칙을 제공한 것은 무엇보다 '웃음'이었다. '카니발'이 문화적으로 각별한 의미를 갖는 것은 그것이 민중의 '해학적인' 문화 양식들 가운데 하나였기 때문이지, 단순히 먹고 마시고 노래하고 춤추는 축제의 공간이었기 때문이 아니다. 스톨리브래스와 화이트(P. Stallybrass & A. White)는 카니발의 웃음이 사실 '비천하고 추참한(low and dirty)' 민속적 해학의 한 유형이라고 이야기한다. 이는 위 아래를 뒤집고, 다양함으로 꽉 채우며, 모든 한계를 끊임없이 뛰어 넘는다. 그리고 모든 것들을 한데 섞어 잡종(hibrid)이 되게 하며, 의식(ritual)을 모욕하고 부정하는 일조차 서슴지 않는다.[67]

웃음으로써 민중은 중세의 신과 신성에 대한 두려움을 집어던지고, 세속적 삶의 승리를 구가한다.[68] 집단성과 보편성 그리고 양가성으로 이해되는 카니발의 웃음은 그러므로 언어의 의미를 좇아 하나의 틀과 질서로 구축되는 단성적 세계를 해체하여 다성적이며 다의적인 공간을 구축한다. 카니발의 웃음은 세속적이고 차안적(earthly)이다. 시장통의 욕지거리와 상스러운 소리들이 한데 뒤섞임으로써, 농담과 우스개는 언어를 남용하고 의미를 과용한다. 카니발의 웃음은 고귀한 정신과 세련된 지성에 조롱과 야유를 퍼부으며, 과장된 신체적 능력과 희화된 몸뚱이들을 찬양한다. 카니발의 과잉은 의미의 고정, 획일, 고착을 부정하며, 그것을 정신과 의미의 세계로부터 몸— 감각과 쾌락— 의 세계로 인도한다.[69]

바흐친은 카니발의 웃음이 문화적인 측면에 있어서 '그로테스크 리얼리즘'이라는 하나의 심미적인 양식으로 육화된다고 보았다. 그는 특히 라블레의 작품들, 특히 남색과 과장된 신체묘사 등으로 가득한 〈가르강튀아〉와 〈팡타그뤼엘〉

---

67) Stallybrass, P.and A. White, *The Politics and Poetics of Transgression*, London: Methuen, 1986, p.8.

68) 김욱동, *op. cit.*, pp.244~5 참조.

69) Stallybrass & White, *op. cit.* 참조.

48

이 르네상스 시대의 모든 문학작품들 가운데 가장 '카니발화된' 문학작품에 해당한다고 보았다. 이들을 일컬어 바흐친은 '그로테스크 리얼리즘'이라 부르는바, 이는 '부르주아 리얼리즘'에 대한 저항과 극복의 의지를 드러내기 위함이다. 카니발의 웃음은 그 자체로서 중요한 의미를 갖는다고는 말할 수 없다. 이들이 중요하게 부각될 수 있는 까닭은 그것이 사회라는 단단한 직물에 균열을 일으키고, 그것의 굳고 차가운 지배에 저항의 공간을 열어 보이기 때문이다. 마찬가지로 '그로테스크 리얼리즘'은 그것이 남색과 과장된 신체묘사를 일삼기 때문에 가치가 있는 것이 아니다. 이는 정신적이고 이상적인 것, 성스럽고 고상한 것을 통해 억압하는 중세적 지배로부터 민중의 삶을 옹호하고 그것을 해방하기 때문에 가치 있는 것이다. 카니발의 웃음은 이러한 해방의 즐거움, 저항하는 즐거움이었으며, 그로테스크 리얼리즘은 그것의 문화적 양식이었다.[70]

여기에서 '카니발의 웃음'과 '그로테스크 리얼리즘'은 각각 '쥬이상스'와 '쥬이상스의 텍스트'에 대응한다. 바흐친의 맥락에서 탈규범적 즐거움인 쥬이상스는 카니발의 웃음이라는 해방적 즐거움으로, 쥬이상스의 텍스트는 그로테스크 리얼리즘의 텍스트로 나타난다.[71] 쥬이상스는 카니발의 웃음과 마찬가지로 사

---

70) 바흐친이 언급한 카니발의 공간은 엄격한 의미에서 현실의 사회문화적 조건과 정합하지 않을 수도 있다. 중세적 카니발이 거의 전무하다시피 한 상황에서 바흐친의 개념을 현실화하기란 쉽지 않은 문제이다. 그러나 스탬의 주장대로 대중문화의 상당수는 카니발적인 것을 흉내내거나 카니발의 분위기를 재현한다. 물론 그것이 바흐친이 상정한 진정한 의미의 민중적 카니발인지는 의심스럽지만 말이다. 그러므로 대중문화에 대한 논의는 어떠한 면에서 그것이 드러내는 카니발적인 것들에 대한 비평에서 시작해야 할지도 모른다. Stam, R. 'Mikhail Bakhtin and Left Cultural Critique', 원용진 역, '바흐친과 대중문화비평', 여홍상 편, 바흐친과 문화이론, 서울: 민음사, 1995, pp.331~8 참조.
71) 물론 이들 서로 다른 이론가들의 개념을 하나로 묶어내는 일은 이론적 맥락의 무시라는 위험을 감수해야 하는 일이다. 그러나 본 연구에서 보다 중요한 문제는 쥬이상스건 혹은 카니발의 웃음이건 즐거움의 본성은 사회문화적 규범으로부터 일탈하는 데 있다.

회문화적 제약으로부터 자유로운 혹은 그것으로부터 일탈해 있는 즐거움이다.
그리고 쥬이상스의 텍스트는 그로테스크 리얼리즘의 텍스트에서와 같이 사회문
화적으로 길들여지지 않은 감각적 즐거움을 일깨우는 텍스트이다.[72]

2.1.2. 코미디와 웃음

이러한 즐거움의 개념은 텔레비전 코미디와는 어떻게 연관되는가? 다시 말
해, 텔레비전 코미디는 쥬이상스의 텍스트인가 아니면 플레지르의 텍스트인가?
이 질문에 답하기 위해서는 우선 웃음의 문제를 해명하여야 할 것인바, 왜냐하
면 텔레비전 코미디의 특징적인 즐거움은 무엇보다 웃음에 있기 때문이다. 이
는 물론 논란의 여지가 있는 주장이다. 왜냐하면 웃음은 텔레비전 코미디가 갖
는 즐거움의 필요조건일 뿐 충분조건은 아니기 때문이다. 텔레비전 코미디에도
눈물을 쏙 빼놓을 만한 감동이나 한 폭의 그림을 보는 듯한 미적 쾌감이 있을
수 있다. 하지만 그것은 텔레비전 코미디만의 특징은 아니며 텔레비전 코미디
에 필수적이지도 않다. 텔레비전 코미디를 통해 예술영화에서와 같은 감동과
미적 쾌감을 얻어내겠다는 생각은 상식적으로 납득하기 힘들다. 만약 그것이
나름대로 의미가 있을 수 있다면, 그것은 '웃음'과 결부되는 한에서만 그렇다.
'웃음'이 없는 텔레비전 코미디란 생각하기 힘들다.[73] 그러므로 텔레비전 코

---

72) 여기에서 쥬이상스는 탈규범적이기 때문에 즐거운 것으로 오해되어서는 안 된다.
규범에서 벗어나는 모든 것을 즐겁다고 말해서는 안 된다. 다만 즐거움은 규범을
중심으로 놓고 볼 때, 그것으로부터 벗어나는 즐거움과 그것에 합치되는 즐거움이
있다는 가정 아래 쥬이상스는 전자에 해당하는 것이라고 이해되어야 한다. 물론 규
범에서 벗어난다는 것은 일종의 긴장과 호기심을 유발함으로써 즐거움에 연결될 수
있다. 그러나 어떤 경우에 있어 그것은 끔찍하고 혐오스러운 결과를 초래할 수도 있
다. 그렇다면 쥬이상스를 비롯하는 탈규범성은 특수한 것임을 알 수 있다.
73) 논의의 범주로 텔레비전 코미디가 아닌 코미디 일반으로 확장한다면 문제는 더욱
복잡해진다. 문학이나 연극과 같은 고급한 문화적 양식들 속에서 '웃음'은 하나의
표현수단일 뿐이다. 따라서 '웃음'은 코미디의 본질도 아니며, 그것을 다른 문화

50

미디는 희극보다는 오히려 소극(farce)에 가깝다. 포트(L. J. Potts)는, 소극이
란 '의미가 빠진 희극으로 이 말은 희극이 제외되었다는 뜻에 가깝다'고 하였
다.[74] 그것은 웃음을 유발시키는 것만을 목적으로 유별나게 시끄러운 희극이다.
그러므로 벤틀리(Bentley)는 소극을 일종의 '장난'에 가깝다고 보았다.[75] 소극
으로서의 텔레비전 코미디는 문학적이지도 그렇다고 풍자적이지도 않은 대중
오락물에 지나지 않는다. 그것은 이간 이성에 호소하지 않으며, 오히려 그것의
규제에 반항한다. 그러나 이러한 반항은 합리적이며 책임감 있는 것이라기보다

양식들로부터 구분해내는 배타적 기준도 아니다. 문학이나 연극에서는 '웃음'이
없는 코미디가 가능하며, 현실적으로도 존재하고 있다. 이를테면 이오네스코
(Ionesco)나 베케트(Beket) 등에 의해 실험된 부조리극(the absurd)의 경우
가 그러하고 할 수 있다. 그러므로 머천트(Merchant)는 다음과 같이 말한다:
"말보리오가 열십자로 양말 끈을 착용하고 사랑하는 사람에게 봉사하고 있는 모
습이나, 샤이럭이 재판진행 중에 칼을 가는 모습을 보면서 그들의 엉터리 없는 부
조리에 상을 찡그리며 우리가 인정하는 속에는, 희극의 한 형식(mode)이 있다.
그러나 여기에는 어떤 넘쳐 흐름, 어떤 압력이 있어서, 그것은 '터무니 없음'과
'불충분함'이라는 어구로 하여금 우리의 복잡한 반응의 묘사로서는 전혀 부적절
한 구절이 되도록 한다. …… 이것은 그저 조소적 유머의 연장이라고 생
각하는 사람이 있다면, 그 사람은 둔감한 관객이리라."
머천트는 부조리극에서와 같은 '웃음' 없는 코미디에 근거하여 '코미디에 대한 연
구와 웃음에 대한 연구를 구분'하여야 한다고 주장한다. 그러나 본 연구가 다루고
있는 텔레비전 코미디는 머천트가 생각하는 코미디와는 그 범주와 성격이 사뭇
다르다. 텔레비전 코미디는 고급한 예술의 한 양식이 아니다. 그것은 대중문화
의 통속적인 한 유형에 지나지 않는다. 텔레비전 코미디는 통속적 코미디이다.
그리고 통속적 코미디에서 '웃음'은 필요 불가결한 중요한 요소이다. 어떤 의미
에서 '웃음'은 텔레비전 코미디의 목적이기도 하다. M. Merchant, *Comedy*,
석경 등 역, 희극, 서울: 서울대학교 출판부, 1981, pp.9~16; Nicoll, *Masks
Mimes and Miracles*, pp.18~19.
74) J. M. Davis, *Farce*, 홍기창 역, 소극, 서울: 서울대학교 출판부, 1985, p.8에
서 재인용.
75) E. Bentley, *The Life of the Drama*, New York: Atheneum, 1964, p.234 참조.

2. 즐거움, 담론 그리고 권력 51

는 비합리적이고 무책임한 수준에 머물러 있다.[76] 텔레비전 코미디의 목적은 웃음에 있으며, 따라서 그것의 즐거움에 대한 해명은 무엇보다 '웃음'에서 출발하여야 한다.

웃음의 이론은 일반적으로 '우월론', '해소론', '부조화론' 세 가지로 구분된다. '우월론(superiority theory)'이란 웃음을 우월감의 표현으로 이해하는 규범적 이론을 말한다. 그것은 매우 오래된 이론으로 아리스토텔레스가 〈시학〉에서 코미디에 대하여 언급한 몇 마디 말에서 연원한다. 아리스토텔레스에 의하면 희극은 '보통 이하의 악인을 모방'한다. 여기에서 '악인'이란 모든 종류의 악과 관련하여 그런 것이 아니라, 어떤 특정한 종류의 악, 즉 '우스꽝스러운 것(the ludicrous)'과 관련하여 그런 것이다. 그에게 있어서 '우스꽝스러운 것'이란 '추악함(ugliness)'의 일종이었다.[77] 아리스토텔레스에게 있어서 웃음은 사회적으로 부적합한 행위, 혹은 부도덕한 행위에 대한 비난을 담고 있음으로 해서, 그 자체로 매우 규범적인 경향을 띠고 있었다.[78] 시학의 코미디는 반드시 선해야 하는 비극과 비극의 인물들에 대립된다. 코미디와 코미디의 인물들은 대개의 경우 중요치 않으며, 그 등장인물들은 일반적인 사람들에 못 미치는 열등한(inferior) 인간들이다. 코미디의 인물들은 '하향적 일탈'을 일삼는 우스꽝

---

76) M. Gurewitch, *Comedy: Irrational Vision*, Ithaca: Cornell University Press, 1975, p.234 참조.

77) Aristotle, *Poetics*, 천병희 역, 서울: 문예출판사, 1976, pp.43.

78) 우월론은 본래 규범적인 성격이 강한 이론이다. 그것은 악인으로 묘사된 열등한 인물에 대한 비웃음을 전제로 사회문화적 규범의 강화를 웃음의 효과로 보고 있기 때문이다. 그러나 이러한 우월론의 규범성은 웃음 자체의 의미라기보다는 그것의 사회문화적 효과에 중점을 둔 사후적 해석이라는 생각이 든다. 우월론은 '웃음'이라는 탈규범적 즐거움(쥬이상스)을 규범적 즐거움(플레지르)으로 해석해 낸다. 그러나 웃음의 본성과 연관된 우월론의 핵심적 논지는 '우스꽝스러운 것'은 사회문화적 규범으로부터 벗어나 있다는 점이다. 본 고에서는 우월론을 이러한 관점에서만 다루고자 한다.

52

스러운 존재들이다.[79]

이러한 '하향적 일탈'은 결과적으로는 그러한 일탈을 보고 즐기는 사람을 상대적으로 추켜 올려 세우는 효과를 지닌다. 홉즈(Hobbes)는 아리스토텔레스의 의견에 동의를 표하며, 다른 사람의 불행이 웃음을 유발토록 하는 것이 아니라 우리의 갑작스러운 득의양양함(sudden glory)이 그렇게 하는 것이라고 말하였다. 또한 사람들은 다른 사람의 결점(infirmities)을 자신의 능력과 비교함으로써 웃게 된다고 그는 말하였다.[80] 다시 말해 웃음이란 다른 어떤 사람의 선천적으로 추한 몰골이나 어리석음(the intrinsic ugliness or stupidity) 따위에서 비롯되는 것이 아니라, 우리를 우월하다고 느끼는 순간으로부터 비롯된다.[81]

'해소론(relief theory)'이란 웃음을 심리적 긴장이 해소되는 순간에 발생한다고 간주하는 이론이다. 그것은 웃음을 생리적이며 심리적인 현상으로 파악한다. 여기에서 웃음은 일종의 안도(relief) 혹은 긴장완화(release)로 정의된다. 칸트는 웃음을 장(腸)과 횡경막에 관련된 것으로 보았으며, 스펜서는 근육에, 쾨슬러는 아드레날린을 만들어 내는 분비선(分泌腺) 체계(glandular system)에 연관지었다.[82] 그러나 안도의 개념으로 웃음의 문제에 접근한 가장 고전적

---

79) 여기에서 '하향적 일탈'이라는 표현을 쓴 까닭은 '일탈'이 코미디만의 특성은 아니기 때문이다. 비극에서도 등장인물들은 대개 보통 사람들이 아니다. 비극과 비극의 인물들 역시 상식과 정상을 일탈한다. 그러나 비극의 일탈은 '보통을 넘는' 상향적 일탈이지만 코미디의 일탈은 '보통에 미치지 못하는' 하향적 일탈이다. 비극의 상향적 일탈은 결과적으로 수용자들의 눈물샘을 자극하지만 코미디의 하향적 일탈은 우스꽝스럽게 여겨질 뿐이다.

80) T. Hobbes, *On Human Nature*, in W. Molesworth(ed.), *The English Works of Thomas Hobbes*, Vol.Ⅳ, Bohn: 1840, p.46; F. Grary, *Woman and Laughter*, London: MacMillan, 1994, p.25에서 재인용.

81) Gray, *ibid*.

82) I. Kant, *Critique on Judgment*, tr. by J. H. Bernard, Macmillan: 1914; H. Spencer, *On the Physiology of Laughter: Essays on Education and Kindred Subjects*, Dent: 1911 참조.

인 논의는 프로이드(Freud)로부터 연원한다. 프로이드는 사회를 다양한 유형의
필요한 억압을 행사하는 주체로 보았다. 그리고 이러한 억압은 우리로 하여금
정신적 에너지(psychic energy)를 소비하게 만든다.[83] 이때 지나친 억압은 사
람들로 하여금 정신적 에너지를 낭비하게 함으로써 삶을 피폐하게 만든다. 그
러므로 사람들은 가끔 이러한 억압으로부터 벗어나 정신적 에너지의 낭비를 줄
여야 한다.[84] 프로이드는 웃음을 이러한 순간으로 보았다. 그에게 웃음은 일종
의 심리적 경제(economy in psychical expenditure)를 실현하는 합리적 현상
이다.[85]

프로이드가 주장한 심리적 경제로서의 웃음의 개념은 모롱(Mauron)에 의해
보다 구체화된다. 그에 의하면 웃음은 두 개의 표상 사이에서, 그 전위차에 의
한 일종의 방출로서, 발생한다.[86] 첫 번째 표상은 다가올 매 순간에 대한 그럴
듯한 예견이고, 두 번째 표상은 실제 사태이다. 예견에는 실제 사태에 대비한
심리적 에너지가 수반되는데, 실제 사태를 맞아 정도 이상으로 동원되었던 그
에너지의 여분이 신속히 흩어질 길을 찾지 못하면, 웃음이라는 육체적 경련이
된다. 이때 기억할 사항은, 그 에너지의 여분은 일종의 마음의 여유라는 것, 그

---

83) Gray, *op. cit.* p.28 참조.

84) 예를 들어, 바나나 껍질을 밟고 미끄러지는 코미디언을 보는 웃는 경우가 그러하
다. 땅바닥에 떨어진 바나나 껍질을 보고 사람들은 흔히 누군가가 미끄러져 넘어
질 것이라고 생각할 것이다. 이러한 기대는 일종의 심리적 긴장을 조성하고, 이러
한 긴장은 심리적 에너지의 지출을 요구한다. 이윽고 코미디언이 이를 밟고 넘어
졌을 때, 사람들을 긴장에서 풀려나게 된다. 이때 긴장을 유지하기 위해 지출된
심리적 에너지는 그 소용을 잃어버리고 밖으로 배출되어 나오게 되는데, 그것이
바로 웃음이다.

85) S. Freud, *Jokes and Their Relation to the Unconscious*, tr. by James
Strachey, Standard Edition of the Complete Psychological Works of
Sigmund Freud vol.8, London: Hogarth Press, 1960 pp.42~4; 118~20;
124~8 참조.

86) C. Mauron, *Psychocritique du genre comique*, J. Corti, 1964, p.19; 이인성,
축제를 향한 희극: 몰리에르에 관한 한 연구, 서울: 문학과 지성사, 1992, p.91 참조.

리고 다른 정신 활동으로 전용될 가능성이 없는 에너지만이 웃음이 된다는 것
이다.[87]

마지막으로 '부조화론(incongruity theory)'이란 웃음을 인지적 차원의 부조
화에 연관짓는 이론으로 흔히 '이중결합이론(bi-sociation theory)'으로 불리기
도 한다. 이는 특정한 담화나 행동이 그것의 본래 취지와는 어긋나게 다른 맥
락의 이야기로 전치됨으로 발생하는 오해와 그것의 발견으로 특징지워진다.[88]
부조화론의 과정은 일반적으로는 다음 그림과 같이 표현되는데, 그림에서의 실
선은 인지적 과정의 순탄한 경로를 의미하며, 점선은 본래의 맥락, 점선과 실
선이 만나는 지점은 맥락의 전치가 일어나 오해와 어리둥절함이 유발되는 순간
을 의미한다.[89] 쾨슬러(Koestler)에 의하면, '부조화'란 결국 화자와 청자가 상
식에서 합의한 것을 함께 깨뜨리고 다른 맥락의 다른 의미에서 조우하는 일종
의 수사적 계약의 공모적 파괴이다.

즉 아래 그림의 'B'는 화자와 청자가 이미 상식적인 선에서 의사소통을 위해
마련해 놓은 규칙이 정하는 바 일반적인 경로(train)이고, 'A'는 이 일반적인
경로를 벗어난 엉뚱한 경로이다. 그러나 청자는 화자의 이러한 벗어남, 혹은
일탈을 인지하고, 이로부터 화자의 의도를 읽어 이에 공모함으로써 새로운 이
해가 발생한다는 것이다. 이때 청자는 화자의 의도를 읽어 내기 전까지는 어
리둥절한 상태, 즉 심리적인 불균형 상태에 있게 되는데, 이러한 불균형이
균형으로 바뀌는 순간 즉 위의 그림에서 '전이점'이라 표시된 바로 그 지
점에서 '웃음'이 터져 나온다는 것이다.[90]

---

87) *ibid.* 참조.
88) Gray, *op.cit.* p.33 참조.
89) A. Horton, 'Introduction', in Horton(ed.), *Comedy/Cinema/Theory*,
    Berkeley: University of California Press, 1991, p.6 참조.
90) A. Koestler, *Inside and Outlook*, Lincoln: University of Nebraska Press,
    1949, p.31; *ibid* 참조.

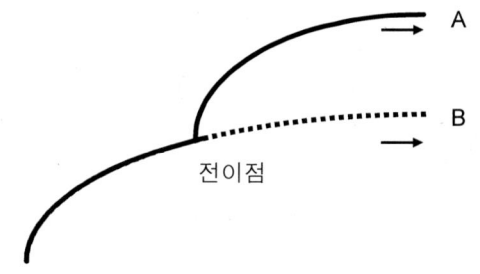

[그림 1] 부조화론 혹은 이중결합 이론의 도식

위에서 살펴본 우월론·해소론·부조화론은 나름대로 웃음의 원인을 밝히고 있다. '우월론'에 의하면 웃음은 열등한 인물이나 행위를 볼 때 느껴지는 순간적인 위세당당함(sudden glory)에서 유발된다. '해소론'은 웃음을 심리적 긴장이 해소되어 갑자기 쓸모를 잃고 방황하게 된 생체 에너지의 표출로 정의한다. 그리고 '부조화론'은 예기치 않은 인지적 불균형이 해소되고 인지적 균형이 회복되는 순간을 '웃음'의 순간이라 해명한다. 그렇다면 웃음에 관한 이들 세 가지 이론의 공통점은 무엇인가? 즉 웃음의 일반적 특성은 어디에서 찾을 수 있는가? 모리얼(Morreall)은 이러한 질문에 답하기 위하여, 이들 세 가지 이론들을 하나로 통합한 웃음의 일반이론을 제시한다.[91] 그는 웃음을 '유쾌한 심리적 전환(pleasant psychological shift)'으로 정의한다.

이러한 이론들을 비교해 볼 때, 사실, 웃음이라는 상황(laughter situation)에는 그것에 대한 포괄적인 이론의 기초가 되는 두 가지의 일반적인 특징이 있음을 알 수 있다. 첫 번째 특성은 웃음의 상황은 심리적 상태의 변화(change)와 연관된다는 것이다. [……] 그러나 단지 어떠한 변화만으로는 웃음이 유발되지 않는다. 이미 살펴본 세 가지 이론들에서와 마찬

---

91) J. Morreall, *Philosophy of Laughter and Humour*, New York: New York Univ. Press, 1987, pp.128~138 참조.

가지로, 변화는 갑작스러운 것이어야 한다.92 [……] 웃음의 특성에 부가되어야만 하는 두 번째 특징은 그러한 심리적 전환은 유쾌하게 느껴져야 한다는 것이다. 의기양양함을 즐기며[우월론], 어떤 부조화로부터 유쾌해지고[부조화론], 긴장된 신경 에너지가 해소될 때[해소론], 즉 이들 모두가 좋다고 느껴질 때 웃음이 유발된다.[93]

모리얼이 말하는 '심리적 전환'이란 일상의 심리적 상태로부터 전혀 다른 수준의 심리적 상태로 이동한다는 것을 의미한다. 웃음은 규범적·인지적·정서적 불균형이 해소되는 순간에 터져나온다.[94] 그러나 이러한 불균형 상태의 해소는 불균형 상태 이전으로의 완전한 회귀를 의미하지는 않는다. 불균형은 규범에서 어긋난 열등한 인물이나 그 인물의 행위를 봄으로써 혹은 정서적인 긴장이 유발되거나 합리적 기대에서 벗어나는 엉뚱한 일들이 펼쳐질 때 발생한다. 그리고 그것의 해소란 이러한 불균형이 불쾌감을 일으키지 않고, 즐거움과 유쾌함을 불러일으키는 순간에 발생한다. 키케로식으로 표현하자면, '웃음'은 기대의 배반에 대한 다양한 반응들 가운데 하나일 뿐이다.[95]

그렇다면 불균형을 유발하는 열등한 인물이나 그 인물의 행위 혹은 정서적인 긴장이나 합리적 기대에서 벗어나는 엉뚱한 일들에 공통된 특징은 무엇인가? 그것은 무엇보다 다양한 사회문화적 규범과 규칙들로부터의 일탈과 위반이 될 것이다. 열등한 인물에서 보여지는 도덕적 규범으로부터 일탈이나 정서적 긴장을 유발하는 사회[규칙과 억압의 체계로서의]로부터의 일탈 그리고 인지적 부조화를 초래하는 논리적 규칙의 위반이 그것이다. 이들은 한결같이 사회문화적

---

92) 이 갑작스러운 변화를 모리얼은 '전환(shift)'이라고 표현한다.

93) *ibid.*, p.133.

94) 물론 이들 세 가지 불균형은 각각 우월론·부조화론·해소론의 논제에 대응한다.

95) Cicero, *De Oratore*, ii, 59; J. Y. T. Greig, *The Psychology of Laughter and Comedy*, Dodd, Mead & Co., 1983, p.226 참조.

규범과 규칙이 정해 놓은 정상성과 바람직함으로부터 벗어나 있다. 일탈과 위반은 웃음의 조건이다. 역설적이게도 웃음 혹은 코미디의 유일한 규범은 '규칙의 위반과 규범으로부터의 일탈'이다.

위에서 살펴본 대로 텔레비전 코미디의 즐거움은 무엇보다 웃음으로부터 연원하고, 웃음은 규칙의 위반과 규범으로부터의 일탈에 의해 발생한다. 텔레비전 코미디에서 찾아 볼 수 있는 흔한 예로, 일본말을 쓰고 있는 학생들에게 꾸지람을 주면서도 '일회용품 사용을 줄이기 위해, 내일부터 변또에 와리바시 싸오는 학생들은 청소당번을 시키겠다'고 으름장을 놓는 선생님의 경우나, 환자의 눈이 아닌 자신의 눈을 열어 보며 '운명하셨습니다'라고 말하는 의사의 경우에서처럼 웃음은 논리와 상식에 어긋나는 말과 행동에서 비롯된다. 이러한 일탈과 위반은 텍스트의 서사적 일관성(coherence)을 저해함으로써 합리적 해석에 저항하는 성격을 갖는다. 코미디의 미덕은 서사적 완결성과 그것을 위한 치밀하고 잘 계획된 텍스트 구조가 아니라 오히려 웃음이 터져 나오는 낱낱의 순간들이 지니는 기발함에 있다. 이와 같은 맥락에서 닐과 크루닉(Neal & Krutnik)은 코미디에 대하여 다음과 같이 쓰고 있다.

> 동기부여는 결말 부분에 대해서 뿐만 아니라 그에 선행하는 사건들에까지도 영향을 미치는 문제라 할 수 있다. 코미디는 그 줄거리상에서의 사건들이나 구성요소들을 한데 묶기 위해서 굳이 특별한 동기부여의 규칙을 요구하지 않는 듯 보인다. 코미디에서는 또한 그 안에서 일어나는 모든 사건들이 어떤 방식으로든 그 줄거리나 구성과 연관될 필요도 없다. 설령 필요가 있다 해도, 코미디는 비인과성 동기부여의 형식이나 산만한 내러티브 구조를 개발하고 이를 활용할 적절한 공간만 있다면, 코믹 효과를 위해 인과성 동기부여나 내러티브의 통합을 포기하는 것을 허용할 뿐만 아니라 부추기기도 한다. 이런 이유로, 코미디는 모든 방식의 개연성 없는 행위들 그리고 그것

58

의 발생에 대한 정당화와 개연성 없는 형식들을 위한 최고의 공간이다.[96]

그러므로 텔레비전 코미디는 재현적 텍스트와는 전혀 다른 방식으로 이해되어야 한다. 재현적 텍스트란 그 내용이 허구적 공상을 다루고 있건 혹은 실제의 사건을 다루고 있거나 간에 그것을 하나의 사실처럼 묘사하고 또 그렇게 납득시킨다는 특징을 갖는다. 이를 위해 재현적 텍스트들은 수용자들과 일종의 계약을 맺게 되는데, 이는 대개 텍스트에 쓰여진 것을 사실인 것처럼 혹은 여겨달라는 주문에 다름 아니다.[97] 이러한 텍스트의 재현적 기능은 주로 서사에 의해 지탱되는바, 왜냐하면 그것의 인과적이며 필연적인 형식의 시간적 구조는 텍스트의 '사실성'을 확보하는 데 있어 가장 중요한 역할을 수행하기 때문이다.[98] 사건들의 단순한 나열에서 그치지 않고 그것에 인과적 동기를 부여함으로써만 수용자들은 사건의 진행과 그 결과를 납득할 수 있다. 그러나 텔레비전 코미디는 재현적 텍스트와는 다르게 서사적 관계에 있어서의 논리성이나 인과적 필연성을 중요하게 취급하지 않는다. 그것은 본성상 바르트가 말한 '사실성 효과(reality effect)'와는[99] 아무런 관계가 없다. 텔레비전 코미디에서 중요한 것은 얼마나 그럴듯하게 이야기하느냐가 아니라, 얼마나 우스꽝스럽게 말하느냐에 있다.

텔레비전 코미디는 서사적 통일성을 희생함으로써 대신 개별적인 웃음의 순

96) S. Neal and F. Krutnik, *Popular Film and Television Comedy*, 강현두 역, 영화 속의 코미디, TV 속의 코미디, 서울: 한국방송개발원, 1996, pp.54~5.
97) 쿨러에 의하면, 재현적 텍스트는 그것이 실제의 일상적 삶을 흉내내고 있으며, 이는 텍스트를 마치 사실 세계에 대한 것인 양 해석하도록 만든다고 한다. 이를 쿨러는 텍스트와 독자 사이의 '서사계약'이라 부른다. J. Culler, *Structuralist Poetics: Structuralism, Linguistics and the Study of Literature*, London: RKP, 1975, p.193 참조.
98) R. Barthes, 'Structural Analysis of Narratives', in *Image, Music, Text*, New York: Hill and Wang, 1977, pp.123~4 참조.
99) 텍스트를 마치 사실인 것처럼 혹은 그럴듯한 것처럼 느끼게 만드는 재현적 텍스트의 효과를 말한다. *ibid.* 참조.

간들을 부각시킨다. 서사적 통일성이 와해된 상황에서 텔레비전 코미디는 더
이상 합리적 해석의 대상이 되지 못한다. 남은 것은 규칙과 규범이 일탈되고
위반되는 순간들에 대한 즉각적이며 즉물적인 반응, 온몸을 흔들어가며 박장대
소하는 웃음의 순간들뿐이다. 물론 코미디 역시 서사적일 수 있으며, 그것을
통해 무엇인가를 그럴듯하게 이야기할 수도 있을 것이다. 그러나 그것은 텔레
비전 코미디의 본성과는 관계가 없다. 물론 텔레비전 드라마도 얼마든지 웃길
수 있다. 그러나 그것은 부차적이다. 이러한 의미에서 텔레비전 코미디는 바르
트가 말한 '과도한 스펙터클'을 조장하는 쥬이상스의 텍스트가 된다. 플레지르
의 텍스트가 사회문화적 규범을 준수함으로써 즐거움을 유발한다면, 쥬이상스
의 텍스트는 사회문화적 규범의 바깥에서 형성되는 즐거움이다. 사회문화적
규범으로부터 일탈함으로써 즐거움을 일궈내는 텔레비전 코미디는 쥬이상
스의 계기를 확보하고 있으며 쥬이상스의 텍스트로 자리매김 될 만한 조
건을 갖추고 있다.

이러한 텔레비전 코미디의 일탈적 특성은 다른 한편 '놀이(play)'라는 말과
연관되는 듯 보인다. 벤틀리도 주장하였듯이 소극으로서의 텔레비전 코미디는
하나의 장난이며, 이는 일과 노동의 문제라기보다는 놀이와 휴식의 공간 안에
서 수용되기 때문이다. 카이으와에 따르면, 놀이는 대개 규칙을 수반하기는 하
지만 그것에 따라 같은 일을 반복하지 않는다고 한다. 그것은 오히려 상황에
따라 규칙을 변용해 가는 '자기 지배(self control)의 즐거움'과 연관된다.[100] 놀
이 안에서 기존의 규칙은 무시되거나 변용될 수밖에 없다. 놀이는, 카이으와에
의하면, '일상의 법규를 정지시키고, 일시적으로 새로운 법을 확립하며, 놀이
안에서는 오직 이 법만이 통용된다'.[101] 놀이의 규칙은 그 세계만을 위한 규칙
이다. 이는 일상의 규칙과는 다르며, 오직 그 세계만을 위해 존재하는 유별난

---

100) Roger Caillois, *Les Jeux et les Hommes: Le Masque et le Vertige*, 이상율
    역, 놀이와 인간, 서울: 문예출판사, 1994, pp.11~2 참조.
101) *ibid.*

60

규칙이다. 밖에서 볼 때, 놀이의 규칙은 일탈과 위반을 통해 만들어진 새로운 규칙이며, 이 규칙은 강제와 지배를 통해 확립된 것이 아니라 자발적이며 자유로운 참여에 의해 만들어진 규칙이다. 규칙을 위해 놀이가 존재하는 것이 아니라, 놀이를 위해 규칙이 존재한다. 마찬가지로 텔레비전 코미디는 기존의 사회문화적 규칙을 일탈함으로써 놀이와 즐거움의 공간을 형성한다. 텔레비전 코미디는 이러한 놀이와 즐거움의 관점에서 이해되어야 할 대상이다.

2.2. 권력과 담론

2.2.1. 이데올로기와 담론

담론이란 매우 복잡하고 다의적인 개념이다. 일반적으로 "어떤 의미나 관념을 언술로 바꾸는 행위를 의미하지만, 이는 말하는 사람과 듣는 사람을 가정하고 이루어진 기호학적 틀이자 메커니즘으로써 말하는 사람과 듣는 사람을 가정하기에 보다 정확하게는 사회기호학"의 범주에 포함된다.[102] 문화연구에 있어서 '담론(discourse)'이라는 개념이 중요한 위치를 차지하게 된 것은 '이데올로기'라는 개념이 구조결정론과 특정한 정치적 목적에 지나치게 의존함으로써 사회현상을 왜곡할 수 있다는 반성에서 비롯되었다. 물론 담론이라는 말은 이전부터 있었으나, 그것은 단지 발화된 '말' 혹은 실제의 '대화'라는 의미 정도로 밖에는 이해되지 않았다.[103] 즉 소쉬르의 '랑그(langue)'와 '빠롤(parole)'의 대립

---

102) 김경용, 기호학이란 무엇인가: 기호의 우리, 우리의 기호, 서울: 민음사, 1994, p.319.
103) 'dicourse'에 대한 '담화'라는 번역은 바로 이 점, 그것이 마치 대화를 하듯 사회적으로 오고 가는 말들의 집합이라는 의미를 가장 잘 드러낸다. 'discourse'는 그 밖에도 '언설', '언술' 등으로 번역되기도 하는데, 이들 번역에 따라 그 뉘앙스와 강조점이 달라진다. 이 책에서는 이를 굳이 구분하지 않았으나 대개는 담론, 담화, 연설, 진술의 순으로 그 범위가 크기 작은 것으로 상정하였다. 'discourse'

을 사회언어학적인 수준에서 '랑가주(language)'와 '담론(discourse)'으로 대체
한 것에 지나지 않았다는 말이다.

하나의 이데올로기적인 코드의 체계로써의 '랑그'와 '랑가주'에 대한 관심은,
그러나 언어와 기호를 죽어있는 하나의 구조로 환원하고 인간의 언어사용 문제
를 이러한 구조 속에 포섭함으로써, 현실적인 의사소통과정을 무시하고 이에
대한 적실한 해명을 불가능하게 하였다. 구체적인 '발화'들 속에서 언어의 의미
가 규정되며, 따라서 언어의 의미는 체계에 의해 선험적으로 '결정'되는 것이
아니라, 특정한 맥락(context) 안에서 그리고 그것을 사용하는 사람들의 관계
에 의해 그렇게 '쓰일' 뿐이라는 것이다.[104] 담론 개념의 등장은 의미를 그것의
맥락과 행위자의 의도(intention)에 회부함으로써, 텍스트는 원칙적으로 다의
적이며 수용자는 해석에 있어 능동적이라는 두 가지 명제를 부활시킨다. 그러
므로 담론은 고전적 이데올로기 이론에서 난점으로 지적되었던 이데올로
기에 포섭되지 않는 일탈적 해독에 대한 논의를 가능케하며, 동시에 이를
정치적 저항과 연관지을 수 있게 해준다.[105]

의 개념에 대하여는 조은기, '그토록 낯선 그들', 연극 문화 그리고 사회, 언론문
화연구 11집, 서강대 언론문화연구소, 1994, pp.310~1을 참조하라.

104) 이러한 반성 혹은 비판은 철학적으로는 비트겐슈타인(Wittgenstein)에게서 그리고
문학과 언어학의 범주에서는 바흐친(Bakhtin)에게서 찾아볼 수 있다. Wittgenstein,
op. cit; Bakhtin, M., *Marxism and the Philosophy of Language*, New York:
Seminar Press, 1973.

105) 물론 이데올로기 개념의 확장적 사용에 의해 지배 이데올로기와 대항적 이데올
로기를 구분하고 이로부터 이데올로기 수준의 갈등과 투쟁을 논의할 수도 있을
것이다. 이는 이데올로기의 상대적 자율성(relative autonomy)에 대한 논의와
함께 이미 정설화된 논제이다. 1953년 스탈린 사후 구소련의 사회과학계를 뒤흔
들었던 '상부 구조논쟁(debate on superstructure)'과 알튀세 이후 본격화된 이
데올로기와 결정에 관한 수정주의 논쟁을 거쳐 이데올로기의 결정에 관한 텍제
는 심대한 변화를 겪어야 했다. 그러나 이러한 '이데올로기'에 대한 개념적 확장
과 그에 대한 이론적 비판은 '담론'의 개념을 낳았으며(알튀세의 '이데올로기'가
폐쇄의 '담론'을 낳았음을 상기할 것), 그 결과 '이데올로기' 개념은 '담론'과의

담론의 개념을 이해함에 있어서 가장 중요한 단서는 무엇보다 그것과 '권력'
의 관계에 대한 것이다. 담론은 권력의 문제와 밀접히 연관되어 있으며, 이는
인간 삶의 일상적인 부분에 폭넓게 존재한다. 예를 들어 의사들이 사용하는 전
문 의학용어들에 대하여 생각해 보자. 의사들은 일상적 용어와는 다른 전문용
어를 사용함으로써 그들을 다른 사람들과 구분되도록 한다. 환자들은 의사에게
자신의 병세에 대하여 보다 자세히 알아보기 위해 상담을 요청하지만 의사들이
하는 말들은 대개 토씨만 빼고는 전혀 알아들을 수 없는 수수께끼 같은 단어들
로 가득 차 있다. 의문을 해소하기 위해 의사를 찾아간 환자는 오히려 머리만
더욱 복잡해져서 돌아오기 일쑤다. 의사는 환자들과는 다른 언어를 사용한다.
이들의 언어는 환자들에게는 일종의 미스터리며 그들의 병을 다스리고 그것을
치료하는 신비로운 주술과도 같다. 환자들은 의사들과 결코 동등한 위치에서
대화하거나 의논할 수가 없다. 그들의 말을 알아 들을 수 없다는 것은 환자들
을 주눅들게 하고 그저 고개나 끄덕이게 만든다. 언어의 분리는 집단의 분리를
식별케 하며, 동시에 이들 사이에 지배와 권력의 여러 관계들을 형성해 낸다.
'전문언어'란 예외 없이 권력을 행사하는 구성체이다.[106]
담론은 권력을 행사하는 주요한 방식들 가운데 하나이다. 즉 담론은 세계에
대한 가치중립적인 진술이 아니라, 사회적 관계에 의해 형성된 권력관계를 재

관계 속에서 다시 인식되기 시작하였다. 구소련의 '상부 구조논쟁'에 대하여는,
Konstantinov 외, 상부 구조논쟁, 서울: 학민사, 1987을 그리고 알튀세와 폴랑
차, 페쇠, 발리바, 그레이마스 등 프랑스 구조주의 맑시즘의 이데올로기에 대한
논의는 T. Benton, *The Rise and Fall of Structuralist Marxism*, London:
MacMillan, 1984를 참조할 것.

106) 그러므로 부르디외는 언어를 일종의 자본, 상징적 자본으로 규정하고 있다. 상징
적 자본으로써의 언어는 권력관계를 유지하는 데 매우 중요한 역할을 수행한다.
왜냐하면 권력의 재생산이란 권력자와 피권력자 사이의 차별을 유지하는 문제이
며, 언어는 이러한 차별을 유지하는 데 가장 중요한 수단들 가운데 하나이기 때
문이다. P.Bourdieu, *Language and Symbolic Power*, 정일준 역, 상징폭력과
문화재생산, 서울: 새물결, 1995, pp.105~138 참조.

생산하는 제도화된 실천들의 체계이다. 이 점에 있어서 푸코는 담론적 체계가
권력의 메카니즘에 속하며 그것에 어떠한 진리값도 보장해주지 못한다고 주장
한다.[107] 담론은 집단과 개인의 이해(interest)로부터 파생한 이데올로기적 진
술들에 지나지 않기 때문이다. 그러므로 푸코는 특정한 담론이 특별히 진리에
가까이 다가가 있다거나 특별히 사회적 특권을 누려야 할 어떠한 필연적 이유
도 존재치 않는다고 주장한다. 사회의 권력관계가 다양하고 복잡한 만큼 푸코
는 담론을 죄수들, 동성연애자들, 광인들, 병자와 같은 다양한 사회집단들과 그
들을 억압하는 다양한 권력들 즉 사법적 권력, 성 권력, 정신의학적 권력, 병리
학적 권력 등에 연관짓는다.[108]

  그러나 담론의 개념은 비단 권력을 관계의 다양성에 회부하는 데 그치지 않
는다. 담론은 가역적이며 상호 관계적이다. 그것은 의사소통을 전제로 하는 사

---

107) 알튀세에 의하면, 이데올로기는 오직 자신의 모습을 사회적 실천 속에서만 드러
  내며, 이는 그가 이데올로기적 국가기구들(ideological state apparatuses)이라
  고 부른 것들 속에서 제도화되고 물질화된다. 사람들은 이렇게 제도화되고 물질
  화된 이데올로기에 의해 호명됨으로써만 한 사회의 주체로 자리매김될 수 있다.
  그러나 이데올로기란 계급관계에서 파생된 당파성을 지니고 있으며, 따라서 이
  데올로기에 의해 호명된 주체는 사회에 대한 비당파적인 객관적 견해를 가질 수
  없다. 단적으로 말해 주체는 이데올로기에 의해 사회와 상상적 관계(imaginary
  relation)를 맺고 있을 따름이다. 따라서 진리란 권력의 효과일 뿐, 가치중립적
  인 절대적이며 보편적인 지식이 될 수 없다. 따라서 담론이 어떠한 진리값도 지
  닐 수 없다는 말은 그 것이 실제의 삶 속에서 마치 진리인 양 이야기 되고는 있
  으나, 그것은 절대적이며 보편 타당한 의미에서의 진리가를 확보하고 있기 때문
  이라기보다는 정치적인 의미에서 그러하다는 뜻이다. 실제로 담론은 이러한 정
  치적 의미에서의 진리가를 확보하지 못한다면 사회적으로 제 힘을 발휘하지 못
  한다. 뒤에서 연구자는 담론의 진리가에 대하여 언급하게 될 것인바, 이는 이러
  한 의미에서의 진리가를 말한다. L. Althusser, 'Ideology and Ideological State
  Appartuses', in *Lenin and Philosophy and Other Essays*, London: New
  Left Books, 1971, p.137 참조.
108) M. Poster, *Foucault, Marxism and History*, 이정우 역, 푸코, 마르크시즘, 역
  사: 생산양식 대 정보양식, 서울: 인간사랑, 1990, p.55 참조.

회기호학적 개념이다. 담론 안에서 발화자와 수용자는 고정불변의 일방적 관계가 아닌 상호 작용적 관계를 형성한다. 일상적 대화상황이 그렇듯이 말을 했으면 들어야 하고, 듣고 난 뒤에는 말하여야 한다. 그러므로 담론과 연관된 권력이란 또한 가역적이며 상호 관계적일 수밖에 없다. 다시 말해 의사의 권력은 그의 언어가 알아 듣기 힘들다는 데에서 유래하는 것이 아니라, 환자들이 동의하고 인정하는 그것의 권위와 위엄에 있다. 이러한 동의와 인정의 무너질 때 권력은 위기를 맞이할 수밖에 없을 것이다. 독일의 종교개혁이 라틴어 성경을 독일어로 번역 · 보급하는 일과 밀접하게 연관되어 있었다는 역사적 사실은 이의 적절한 예가 될 것이다. 그러므로 푸코 역시 담론을 하나의 과정으로 인식하고, 권력을 그 자체로는 불안정하며 비결정적일 수밖에 없는 상호 작용의 한 양태로 파악하였던 것이다.

담론은 권력관계의 다양성을 표상하며 그것을 가역적이며 상호 작용적인 과정으로 묘사한다. 이는 문화연구에서 중요한 지위를 차지하고 있었던 이데올로기의 개념과 상충되는 면이 있다. 이데올로기는 그동안 경제적 계급의 적대와 모순에서 유래된 지적이며 정신적인 활동과 산물로 정의되어 왔다.[109] 이데올로기는 경제적 관계에 의해 결정되는 상부 구조적 현상이라는 것이다. 그러므로 현 사회의 경제적 구조를 자본주의로 규정하는 한, 이데올로기는 부르주아계급 혹은 프롤레타리아계급의 이데올로기이며, 이들 중 지배적이며 주도적인 위치를 차지하고 있는 것은 현 사회의 지배적 계급으로 군림하고 있는 부르주아계급의 이데올로기이다. 이러한 관점에서 보면, 경제 외적 관계로부터 권력의 문제를 추출해내고 그 자체를 가역적이고 상호 작용적인 것으로 파악하는 담론의 개념은 이데올로기와는 상충하는 개념일 수밖에 없다. 그러므로 푸코는 이데올로기 개념을 폐기하고 그 자리에 담론을 옹립하여야 한다고 주장한다.[110]

---

109) H. Williams, *Concipts of Ideology*, New York: St. Martin's Press, 1988, p.1~5 참조.
110) M. Foucault, *Power/Knowledge: Selected Interviews and Other Writings*

그러나 본 연구자는 전통적인 이데올로기 개념의 경제환원론적 시각에는 반대하지만, 그렇다고 해서 담론의 개념을 위해 이데올로기 개념을 폐기할 필요는 없다고 생각한다. 푸코는 권력은 담론을 통해 우리 삶에 편재하는 만질 수 없는 그물망으로서, 우리의 가장 작은 몸짓과 가장 친밀한 담론들 속에 섞여 짜여진다고 주장한다. 권력은 어디에나 있으며, 그것은 항상 담론을 따라 움직인다는 것이다. 그러나 이러한 주장은 분석적으로 볼 때 한 가지 문제를 노정한다. 예를 들어 푸코의 주장대로라면, 또래집단에서 이루어지는 서열짓기와 그로부터 발생하는 갖가지 사건들 역시 노동자계급의 임금투쟁과 똑같은 비중으로 다루어져야만 한다. 권력은 편재하고 이들은 상호 불가공약적인 다원적 관계이기 때문에 모든 관계가 똑같은 비중으로 중요하기 때문이다.[111] 푸코에게 있어 가장 커다란 문제는 권력으로부터 비롯된 사회적 갈등을 '분산된 것'으로 파악함으로써 이들을 고립된 폐쇄적 체계들로 파악하게 만든다는 데 있다.[112] 그런데 이글턴의 지적대로 '이데올로기라는 용어의 힘은 어떻든 사회 생활의 전체적 형태에 있어서 중심적인 권력관계와 그렇지 않은 관계들을 구분할 수 있도록 해주는 능력'에 있다.[113] 그러므로 그것은 권력관계는 원칙적으로 불평등관계이며 다양한 권력관계들 가운데에서도 상대적으로 중심성을 획득한 특수

1972-1977, Gordon, C.(ed.), 홍성민 역, 권력과 지식: 미셸 푸코와의 대담, 서울: 나남, 1991, p.151.

111) 물론 이런 식의 이야기가 푸코의 진의였다고 말하기에는 무리가 있다. 그러나 푸코의 담론 개념을 확장하여 사회관계 일반에 그것을 적용하는 학자들, 라클라우와 무페(Laclau & Mouffe) 그리고 힌데스와 허스트(Hindess & Hirst) 같은 이론가들은 권력의 편재성과 이들의 상호 불가공약성 및 비환원성을 주장하며 사회적 관계 일반을 권력관계로 회부하고 이들에게 동일한 비중의 무게와 중요성을 부여한다. 이들 이론가들이 주장하는 담론의 개념과 그것에 결부된 권력 개념이 지닌 문제점에 대한 비판은 다음을 참조. Macdonell, *op.cit.*

112) 강내희, *op.cit.*, p.118 참조.

113) T. Eagleton, *Ideology: An Introduction*, 여홍상 역, 이데올로기 개론, 서울: 한신문화사, 1994, p.11.

한 관계가 존재한다는 현실을 외면하지 않는다. 이러한 관점에서 본다면, 담론은 불평등한 담화이며, 특정한 담화가 상대적으로 중심성을 획득할 수 있고, 그 결과 전체적인 담론의 체계는 이데올로기적일 수 있다. 담론은 유동적이며 쉼 없이 그 구성체를 변화시켜 나가지만, 특정한 시기에 있어 그것은 상대적으로 안정적이다. 그리고 그러한 한에 있어서 그로부터 개별적 담화들을 조직하는 특정한 패턴과 원리를 발견해낼 수도 있을 것이다. 이러한 담론의 구성원리를 본 연구자는 '이데올로기'라 부른다.[114]

담론은 이데올로기에 의해 조직되는 하나의 구성체이다. 그러나 본 연구자에게 '이데올로기' 개념은 경제적 이해관계에 배타적으로 의존하지 않는다. 이데올로기는 담론의 숨겨진 패턴이며 그것을 권력에 연관짓는 구성적 원리일 뿐이다. 그것은 [경제적] 계급권력에 연관될 수도 있고, 성, 인종, 민족, 세대에 의해 형성되는 권력에 의존할 수도 있다. 그러나 이데올로기 개념의 중요성은 이

---

114) 담론이 하나의 구성체이듯, 담론들 역시 하나의 구성체를 형성하게 된다. 물론 이들을 하나로 묶어내는 선험적이며 지배적인 원리를 찾아내기란 불가능한 일일 것이다. 그러나 그럼에도 불구하고 이들 가운데 상대적으로 탈구된 구성체가 존재할 것이며, 이는 다른 구성체들과의 관계 속에서 주도적인 역할을 담당하게 될 것이다. 모든 문제들이 일시에 제기되지는 않는다. 물론 사회 제 부문에 걸쳐 모든 문제들이 잠재된 형태로 존재하기는 할 것이지만 이들이 항상 동일한 중요성과 동일한 가치를 가지고 현실화되는 것은 아니다. 이러한 점에서 알튀세의 '불균등 발전 테제(unequal developement of contradiction)'는 여전히 중요한 의미를 갖는다. 알튀세는 '지배 내 구조(structure in dominance)', '중층결정 (overdetermination)', '계급투쟁(class struggle)'의 개념을 연관지어 어떤 구조이든 그것은 하나의 세력이 경향적으로 지배하는 구조일 수밖에 없다고 말하였다. 즉 사회의 여러 가지 문제들, 혹은 권력관계들 가운데 한 시기를 가로지르는 상대적으로 지배적인 관계가 존재하고 있다는 말이다. 알튀세의 이 개념을 '경제'라는 최종심급에 괄호를 쳐서 받아들인다면, 푸코의 문제는 간단히 풀릴 수도 있을 것이다. 이데올로기를 계급에 환원시키지 않는다면, 그리고 이를 근본적으로 유동적이며 경험적인 것이라고 받아들인다면, 그것은 여전히 담론과 함께 할 수 있을 것이다. L. Althusser, *For Marx*, London: NLB, 1965 참조.

들 다양한 권력이 하나의 관계이듯이 이들 또한 하나의 관계를 형성하고 있다
는 점을 주지시킨다는 데 있다. 원칙적으로 위에서 언급한 각각의 관계들은 다
른 하나의 관계로 환원될 수 없다. 그러나 현실적으로 특정한 시간과 공간 안
에서 보다 중요하거나 보다 시급한 문제를 구별해낼 수는 있다. 예를 들어
IMF 구제금융의 시기에 있어서 가장 중요한 문제는 경제 문제이며 가장 중요
한 관계 역시 경제적 관계이다. 그러므로 이 시기의 담론 공간은 방만한 기업
경영을 통해 현재의 위기를 초래했음에도 불구하고 무분별한 정리해고로 그 책
임과 희생을 노동자 대중에게 떠맡기려는 자본가 계급의 담론과 그에 대한 노
동자 대중의 저항적 담론의 투쟁과 갈등에 의해 주도된다. 모든 권력이 항상
똑같은 비중으로 똑같이 중요한 것은 아니다.

2.2.2. 지식과 권력의 문제

담론과 권력의 관계에 대하여 살펴보기 위해서는, 지금까지 별다른 의미규정
없이 사용되어 왔던 권력(power)의 개념을 분명히 짚고 넘어갈 필요가 있다.
본 연구에서 '권력'이란 푸코가 말한 '관계로서의 권력'이다.[115] 고전적인 이론
들 속에서 권력은 마치 하나의 사물처럼 다루어져 왔다. 그것은 특정한 사람들
과 집단에 의해 소유되는 것이라고 생각되었으며, 그 효과와 실천은 선험적으
로 결정되어 있는 것처럼 여겨졌다. 그러나 "권력은 손에 넣거나 빼앗거나 서
로 나눠 갖는 어떤 것, 간직하거나 놓치는 어떤 것이 아니다. 권력은 무수한 요
소들로부터, 그리고 불평등하고 유동적인 관계들의 상호 작용을 통해 행사된

---

115) Michel Foucault, 이정우 역, 담론의 질서, 서울: 새길, 1993; 한상진, 오생근 외,
미셸 푸코론, 서울: 한울, 1990, pp.59~108; Barry Smart, *Michel Foucault*,
London: Routledge, 1985, pp.71~120; Pierre Bourdieu, *op. cit.*, 서울: 새물결,
1995, pp.43~102; David A. Baldwin, *Paradoxes of Power*, New York: Basil
Blackwell, 1989, pp.100~128을 참조할 것.

68

다."[116] 권력은 실체적인 무엇이 아니다. 그것은 관계의 상호 작용을 통해 행사되는, 관계의 효과인 것이다. 권력은 '관계'이다.

권력관계는 다른 유형의 관계들(경제적 과정, 인식관계, 성적 관계)로 표면화되는 위치에 있는 것이 아니라 그것들에 내재하고 따라서 그러한 관계들에서 생기는 분할, 불평등, 불균형의 직접적 효과이며, 거꾸로 이러한 차등화의 내적인 조건이다. 권력관계는 단순한 금지 또는 갱신의 역할을 지닌 상부 구조의 위치에 있는 것이 아니라 그것이 작용하는 거기에서 직접적으로 생산적인 역할을 한다.[117] 권력은 룩스가 지적한 바대로 관찰 가능한 갈등을 통해 발견되는 현재적 힘이라기보다는 갈등을 무화하고 그것을 침묵 속에 머물러 있게 만드는 은근하고 은밀한 잠재적 힘이다.[118] 그것은

---

116) Michel Foucault, 성의 역사 1, p.108.

117) *ibid*.

118) 룩스(S. Lukes)에 의하면 권력이란 잠재적인 이슈들을 정치적 영역으로부터 배제하는 사회적 힘이나 제도적 관행이다. 따라서 권력의 분석은 관찰 가능한 갈등이 존재하지 않는 순간에도 그곳에 권력이 이미 도사리고 있음을 인정하고, 권력은 스스로의 기능을 통해 자신을 은폐하고 있다는 사실을 깨닫는 것으로부터 시작된다고 하였다. 룩스가 보기에 권력의 실체를 드러내는 보다 중요한 순간은 잠재적 갈등에 있으며, 이는 그 자체로 권력자의 이해와 정치적 영역에서 배제된 비권력자들의 이해가 상호모순적으로 결합한 형태라고 보았다. 그에게 권력의 분석은 잠재적인 이슈들이 현재화되지 못하고 잠재적인 양태로 머물러 있을 수밖에 없는 다양한 경로들을 추적하는 일이었다. 이는 구체적인 상황과 대상에 따라 서로 다른 층위에서 그 모습을 드러내는 권력의 다양한 변이를 밝혀내는 일이다. 권력은 결코 절대적이지도 보편적인 힘을 의미하지 않는다. 룩스의 권력 개념은 푸코의 후기 구조주의적 권력 개념에 영향을 받아, 권력의 사회적 속성과 그것의 다차원성을 드러내 주었다. 이는 우리 논의에서 매우 중요한 전제를 제공한다. 즉 권력이 사회적이며 그 정체성이 선험적으로 주어진 실체적 본성을 갖는 것이 아니라는 주장은 일상적 삶을 관류하는 미시적 차원의 실천들이 갖는 사회정치적 의미를 드러내는 데 있어 필수적이기 때문이다. 룩스의 입장에서 보자면, 권력은 결코 개인이나 특정 집단에 의해 전유되고 소유되는 어떤 것이 아니다. 즉 권력은 사물이 아니라 다양한 실천들의 효과이며, 따라서 권력은 인간 상호간의 관계에서 초래되는 다양한 실천들의 네트워크이다. S. Lukes, *Power: A*

갈등을 통해 자신의 이해타산대로 타인을 움직이고 자신의 선택을 강요하는 폭력적인 힘이라기보다는 자신의 이해타산을 당연하게 받아들이고, 자신의 선택을 타인의 선택으로 만드는 교묘한 '전략'이다. 그러므로 푸코는 권력은 아래로부터 나오며, 암묵적이라 하였다.[119]

그런데 권력에 있어 정작 중요한 것은 권력을 아래로부터 나오게 하고, 암묵적인 힘으로 위치짓는 권력의 본성에 있다.[120] 권력이란 절대적 힘이 아니라, 관계에 규정되는 맥락화된 힘, 특수하며 끊임없이 변화하고 운동하는 관계의 효과이다. 그러므로 권력은 거부와 도전을 제한하지 않을 뿐더러, 개인들의 목표와 야망과 함께 한다.[121] 권력은 배제와 처벌을 통해서만 행사되지 않는다. 그것은 개인을 추동하고, 고양하며, 배양하는 방식으로도 행사될 수 있다.[122] 이를테면 권력은 담론의 영역에서는 지배담론의 진리가를 강화하는 방식으로 즐거움의 영역에서는 플레지르를 강화하는 방식으로 행사된다는 것이다. 권력이 관계의 효과이며, 이로부터 인간행위에 영향력을 행사할 수 있다면, 여기에서 가장 중요한 문제는 무엇보다 '관계' 자체이다. 그리고 관계란 거시적 차원 혹은 구조적 차원의 추상적인 문제라기보다는 일상생활 곳곳에서 발견되는 미시적이며 사소한 관계들을 의미한다. 권력의 행사는 거시적 차원의 결정으로부터 현시되는 것이 아니다. 그것은 삶의 곳곳에 스며있는 미시적 차원의 문제이며, 이는 무엇보다 삶을 부정하고 억압함으로써 아니라 삶을 가능케하는 적극

Radical View, London: MacMillan Press, 1974 참조.

119) Foucault, *op. cit.* pp.108~9 참조.

120) *ibid.* p.109.

121) Peter Miller, *Domination and Power*, London: RKP, 1986, p.2 참조.

122) *ibid.* p.1 참조. 룩스 역시 이 점에 있어서는 마찬가지였다. 룩스는 다른 표현을 통해 권력이 부정적으로 행사되는 힘, 즉 금지와 처벌의 체계나 힘만이 아니라는 점을 강조한다. 그러나 그는 푸코의 경우에서처럼 긍정적으로 작용하는 권력이라는 관점에 힘을 실어주지 않는다. 그는 오히려 이를 권력이 가진 딜레머라고 보고 있으며, 이 문제는 해결될 수 없는 이율배반의 문제라고 말한다. 이에 대하여는 Lukes, *op. cit.* ch.5 참조.

적이며 긍정적인 효과를 통해 영향력을 행사한다.[123]

그렇다면 담론은 권력과 어떠한 방식으로 연관되는가? 이 문제에 답하기 위하여 우선 위에서 언급했던 의사와 환자의 예를 다시 한번 살펴보기로 하자. 의사는 환자에 대하여 권력을 행사한다. 의사는 환자에게 처방과 지시를 내리고 환자는 거의 맹목적으로 그것에 따른다. 환자에게는 의사의 처방을 따르면 병세가 호전되고 결국 그것으로부터 해방되리라는 믿음이 있다. 환자가 의사의 지시에 맹목적인 까닭은 그는 환자의 병을 치유하는 데 있어서 만큼은 '전문가'이기 때문이다. 이때 환자와 의사의 차이─ 전문가와 비전문가라는 차이─ 는 무엇보다 지식의 차이에서 연원한다. 환자는 X─ 레이 사진을 읽을 수 없지만, 의사는 그것을 판독할 줄 안다. 환자와 의사의 관계는 지식에 의해 결정된다. 그리고 의사의 지식은 담론의 형태로서만 존재할 수 있다.[124]

담론을 통해 행사되는 권력이란 의사와 환자의 예에서와 같이 '지식'과 밀접한 연관을 맺고 있다. 담론이 권력과 연관될 수 있는 까닭은 그것이 특정한 지식에 기반하고 있거나 혹은 지식 그 자체의 표현이기 때문이다. 그런데 한 가지 짚고 넘어가야 할 문제는 지식의 문제는 또한 진리의 문제와 밀접히 연관되어 있다는 점이다. 즉 특정한 담론이 힘을 발휘할 수 있는 것은 그것이 특정한 지식에 기반하고 있기 때문이 아니라, 그것이 기반하는 지식이 참으로 인정되고 있기 때문이다. 환자가 의사의 말에 귀를 기울이고 그의 처방에 순순히 따르는 까닭은 그의 말이 옳다는 믿음, 그가 참의 지식에 근거하여 말하고 있다는 믿음 때문이다. 그러므로 어떤 사회든 참과 거짓의 대립에서 참의 진리가를 확보함으로써만 담론의 생산을 통제하고 선별하고 조직화하고 나아가 재분배하는 일련의 과정들을 수행하고 이를 통해 담론적 지배

---

123) Michel Foucault, *op. cit.* 참조.
124) 푸코에 의하면 "특별한 담화적 실천이 없이는 어떠한 지식도 존재하지 않는다. 그리고 어떠한 담화적 실천이라도 그것이 형성하는 지식에 의해 규정된다." M. Foucault, *The Archaeology of Knowledge*, New York: Pantheon, 1972, p.5.

를 관철할 수 있는 것이다.[125]

그렇다면 참의 진리가는 어떻게 확보되는가? 진리가는 우선 개별 과학에서
와 같은 경험적 검증 절차나 수학적이며 논리적인 증명을 통해 확보된다. 구체
적인 방법과 엄밀성의 정도에서 차이가 있을지언정, 이는 일상적 담론에 있어
서도 마찬가지이다. 특정한 진술은 그것의 참을 입증하는 또 다른 진술들에 의
해 보강된다. 따라서 담론은 개별적 진술들의 분산된 총체가 아니라, 논리적으
로 연관된 일종의 사슬 구조를 형성한다. 그러나 모든 담론과 지식이 그것을
발화하거나 진술하는 매 순간마다 참임을 입증하여야 하는 것은 아니다. 많은
경우에 있어 담론은 명시적으로 발화되거나 진술되지는 않았으나 이미 참이라
고 인정된 '암묵적 지식'에 의해 정당화된다. 그런데 사회적 담론은 이러한 과
학적 혹은 준과학적 담화들만으로는 구성되지 않는다. 오히려 문화연구에서 문
제 삼는 대부분의 담론들은 과학적 방법과 절차를 통해 확보되기보다는 사회제
도적 수준에서 보장되는 믿음에 의존한다.

담론과 지식의 진리가를 확정 짓기 위한 사회적 과정은, 이러한 내적 정당화
와는 사뭇 다른 경로를 통해 진리가를 확보하게 되는 듯하다. 환자가 안심하고
의사에게 달려 갈 수 있는 까닭은 그들의 지식이 환자들 스스로에 의해 객관적
진리임이 증명되었기 때문이 아니라, 그것에 대한 믿음이 있기 때문이다. 그리
고 이러한 믿음은 사회적으로 보장되는 제도적 실천에 의해 지탱된다. 의사는
사회적으로 검열된 자격이다. 6년간의 대학교육과 국가에서 치르는 의사자격
시험의 통과 그리고 2년간의 수련의 과정이 의사가 되기 위한 최소한의 자격
조건이다. 그러므로 특정 지식의 진리가는 그 자체로서는 자체의 내적 논리에
의해 확정될 수 있을지 모르지만, 사회적인 수준에 있어서는 제도적 실천에 의
해 보장되어야 한다. 환자가 의사의 전문용어에 주눅이 드는 까닭은 단지 알아
들을 수 없기 때문이 아니라, 그것이 사회 · 제도적으로 보장된 진리가를 함축

---

125) M. Foucault, *L' Ordre du Discours*, 이정우 역, 담론의 질서, 서울: 새길,
    1993, p.16~22 참조.

하고 있기 때문이다. 알아 들을 수 없기는 마찬가지지만 어린아이들의 옹알이나 정신병자들의 횡설수설을 의사들의 전문용어와 똑같이 취급할 수는 없다.

담론이 권력과 연관되는 까닭은 그것이 특정한 지식을 담보하기 때문이다. 담론의 세계에서는 아는 것이 힘이다. 그런데 지식의 힘은 그것이 참이라는 확신 혹은 동의에서 비롯되므로 권력은 끊임없이 '참'의 진리가를 획득하기 위해 분투노력하여야 한다.[126] 권력의 담론이 '참'의 진리가를 획득하는 방식은 지식의 내적 정당화와 사회·제도적 수준에서의 정당화를 통해 이루어진다. 어떠한 의미에서 담론의 공간은 '참'의 진리가를 획득하기 위하여 분투하는 진리게임(truth play)의 공간이다. 그런데 특정한 담론이 진리가를 획득한다는 말은 그것에 대적하는 담론들은 거짓으로 판별된다는 의미이기도 하다.

대개의 경우 하나의 의제에 대한 사회적 담론은 다수의 경합하는 진술들과 발화들 사이의 경쟁과 투쟁을 통해 형성된다. 이를테면 '무노동 무임금'이 사회적으로 '참'의 진리가를 획득한다면, 그것에 대적하는 노동자들의 담론은 틀린 것이 된다. 담론의 공간이란 '참'의 진리가를 획득하기 위한 공간일 뿐만 아니라 적대 담론이 '거짓'임을 들춰내는 공간이기도 하다. 진리가의 획득은 확증이라는 긍정적 방식을 통해서 뿐만 아니라, 반증과 논박이라는 부정적 방식을 통해서도 이루어질 수 있다. 그러므로 진리가를 객관적으로 확증할 수 있는 과학적 담론들의 경우를 예외로 한다면,[127] 담론 공간은 문화적 수준에서 다양한 담

---

126) 이를 가리켜 푸코는 '앎의 의지(will to knowledge)'라고 불렀다. Foucault, *op. cit.* 참조.

127) 현대의 과학철학과 지식사회학은 과학적 담론 역시 이로부터 예외일 수 없다고 주장한다. 쿤(Kuhn)의 '패러다임'이나 라카토스(Lakatos)의 '프로그램' 그리고 파이어아벤트(Feyerabent)의 '방법론적 무정부주의'가 그렇고 블로어와 반즈(Bloor & Barnes)의 '스트롱 프로그램'과 린치(Lynch)와 울가(Woolgar)의 '민속방법론'이 그러하다. 이들의 주장에 대하여는 I. Lakatos & A. Musgrave(eds.), *Criticism and the Growth of Knowledge*, Cambridge: Cambridge University Press, 1970; A. Pickering(ed.), *Science as Practice and Culture*, Chicago and London: The University of Chicago Press, 1992를 참조할 것.

론들이 '참과 거짓의 대립'을 통해 경합하는 '투쟁의 공간'이다.[128]

이러한 담론적 투쟁의 공간을 부르디외는 '장(champ)'이라고 부른다.[129] 행위자들은 항상 특정한 장에 속하며, 그 안에서 행위하고 실천한다. 그런데 이러한 장은 한편으로는 그것을 재생산함으로써 기득권을 유지하려는 지배권력과 자신의 이해와 요구에 맞게 그것을 재편하려는 피지배자들 사이에서 벌어지는 경쟁과 투쟁으로 점철된다. 이러한 장의 구조는 투쟁에 참가하는 행위자들 간의 혹은 집단들 간에 성립된 특정한 상태를 드러내는 권력관계이다.[130]

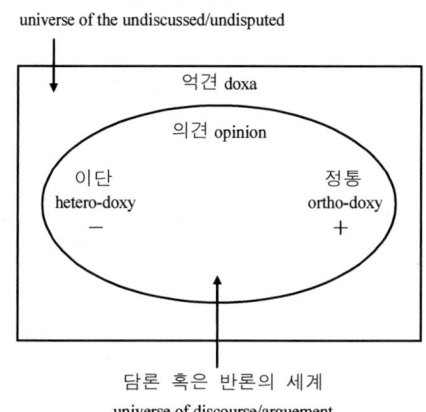

[그림 2] 장(champ): 담론 투쟁의 공간

128) 담론 공간을 투쟁의 공간으로 상정하는 일은 그다지 새로운 견해는 아니다. 이를테면 바흐친이나 푸코 그리고 부르디외는 이에 대한 비교적 상세하고 세밀한 분석을 행하고 있는바, 이들의 주장에 대하여는 다음을 참고하기 바란다. M. Bakhtin, *op.cit;* M. Foucault, *Power/Knowledge*; P.Bourdieu, *Outline of a Theory of Practice.*

129) Ansart, P., *Les Scociologies Contemporaines*, 정수복 역, 현대 프랑스 사회학, 서울: 문학과 지성사, 1992, p.76 참조.

130) Thompson, J., 'Symbolic Violence: Language and Power in the Writings of Pierre Bourdieu', 정일준 역, '상징폭력이란 무엇인가?' in Bourdieu, *Language and Symbolic Power*, p.56 참조.

장의 투쟁은 권력을 지탱할 수 있도록 만드는 다양한 자본들— 경제적/문화적/상징적 자본— 에 의해 지탱된다. 이러한 자본들의 특정한 분포상태에서, 최대 자본을 가지고 있는 사람은 그것을 보존하는 쪽으로, 즉 기존의 구조 자체가 의문시되지 않는 억견— 연구자의 개념으로는 이데올로기에 해당하는— 의 상태를 유지하는 쪽으로 나아가려 한다. 한편 그러한 자본을 거의 가지고 있지 못한 사람들은 대체로 그 구조를 부정하고 이를 번복하려는 이단적 전략을 구사하게 될 것이다. 위의 [그림 3]에서 표현되었듯이, 장의 투쟁은 독사를 옹호하는 정통과 그것을 전복하려는 이단의 담론 투쟁이다. 장의 자본을 가진 기득권자들은 정통을 방어하는 담론을 생산하며, 장의 신참자들 혹은 자본을 지니지 못한 자들은 이단의 담론을 생산한다.[131]

그런데 문제는 장의 구조를 유지하기 위해서는 특정한 자본의 분포를 유지할 수 있어야 하며 동시에 정통의 담론을 의심되지 않는 억견으로 확립할 수 있어야 한다는 것이다. 이때 발생하는 지배의 전략이 바로 '상징적 폭력(symbolic violence)'이다. 상징적 폭력이란 지배를 오인하게 함으로써 그것을 정당한 것으로 인식하게 만드는 권력의 특유한 행사방식이다.[132] 이는 위에서 언급한 푸코의 권력, 즉 억압하고 금지하는 권력이 아닌 생산하고 고무하는 권력과 연관되는 개념으로, 점잖고 부드러우며 동시에 유연하고 교묘한 지배방식을 의미한다.[133] 이는 지배권력과 피지배권력의 가치를 단순한 차이가 아니라

---

131) Bourdieu, *Outline of a Theory of Practice*, p.168 참조.
132) Thompson, *op. cit.*, pp.69~70 참조.
133) 이미 위에서 언급한 '선물경제'와 권력의 연관관계를 상기하기 바란다. 부르디외는 상징적 폭력의 한 예로 카빌족의 선물교환 풍속을 예로 들고 있다. 카빌족의 지배자들은 피지배자들에게 선물을 공여하는데, 이는 피지배자들에게 일종의 뇌물처럼 작용함으로써 피지배자들이 지배를 묵인하고 그것을 암묵적으로 동의하도록 만든다. 그러므로 그것은 노골적인 폭력이 아니라 피지배자들이 "점잖고 비가시적인 형태의 폭력이라고 오인하고 있는 것이자, 복종해야 할 것으로 생각하는 것이다. 그것은 신뢰와 개인적 충성, 환대, 선물, 채무, 인정, 경건의 폭력, 한마디로 말해 체면 윤리에서 존중되는 모든 덕목들의 폭력인 것이다." *ibid.* p.66.

차별로 치환하고 그것을 '당연시 여기게 만듦'으로써 문화적 지배를 확보하
는 전략이다. 그러나 문화적 지배가 관철되기 위해서는 이러한 차별이 담론
을 통한 권력의 효과라는 사실이 오인되어야만 한다. 즉 대부분의 사회성원
들이 그것을 정당하며 자연스러운 것으로 인식하지 않으면 안 된다. 부르디
외는 이를 '오인(misconception)의 메카니즘'이라 부른다.[134]

그렇다면 이러한 상징적 폭력을 행사하는 지배권력의 현실적 도구는 무엇이
되겠는가? 현대 사회에서 가장 중요한 상징적 폭력의 제도적 기구는 다름아닌
'교육체제(educational system)'이다.[135] 교육이란 어느 사회에서나 보편적인
가치를 지니는 중요한 문제로 인식된다. 특히 교육은 특정한 사회의 사회적 불
평등을 개인적 수준에서 돌파할 수 있는 자원을 제공하는 듯 보인다. 이를테면
피지배 계층의 자식들이 그들의 저열한 생존조건에서 벗어나기 위해서는, 열심
히 공부하여 상급학교에 진학함으로서 후천적인 획득지위를 높이는 방법이 가

---

134) 부르디외에 따르면 "차별화된 문학작품은 지배/권력관계를 생산하며 자체의
    자의성(인위성)을 중립화시키는 재생산메커니즘을 포함한다. 이는 기존질서를
    정당한 것으로 승인함으로써 인위적인 질서를 자연스러운 것으로 오인하게 만
    드는 메커니즘이다." 이상호는 이러한 오인의 메카니즘은 실제 사회의 내부에
    존재하면서 그것을 재생산하는 것으로 실제 사회의 외부로부터 부여되는 이데
    올로기와는 근본적으로 상이하다고 주장한다. 그러나 본 연구에서 이데올로기
    는 결코 실제 사회의 바깥으로부터 외삽된 것으로 정의되지 않는다. 이상호의
    주장은 특정한 개념의 이데올로기, 즉 존재와 의식의 이분법이 엄격히 지켜지
    는 가운데 정의된 낡은 이데올로기 개념에 한하여 타당하다고 할 수 있다. 이
    상호, '부르디유의 새로운 사회이론: '하비투스'와 '상징질서'를 중심으로', 언
    론과 사회 제5호, 1994년 가을, p.96.
135) 물론 부르디외가 교육에만 배타적인 권한을 부여하고 있다는 말은 아니다. 부르디
    외는 교육체계 외에도, 시장, 법적 기구, 국가 등의 다양한 비개인적 지배수단을 제
    시하고 있다. 그러나 이들 가운데 본 고의 논지와 연관하여 가장 중요한 의미를 갖
    는 제도적 수단은 무엇보다 '교육체제'이다. 왜냐하면 그것은 문화유산들의 상징적
    전유에 필요한 태도와 성향들을 제시하고 이를 구체적인 자본— 학위나 자격증 따위
    와 같은— 의 형태로 전환시킴으로서 다른 기구/자본들과 연결되기 때문이다.

장 합리적인 것처럼 보인다. 교육은 지배의 조건이 아니라 오히려 그것으로부
터 벗어나는 대안으로 여겨지기 쉽상이다. 교육체제를 오인하는 한, 즉 그것을
자율적이며 보편적인 체계로 인식하고 그것에 의해 형성되는 지배의 재생산과
학력에 의해 차별화되는 또 다른 지배양식의 분지(remification)를 인식하지
않는 한, 문화적 자의성은 제대로 인식될 수 없으며 차별은 여전히 정당하고
자연스러운 것으로 오인되고 만다.

그러므로 담화의 진리가를 보장하는 사회제도적 수준의 실천은 결국 교육[제
도]이다. 교육은 부르디외에 의하면 문화자본(culture capital)의 일종으로 문
화적 감식력과 수행능력을 사회제도적으로 보장하는 '학력자본'으로 외화된
다.[136] 학력자본은 교육제도에 의해 담보되는 제도적 수준의 문화자본으로 '육
화된 문화자본'을 형성하고 사회관계자본을 축적하며 상징자본을 획득하는 데 결
정적인 역할을 한다.[137] 아울러 제도화된 문화적 자본으로서의 학력은 사회적 위
신을 확보하고 그것에 정당성과 정통성을 부여하는 데에도 결정적인 영향력을 행
사한다. 무슨 학교를 나왔는지 그리고 어떤 학위를 가지고 있는지는 그 사람의 문
화적 지위를 가늠하는 객관적 척도로 기능한다. 학력은 문화적 권위, 위신, 신망,
존엄, 명예, 명성을 쌓는 중요한 조건이며 그것에 정통성과 객관적 근거를 제공한
다.[138] 담론의 진리가는 이렇듯 전문인들에 의해 사회제도적으로 보장된다.

---

136) '문화자본'은 기본적으로 사회계급에 따른 개인의 불평등한 능력을 설명하기 위
해 사용되는 개념으로 대체로 다음과 같은 세 가지 형태로 존재한다. 첫째 그것
은 사람들 내부에 육화된 상태로, 즉 유기체의 지속적 성향들의 형태로 존재할
수 있다. 이 단계에서 문화자본은 지식, 교양, 기능, 취미, 감성 등과 같은 문화
적 식별력과 수행능력으로 구체화된다. 셋째 문화자본은 제도화된 상태로, 즉 학
교 졸업장이나 교육기관의 수료증과 같은 제도로 존재한다. Bourdieu, *La
Distinction*, pp.11~2 참조.

137) R. Harker, 'Bourdieu: Education and Reproduction', in R. Harker, C.
Mahar, C. Wilkes(eds.), *An Introduction to the Work of Pierre
Bourdieu*, London: MacMillan, 1990, pp.86~96 참조.

138) Bourdieu, *op. cit.*, pp.34~6 참조.

3. 텔레비전 코미디의 즐거움

위에서 본 연구자는 텔레비전 코미디는 재현적 텍스트와는 달리 '과도한 스펙터클'을 조장함으로써 웃음을 유발하는 쥬이상스의 텍스트일 수 있음을 주장하였다. 이는 텔레비전 코미디의 즐거움은 웃음에 있으며, 이는 사회문화적 규범으로부터의 일탈과 위반에서 나온다는 이론적 가정에 기초하고 있다. 그렇다면 이제 '쥬이상스로서의 텔레비전 코미디의 웃음은 텍스트 속에서 어떻게 구체화되는가' 하는 문제, 다시 말해 텔레비전 코미디의 일탈과 위반이 텍스트 속에서 어떠한 방식으로 구현되고 있는지에 대하여 살펴보아야 할 것이다. 이 장에서 본 연구자는 이러한 질문에 답하기 위하여 텔레비전 코미디의 몇몇 사례들을 분석하고, 이로부터 텔레비전 코미디의 즐거움이 지닌 성격과 그 의미를 논의하고자 한다.

3.1. 대상과 방법

텔레비전 코미디의 즐거움을 분석하기 위하여, 연구자는 98년 2월 23일에서 3월 1일 사이에 방영된 텔레비전 코미디 프로그램들 가운데, 통상 정통적인 코미디 프로그램으로 간주되고 있는 세 프로그램을 선택하여 이들 프로그램을 대표하는 코너들을 한 꼭지씩 분석하였다. 139 분석대상이 된 프로

---

139) 흔히 '즐거움'에 관련된 연구들은 문화연구 영역에서 민속지학적 방법을 통해 이루어지고 있는데, 이는 '즐거움' 자체에 대한 연구라기보다는 수용자들이 그것을 어떻게 사용하는냐에 대한 연구, 즉 수용자들의 전략과 실천의 연구라고 할 수 있다. 그러므로 이들의 연구는 '즐거움'이라는 비언어적 현상을 수용자들이 '말하는' 느낌, 생각 그리고 [실천적] 행위들 따위들과 같은 언어적 현상, 혹은 상징화된 텍스트로 환원함으로써 논점을 흐리는 측면이 있다. 더구나 이들의 연구는 수용자의 의도를 강조함으로써 '즐거움'의 문제를 개인화함으로써 합리적 설명 자

그램은 KBS 2TV의 〈최양락 김미화의 코미디 세상만사〉, MBC의 〈오늘은
좋은 날〉, SBS의 〈이주일의 코미디쇼〉였으며 분석대상이 된 코너들은 각각
'사미인곡', '울 엄마', '나 왕년에'였다. 이들 프로그램은 과거 〈웃으면 복이
와요〉류의 전통적인 코미디물로서 대여섯 개의 콩트 혹은 희극적 에피소드
등으로 구성되어 있다. 일반적으로 코미디로 분류되는 텔레비전 프로그램들
에는 그 밖에도 '시트콤', '코믹 버라이어티', '코믹 드라마', '코믹 토크쇼'
등이 있다. 그러나 이들은 전통적인 코미디 프로그램의 변형이거나 다른 장
르와의 혼합에 의해 형성된 혼성장르(hybrid genre)이다. 그러므로 본 연구
에서는 논의와 분석의 전형성을 확보하기 위하여 소위 '정통 코미디 프로그
램'에 해당하는 프로그램들 만을 분석대상으로 삼았다.[140]

체를 부정하는 이론적인 회의주의를 초래할 수도 있다. 어차피 '즐거움'이라는
심리적 현상 그 자체에 접근한다는 것은 불가능하다. 이러한 상황에서, 민속지학
적 방법은 일견 이에 가장 근접할 수 있는 연구방법이라고 생각할 수 있을지도
모른다. 그러나 이는 수용자들의 진술과 행위를 분석함으로써 수용자들의 반성
적 의식을 설명하는 데 목적을 두고 있을 뿐, '즐거움'이라는 심리적 현상 자체에
관심을 두지 않는다는 점에서 한계를 지니고 있기는 마찬가지이다. 그렇다면 오
히려 텍스트 분석이 보다 나은 방법일 수도 있다. 민속지학을 이용한 국내외의
연구들에 대하여는 "정재철, '민속지학적 수용자연구의 방법론적 과제와 전
망: 문화연구에서의 연구전통을 중심으로', 한국방송학보, 제9호, 1997 가
을, pp.103~44"를 참조할 것. 정재철은 국내외의 대표적인 민속지학적 연
구를 한데 망라하여 이들이 어떠한 의미를 지니고 있는지 그리고 어떠한
가능성과 한계를 지니고 있는지에 대하여 통관적인 시야를 제공한다. 민속지
학 및 민속방법론에 대한 보다 이론적인 논의는 다음을 참조하기 바람.
Sharrock, W., & Bob Anderson, 'Epistemology: Professional Skepticism',
in Button, G.(ed.), *Ethnomethodology and the Human Sciences*,
Cambridge: Cambridge University Press, 1991, pp.51~76.

140) 현실적으로는 전통적인 코미디 프로그램보다는 코믹 버라이어티가 텔레비전 코
   미디의 주류일 수도 있다. 그럼에도 불구하고 전통적인 코미디 프로그램을 분석
   하는 까닭은, 그것이 텔레비전 코미디의 일반적 특성을 드러내는 데 더욱 효과적
   일 것이라는 판단 때문이다. 전통적인 코미디 프로그램에 대한 분석은 전통적 코

한편 이들 프로그램에 대한 분석은, 텔레비전 코미디의 일탈과 위반의 패턴을 찾아내기 위하여, 텍스트에서 반복적으로 나타나는 대사와 행위의 구조에 초점을 두고 진행되었다. 대개의 경우 텍스트 분석은 '해석'을 통해 이루어진다. 그러나 '해석'이라는 비정형적인 분석방법은 '자의성'의 개입에 의해 연구결과의 '신뢰성'을 보장하기 힘들다는 단점을 지니고 있다. 문화적 텍스트를 분석함에 있어 '해석'은 때로 상식에서 벗어나는 낯설고 생경한 분석결과를 내놓는다. 이를테면 상업적인 영화 평론에서 쉽게 발견할 수 있는 침소봉대의 과장된 해석은 때때로 그 영화가 그랬었나 하는 의심을 갖게 만든다. 재미도 없고 볼만한 장면도 없었다고 느꼈던 영화도 상업적 평론 안에서는 때때로 더할 나위 없는 명작으로 둔갑해 버리고 만다.

전문적이며 비교적 무게 있는 평론 안에서도 이러한 과장과 비약이 눈에 띈다. 이를테면 3류 에로영화를 성적 억압으로부터의 해방을 그리고 있다고 평한다거나, 사이보그가 출현하는 B급 SF 영화를 놓고 인간과 기계의 구분을 말소함으로써 인간중심주의를 비판하는 영화라고 평가하는 경우가 그러하다. 그러나 이러한 해석의 과장은 비단 평론만의 문제는 아닌 것 같다. 예를 들어 쇼 윈도를 들여다 보며 아이쇼핑을 즐기는 젊은 노동자들을 일상적 저항을 실천하는 투사로 묘사하거나 상업적 광고를 저항적 텍스트로 규정하는 피스크의 해석은 문화연구에 침윤되어 있는 자의적이며 주관적인 해석의 한 단면을 보여준다.[141]

미디 프로그램이나 코믹 드라마 혹은 시트콤에 적용할 수 있으나, 코믹 버라이어티에 대한 분석은 그렇지 않다. 소위 혼성장르로 분류되는 시트콤 · 코믹 드라마 · 코믹 버라이어티 · 코믹 토크쇼 등은 전통적인 코미디에 다른 유형의 프로그램 장르들 이를테면 드라마 · 버라이어티쇼 · 토크쇼 등이 결합된 형태이다. 그러므로 코미디에 섭입된 이러한 이종적 장르의 영향을 배제하기 위해서는 전통적인 코미디 장르를 분석하는 것이 가장 효과적일 것이다.

141) 물론 해석이 전혀 무가치하다는 말도 아니고 그렇다고 피스크의 해석이 얼토당토않은 거짓이라는 의미도 아니다. 다만 텍스트의 해석은 자칫 주관적이며 자의적인 해석결과를 일반화하는 오류를 범하게 될 소지가 있다는 점을 지적하고자 하는 것이다. Fiske, *Television Culture*, pp.262~3 참조.

80

에코와 보드웰은, 그러므로 해석이라는 방법에 대하여 유보적 입장을 취하거나 심각한 회의를 표시하고 있기도 하다. 에코에 따르면 해석의 자율성과 다양성에 대한 주장은 원칙적으로는 옳은 이야기이지만, 그렇다고 해서 타당한 해석과 그렇지 못한 해석을 구분할 수 없는 것은 아니라고 하였다. 해석이 제 아무리 자율적이며 다양할 수 있다고 해도 '빨강'을 초록으로 받아들일 수는 없기 때문이다.[142] 보드웰(Bordwell)은 텍스트 독해와 해석을 구분하고, 독해는 텍스트로부터 외연적 의미를 이끌어 내지만 해석은 '내포적 의미'와 '증후적 의미'를 만들어 낸다고 주장한다. 그에 따르면 해석이란 의미를 발견하는 과정이라기보다는 의미를 고안하고 만들어가는 제도화된(rutinized) 실천에 지나지 않는다. 그러므로 해석은 대개의 경우 그것의 진위를 판단할 수 없는 주관적이며 자의적인 결과만을 제시한다.[143] 그러므로 해석결과의 객관성을 확보하기 위해서는 에코와 보드웰의 주장대로 논리적인 비약이나 과도한 추론으로 텍스트 본래의 의미를 손상하는 일이 없도록 하여야 한다.[144]

보다 객관적이며 신빙성 있는 해석결과를 얻어내기 위하여 본 연구자는 우선 텔레비전 코미디 텍스트의 일탈과 위반의 패턴을 찾아내는 데 주력하였다. 무리하게 텔레비전 코미디의 웃음이 지닌 사회적 의미를 이끌어 내기보다는 그것의 구성과 형식적 특성에 초점을 맞추는 편이 분석결과의 객관성을 확보하는 데에는 보다 유리하리라고 생각하였기 때문이다. 본격적인 텍스트 분석을 위하여 연구자는 우선 대상 프로그램의 대본을 재구성하였다. 대본의 재구성은 텔레비전 코미디를 분석하는 데 있어서는 특히 필수적이다. 왜냐하면 코미디언들은 다른 장르의 연기자들과는 달리 즉흥연기가 잦기 때문에 기존의 대본으로는

---

142) U. Eco, *The Limits of Interpretation*, 이윤기 역, 해석의 한계, 서울: 열린책들, 1995. 참조.

143) D. Bordwell, Making Meaning: Inference and Rhetoric in the Interpretation of Cinema, Cambridge: Harvard University Press, 1989, p.9 참조.

144) *ibid.* pp.250~3 참조.

정확한 분석이 불가능하기 때문이다.[145] 재구성된 대본에 포함된 내용은 우선 대사와 특징적인 연기와 행동 그리고 무대상황이었으며, 방청객으로부터 웃음이 유발되는 순간은 따로 표시하여 알아 볼 수 있게 하였다. 대본을 재구성함에 있어 될 수 있는 한 모든 정보들을 포함시키려 하였으나, 객관적으로 확인할 수 없다고 판단되는 정보들 이를테면 등장인물들의 심리 상태나 미묘한 표정의 변화 등은 제외하였다. 이렇게 재구성된 대본들로부터 웃음의 상황들이 어떠한 맥락 속에서 이루어졌는지를 확인하고 이로부터 즐거움의 특징적 양상들을 끌어 내었다. 이러한 절차를 거쳐 분석된 결과는 다음과 같다.

3.2. 즐거움의 분석: 일탈과 위반의 패턴

3.2.1. '놀람'의 패턴

텔레비전 코미디에서 웃음을 유발하는 일탈과 위반들 가운데 하나는 특정한 상황이나 언행이 사건이나 담화의 전개과정에서 상식적 기대에서 어긋나는 '놀람(surprise)'의 패턴이 될 것이다.[146] 텔레비전 코미디 안에서 '놀람'은 크게

---

145) 한동안 〈이주일의 코미디쇼〉에 출연했던 가수 방실이의 증언에 의하면, 코미디언들에게 대본은 그다지 의미가 없다고 한다. 예를 들어, 그와 함께 공연한 이용식은 방실이의 대사까지 모두 외어 자신이 모두 말해 버림으로써 그녀를 당황케 하였다고 한다. 더구나 김형곤과 이중일의 동출적인 행동과 예정에 없던 대사와 질문들은 그녀로 하여금 아무것도 할 수 없도록 만들었다고 한다. 그녀는 열심히 대사를 외어가기는 했지만 코미디언들의 이러한 즉흥적이며 돌출적인 연기 스타일 때문에 주어진 배역을 제대로 연기해 본 적이 한번도 없었다고 했다. 〈생방송 좋은 아침입니다〉, SBS, 1977. 10. 27.

146) 닐과 크루닉에 따르면 코미디에서 '놀람'은 우연에 의해 서사적 긴장(suspense)이 파괴되는 순간이다. 따라서 이들은 놀람을 긴장을 전제하는 것이며, 긴장이 내러티브 전개과정상에서 조성되는 한 놀람 역시 내러티브에 의존한다고 보았다. 그러나 연구자는 '놀람'을 보다 확장된 의미로 사용하고자 한다. 즉 내러티브와

'서사적 수준'과 '상황적 수준'으로 나누어 생각할 수 있다. 여기에서 '서사적 수준의 놀람'이란 플롯이나 인과적 동기부여와 아무런 관계도 지니지 않는 예기치 않던 그리고 예견할 수 없는 사건들이 발생하는 경우를 말하며, '상황적 수준의 놀람'이란 텍스트 전체의 서사 구조와는 관계없이 개별 상황 안에서 발생하는 예기치 못한 언행들이 발생하는 경우를 말한다.

3.2.1.1. 서사적 수준의 놀람

시트콤이나 코믹 드라마로 대표되는 서사적 코미디 양식들을 제외한다면 텔레비전 코미디의 대부분은 비서사적인 텍스트 양식을 지니고 있다. 텔레비전 코미디는 대개 서사적인 통일성을 염두에 두지 않은 좌충우돌의 이야기 전개를 특징으로 삼는다. 분석대상이 된 '사미인곡'은 여탕 사우나실에서 일어나는 사소한 사건들과 에피소드 그리고 등장인물들 사이의 수다를 주요 내용으로 특별한 내러티브 없이 전개된다. 이는 '나 왕년에'의 경우에서도 마찬가지이다. 이 코너는 몰락한 과거의 인사들이 인력시장에서 벌이는 해프닝을 두서 없이 전개한다. 물론 들어오는 일거리들을 이런 저런 이유를 달아 거절하다가 결국은 가장 하찮은 일거리에 낮은 품삯으로 팔려가지만 왕년의 정치인인 이주일을 아무도 데려가지 않는다는 이야기의 구조는 갖추고 있다. 그러나 이러한 이야기 구조가 사건의 필연적 연관이나 갈등의 구조 그리고 행위의 동기와 그 결과라는 서사적 구조를 갖추고 있는 것은 아니다. '나 왕년에'의 이야기 구조는 서사 구조라기보다는 일종의 포맷에 불과하다.

긴장의 파괴로부터 비롯되는 웃음의 순간뿐만 아니라 내러티브와 관계없이 발생하는 예기치 않은 언행, 동문서답, 부조리 따위도 놀람에 포함시킨다는 것이다. 내러티브 수준에서건 혹은 논리적 수준에서건 이들은 모두 상식적인 기대를 저버리고 예상할 수 없었던 사건과 언행을 유발하기 때문에, 이들을 한데 묶어 이야기하는 데에는 별다른 문제가 없으리라 생각된다. Neal & Krutnik, *op. cit.*, p.68~9 참조.

'울 엄마'의 경우는 위의 두 프로그램과는 다른데, 등장인물의 갈등과 그것의 해결이라는 이야기 구조를 갖추고 있어 서사적 양식의 텔레비전 코미디로 보인다는 점에서 그러하다. 김샘은 미스터 블랙을 잘생겼다며 칭찬하는 경석 엄마의 말에 질투심을 느낀다. 경석 엄마가 토라진 김샘에게 아양을 부려가며 구슬려 보지만 그의 마음은 쉽게 풀리지 않는다. 아양에도 마음을 풀지 않자 경석 엄마의 언성과 표정은 험악하게 변해하고 이 때문에 김샘은 더욱 토라져 경석 엄마의 마음을 오해하기에 이른다.

　　김샘: 흥.
　　경석 엄마: 아잉.
　　김샘: 흥.
　　경석 엄마: 아이잉.
　　김샘: 흥.(경석 엄마의 목소리는 점점 커지고, 김샘의 목소리는 점점 작아
　　　　　진다)
　　경석 엄마: (위협적인 목소리로 눈을 부릅뜨고)흐흣.
　　김샘: 흑. 이건 분명히 미스터 블랙 때문에 마음이 변한 게 분명해 눈물 몇 번 닦
　　　　　아 줬다구 ……. 나는 눈물뿐만 아니라 콧물까지 닦아 줬는데. 흑.

　더욱 토라진 김샘은 갑자기 피아노 선을 타고 공중으로 떠오르며, 전체 출연자들과 함께 음악과 노래에 맞춰 립싱크를 한다. 경석 엄마는 공중에 떠 있는 김샘에게 알았으니 내려오라 하지만 김샘은 싫다고 말한다. 그러자 경석 엄마는 피아노 선을 타고 공중에 날아 올라 김샘을 다독거림으로써 오해를 풀고 함께 지상으로 내려온다.

　　경석 엄마: 그럼 할 수 없지 뭐.(피아노 선을 타고 공중으로 올라간다)
　　김샘: (놀라며)으어!
　　경석 엄마: (부드러운 목소리로 구슬리듯)김샘. 김샘, 나는 미스터 블랙 아

　　니라 미스터 블랙 할아버지가 와도 안 따라가요. 나한텐 김샘밖에 없

　　어요.

김샘: 정말?

경석 엄마: 정말. 그러니까 우리 내려가서 국수 먹어요.

김샘: (어린아이 같은 목소리로)네.[147]

　'울 엄마'의 이야기 구조는 등장인물들 갈등과 그것의 해소라는 전형적인 내러티브 구조를 갖추고 있는 듯 보인다. 그러나 이는 서사적 필연이나 인과적 동기부여를 통해서라기보다는 우연적이며 작위적인 방식으로 구성되고 있다. 즉 갈등이 해결되는 과정이 지나치게 간단하고 졸속하게 처리되고 있어 이로부터 서사적 통일성이나 동기부여의 인과성을 찾아내는 일 자체가 별 의미가 없다는 것이다. 톰슨에 의하면 서사적 텍스트의 모든 장면은 그것의 목표와 연관을 가져야 하는데, 그것은 곧 극의 전체적인 개요가 목표를 함축하고 있어야 한다는 것이다. 즉, 서사적 텍스트는 '발단─ 전개─ 위기─ 절정─ 결말'이라는 식의 단계적 구성을 통해 텍스트의 개별 요소들을 유기적 통일체로 묶어내야 한다.[148] 그러나 '울 엄마'의 이야기 구조 속에서는 발단과 결말이 있을 뿐 이들 사이를 연관짓는 그 밖의 단계들은 생략되어 있거나 지나치게 간략히 처리되어 있어 이를 두고 하나의 서사적 텍스트라 부르기에는 무리가 따른다. 어떠한 의미에서 '울 엄마'의 갈등 구조는 프로그램 중간에 돌출하는 농담이나 우스꽝스러운 몸짓과 같은 하나의 에피소드에 지나지 않는다.

　'울 엄마'에서 갈등의 해결은 필연적이며 논리적인 내러티브 구조에 의존하지 않는다. 그것은 갑자기 엉뚱하고 예기치 않은 방식으로 해결된다. 그러나

---

147) 분석결과와 연관하여 특징적인 웃음이 터져나오는 순간은 이후 인용문 안에서
　　고딕으로 표시하기로 한다.

148) D. Bordwell & K. Thompson, *The Classical Hollywood Cinema: Film and Style & Mode of Production to 1960*, New York: Columbia University Press, 1985, p.175 참조.

이러한 내러티브 구조를 무시한 갈등 해결이 웃음으로 이어지는 것은 아니다. 갈등이 해결되는 장면에서 방청객들의 웃음이 터져 나오는 시점은 경석 엄마가 김샘을 좇아 피아노 선을 타고 공중으로 올라가는 장면과 경석 엄마가 좋게 구슬리자 그것에 순순히 응하며 어린아이 같은 목소리로 '네'라고 대답하는 장면이었다. 이들은 내러티브의 통일성이 파괴되기 때문에 터져 나오는 웃음이 아니다. 이들은 그 자체로도 우스꽝스러운 장면이다. 그러므로 '울 엄마'에서 목격되는 '서사적 수준의 놀람'에는 깨뜨려야 할 서사적 긴장이 존재하지 않는다. 어떠한 의미에서 '울 엄마'의 갈등과 그것을 둘러싸고 있는 이야기 구조는 웃음의 순간들을 배치하기 위한 관행적 구조일 뿐 그 자체가 웃음의 기제는 아닌 듯하다. 서사 구조는 '울 엄마'에 있어서 웃음을 유발하기 위한 부차적 요소에 불과하다.

 '사미인곡', '울 엄마' 그리고 '나 왕년에'는 서사적 구조를 갖추고 있지 않거나, 갖추고 있다고 하더라도 이는 텍스트 전체에서 비중 있는 위치를 차지하고 있지도 그렇다고 특별히 웃음을 유발하는 기제로 이용되고 있지도 않다. '울 엄마'의 경우에서처럼 갈등과 그것의 해결이라는 서사적 형식이 존재하는 경우에도 그것은 마찬가지였다. 만약 서사적 긴장이 존재한다고 하더라도, 상식적으로 볼 때 텔레비전 코미디에서 논리적이며 인과적인 결말을 기대하는 수용자들은 많지 않을 것이다. 중요한 것은 서사적 긴장이 깨진다는 사실에 있는 것이 아니라, 그것을 깨뜨리는 방식에 있다. 즉 서사적 긴장이 깨지는 순간의 웃음이란 서사의 진행이나 긴장의 형성으로부터 어느 정도는 자율적이며 그 자체로도 충분히 우습고 재미있어야 한다. 엄밀한 의미에서 텔레비전 코미디들은 서사적 텍스트에 포함되지 않는다. 서사적 텍스트에 포함되지 않는 한, 이들을 두고 서사적 규칙으로부터 일탈했다고 말할 수도 없다. 텔레비전 코미디는 서사적 규칙을 깨뜨리는 것이 아니라 서사적 규칙의 바깥에 있다고 말하는 편이 옳다. 그러므로 비서사적 텍스트로서 텔레비전 코미디는 서사적 텍스트와는 다르게 취급되어야 한다. 이를 서사적 텍스트의 기준에 따라 평가하거나 해석해서는 안 된다.

3.2.1.2. 상황적 수준의 놀람

텔레비전 코미디의 놀람은 서사적 진행과는 관계없이 개별적 상황에서 발생할 수도 있다. 이는 위에서 언급한 서사적 수준의 놀람과 비교할 때 웃음의 유발과 직접적인 관련성을 맺고 있으며, 그 역할도 보다 중요한 듯 보인다. 많은 경우에 있어서 텔레비전 코미디의 웃음은 이러한 상황적 수준의 놀람에서 비롯되기 때문이다. 정재철에 따르면, 우리나라 텔레비전 코미디의 웃음 유발 요인들을 분석하는 가운데 전체 웃음의 33.9%가 예기치 않은 상황이나 상환전환, 혹은 예기치 않은 언행으로부터 발생한다고 하였다.[149] 이는 텔레비전 코미디에서 상황적 수준의 놀람이 차지하는 비중이 얼마나 큰지를 보여주는 좋은 예가 될 것이다. 그렇다면 이제 상황적 수준의 놀람은 텔레비전 코미디 안에서 어떠한 방식으로 구체화되는지 살펴보기로 하자.

상황적 수준의 놀람으로부터 웃음을 이끌어 내는 첫 번째 사례는 예기치 않은 이야기로 대화의 '의미상의 일관성'이 깨지고 이로부터 웃음이 유발되는 경우이다. '사미인곡'에서 미화와 낙순은 갓 결혼한 지선에게 첫날밤 이야기를 해달라고 졸라댄다. 지선은 한동안 부끄럽다며 뒤로 빼다가 결국 첫날밤 이야기를 풀어 놓는데, 이들의 대화는 지선의 예기치 않은 이야기로 웃음을 유발하며 끝나게 된다.

미화: 첫날밤에 어땠니?
지선: 어머 어떻게 첫날밤을 나 몰라 어우.

---

149) 이근삼 외, *op. cit.*, p.15 참조.

미화: 아니 언니들이 궁금해서 그래.

지선: 아니, 쪼금만 그럼. 아니 갑자기 우리 신랑이 술을 멕이더라구요. 그
 랬더니 샤워하래.

낙순: 어머 어머!

지선: 그래 샤워하고 나왔더니 나를 갑자기 (눈을 위로 치켜 드고 입을 벌
 리며)이렇게 쳐다보는 거야. 그러더니 나를 안아가지구 침대에다 딱 눕
 히는 거 있죠.

미화, 낙순: 어머.

지선: 그 다음은 기억 안나.

낙순: 왜 왜 기억이 안나?

지선: 아니 침대 모서리에 머리 찧어갖고 기절했잖아.

 한창 신혼 첫날밤의 분위기가 무르익고 있었는데 그만 갑작스러운 상황이 벌
어지는 바람에 모든 기대가 깨져버리고 만다. 술을 마시고, 침대에 눕혔다면
그 뒤의 이야기는 말하지 않아도 가히 짐작할 만하다. 그러나 신랑이 안아서
침대에 눕히는 것까지는 좋았는데 그때 지선은 침대 모서리에 머리를 찧어 기
절해 버리고 말았다. 순간 모든 기대는 무너지고 방청석으로부터 왁자한 웃음
이 쏟아져 나온다. 이야기의 상황적 일관성이 무너지고 긴장과 기대가 깨짐으
로써 웃음이 유발되었다.

 상황적 놀람의 또 다른 사례는 다의어 혹은 동음이의어 등을 이용한 말장난
으로부터 대화의 '논리적 일관성'이 어긋나게 되어 웃음이 유발되는 경우에 해
당한다. '사미인곡'에서 미화는 낙순의 남편이 '높은 데' 근무하시는 분이라며
추켜 세운다. 그러나 미화가 말하는 '높은 데'란 상층신분을 말하는 것이 아니
라, 공간적이며 물리적인 높이를 말하는 것이었다. 마찬가지로 낙순 역시 미화
의 남편이 '인기가 좋다'고 추켜 세우지만, 그것은 대인관계가 원만하다는 의미
가 아니었다. 높은 데 근무한다고 해서 사장이나 되는 줄 알았더니 등대지기였
고, 인기가 좋다길래 직장생활을 잘하고 있나 보다 했더니 술집 아가씨들에게

돈을 뿌린다는 의미였다. 이들은 '높다'와 '인기가 좋다'는 표현이 지닌 여러 의미들을 이용해 오해를 불러일으키고, 그것에서 비롯된 기대를 깨버림으로써 웃음을 유발하고 있다.

> 미화: 얘 남편이 높은 데 근무하시는 분이예요.
> 지선: 어머 정말이요 언니?
> 미화: 사무실도 그렇게 넓게 쓰고 혼자 큰소리 빵빵 치면서 있대.
> 지선: 언니 사장님 사모님이구나?
> 낙순: 아니 사장님이라기보다두, 그냥 큰소리 빵빵 쳐.
> 지선: 어디 있는데?
> 미화: 등대지기. (…… 〈중략〉 ……)
> 낙순: 니 신랑 인기 좋다면서?
> 미화: 우리 신랑이 그렇게 인심이 많아요. 사람이.
> 지선: 어머 언니는 좋겠다.
> 낙순: 인기가 인기가 그렇게 좋데. 술집 여자들한테. 돈을 팍팍 써가지구
>   인기가 그렇게 좋데요.

이와 비슷한 예는 '나 왕년에'에서도 발견된다. 혜은이는 자신이 '왕년의 가수왕 혜은이'라는 사실을 설득하지만 김종국은 이를 곧이곧대로 믿지 않는다. 아무리 이야기를 해도 믿지 않자 혜은이는 자신의 히트곡인 '당신은 모르실꺼야'를 부른다. 그러나 김종국은 오히려 모른다니까 왜 그러냐며 화를 낸다. 여기에서 김종국은 노래의 첫 가사인 '당신은 모르실꺼야'를 노래가 아닌 일상적 발화로 받아들인다. 이는 위의 '사미인곡'의 예에서처럼 동음이의어를 이용한 웃음은 아니지만 노래와 일상적 발화를 혼동함으로써 의미상의 일관성을 어그러뜨리는 '상황적 수준의 놀람'을 보여준다.

혜은이: 아니 정말 기가 막혀서 내가 말이예요. (자신의 노래를 부르며)"당
　　　신은 모르실꺼야 ……."
김종국: 아 거 모른다니까요.
혜은이: 아참 그게 아니라, (다시 노래하며)"당신은 모르실꺼야 ……."
김종국: 아 거 모른다니까 왜 자꾸 그래요 정말.

　논리적 일관성이 어긋남으로써 웃음이 유발되는 또 다른 사례는 위의 '사미
인곡'의 예에서와는 조금 다르게 표현의 다양한 의미에서 비롯된다기보다는 동
문서답식의 어처구니 없는 질문과 대답으로부터 웃음을 유발하는 패턴이다.
'나 왕년에'에서 인력시장에 품 팔러 나온 이주일, 양택조 그리고 김학래는
김종국이 들고 오는 일거리를 말도 안 되는 이유를 달아가며 번번히 퇴짜
를 놓는다.

종국: 아저씨 경마장에서 말밥 한번 주실래요?
양택조: 그 말이 암말인가, 숫말인가?
김종국: 말밥 주는데 암말이면 어떻고 숫말이면 어때요. 밥만 팍팍주면 되지.
김종국: 아직 배부르구만 그 사람 거. 경마장에서 말밥 좀 주실래요?
이주일: 유엔 안보리 동의는 얻었나?
김종국: 말밥 주는데 유엔 안보리 동의가 왜 나와요?

　경마장에서 말 여물주는 일을 하는데 그 말이 암수가 무슨 상관이고 유엔 안
보리 동의를 얻는 일이 대체 무슨 상관이란 말인가? '나 왕년에'에서는 이러한
어처구니 없는 질문과 대답이 자주 오고 가는데, 비행장 활주로를 닦으라는데
그 활주로가 국내선이지 혹은 국제선인지를 묻거나(양택조), 여야의 합의를 거
쳤는지를 묻는 장면(이주일) 그리고 단란주점에서 탬버린을 치라는데 탬버린을
단란하게 쳐야 하는지 혹은 심란하게 쳐야 하는지를 묻거나(양택조), 주인의 최
종학력이 어떻게 되는지를 묻는 장면(이주일) 등이 그러하다.

상황적 수준의 놀람에는 전후 맥락에 닿지 않는 엉뚱한 이야기를 실언함으로써 웃음을 유발하는 경우도 포함된다. '울 엄마'에서 박씨와 김샘은 경석과 경석 엄마가 목욕탕에 갔다는 이야기를 듣고 그들을 쫓아 온다. 웬 일이냐고 묻는 경석 엄마의 질문에 김샘은 제법 멋진 말로 경석 엄마의 환심을 사려 한다. 평소부터 경석 엄마를 짝사랑해오던 박씨는 김샘에게 뒤질새라 뭐라 멋지게 말해보려 하지만 실언으로 분위기만 깰 뿐이다.

> 김샘: 경석 어머니. 경석 어머니하고 경석이가 목욕하러 간다고 해서 따라
>   왔습니다. 학교 다닐 때요, 아버지하고 아들이 서로 등 밀어주는 모습
>   을 보고 얼마나 부러웠는지 몰라요.
> 박씨: (헛기침을 하고 목소리를 깔아 가며)저는 경석 어머니가 목욕하는
>   거 구경하러 왔습니다. (당황해 하며)뭐뭐. 사실은 때밀이가 되고 싶
>   어 ……. 뭐뭐.

박씨는 실언하여 여탕에 들어가 경석 엄마가 목욕하는 모습을 구경하고 싶다거나 때를 밀어주고 싶다는 엉큼한 생각을 드러낸다. 이러한 엉큼한 생각은 그 자체로도 웃음을 불러일으킬 수 있을 만한 소지가 있다. 그러나 대화의 전체적인 맥락에서 볼 때, 웃음은 기대 밖의 언사를 내뱉고 있다는 '놀람의 상황'에서 유발된다. 박씨의 실언은 김샘의 듣기 좋은 소리나 헛기침에 목소리까지 깔아 가며 폼을 잡던 모습과는 전혀 다른 엉뚱한 소리였다. 이는 대화의 맥락에서 이탈함으로써 그것의 일관성을 깨뜨리는 '상황적 수준의 놀람'이다.

'상황적 수준의 놀람'은 위에서 살펴본 대로 다양한 방식으로 전개된다. 예기치 않은 이야기로 의미상의 일관성을 깨뜨리거나, 다의어나 동음이의어의 전용 혹은 어처구니 없는 질문과 대답으로 논리적 일관성을 깨뜨리거나 혹은 실언과 실수로 전후 맥락에서 벗어나거나 하는 식으로 텔레비전 코미디는 개별적인 상황들 속에서 의미론적 일관성과 논리적 통일성을 저해함으로써 웃음을 일궈내고 있었다. 텔레비전 코미디의 웃음은 일상의 의미론적 규범과 논리적 규칙을

일탈하고 위반할 때 발생한다. 그러나 이들은 모두 텔레비전 코미디에서는 진부하고 상투적인 수법들이다. 이는 일상적 대화상황이나 통상의 서사적 텍스트에서는 예외적이며 특수한 경우에 해당하겠지만, 텔레비전 코미디 안에서는 특별할 것 없는 일상적 관행에 다름 아니다. 그러므로 생각하기에 따라서는 텔레비전 코미디의 일탈과 위반은 그것을 적용할 수 있는 공간이 다르다 뿐이지 하나의 규칙이며 규범이라고 말할 수도 있을 것이다. 이는 어느 정도는 맞는 이야기이다. 그러나 이러한 생각을 지나치게 확장하여 텔레비전 코미디를 자기완결적인 텍스트 공간으로 간주해서는 곤란하다.

텔레비전 코미디의 일탈과 위반도 어떠한 의미에서는 규칙과 규범이 될 수 있다. 그러나 그것은 일상적인 규칙과 규범과는 전혀 다르다. 일상에서의 규칙과 규범은 긍정적이며 생산적이지만 텔레비전 코미디의 규칙과 규범은 부정적이며 해체적이다. 텔레비전 코미디에서 웃음은 '일상의 의미론적 규범과 논리적 규칙에서' 일탈하고 위반하는 순간에 발생한다. 일상의 의미론적 규범과 논리적 규칙이 전제되지 않는 한 일탈과 위반도 있을 수 없다. 그러므로 어떠한 텔레비전 코미디도 처음부터 끝까지 일탈과 위반만으로 가득 채워질 수는 없다. 너무나 많은 일탈과 위반은 오히려 무엇이 일탈과 위반인지를 헷갈리게 만든다. 암묵적으로든 혹은 명시적으로든 의미상의 통일성과 논리상의 일관성이 전제되지 않는다면 일탈과 위반의 순간은 존재하지 않는다. 그러므로 텔레비전 코미디의 일탈과 위반이 또 하나의 규칙이며 규범이라는 말은 제한적이며 은유적인 의미에서만 가치가 있다. 어떠한 의미에서 텔레비전 코미디는 서사적 텍스트의 규범에 기생하는 부차적 텍스트이다. 그것은 의미론적이며 논리적인 수준에서 응집과 통일을 요구하기보다는 분산과 해체를 수행한다. 그러므로 텔레비전 코미디에서 중요한 것은 텍스트 전체를 엮어내는 통일적 구조가 아니라 텍스트에 산종된 개개의 순간들 웃음이 터져 나오는 하나하나의 순간들에 있다.

3.2.2. '그럴듯하지 않음'의 패턴

텔레비전 코미디에는 상식 밖의 인물들이나 상황이 펼쳐짐으로서 웃음이 유발되는 경우가 종종 눈에 띈다. 이러한 경우의 웃음을 연구자는 '그럴듯하지 않음'의 패턴이라 부르기로 하였다. 분석결과 이는 텍스트상의 인물이나 연기자가 상식에서 어긋나게 설정되어 있는 경우와 지나친 과장으로 전혀 있을 법하지 않은 상황이 연출되는 경우로 나누어 볼 수 있었다.

3.2.2.1. 그럴듯하지 않은 인물들

'울 엄마'의 등장인물들의 면면을 살펴보면 재미있는 특징이 하나 발견되는데, 그것은 20대 중반의 서경석과 김효진이 초등학교 5학년의 경석이와 쪼매난 이쁜이를 연기하고 있다는 점이다. 일반적인 드라마에서도 종종 한 배우가 하나의 배역을 위해 10대 후반에서 노역에 이르기까지를 연기하기도 하지만 20대의 청년이 초등학생을 연기하는 경우는 쉽게 찾아 볼 수 없는 장면이다. 이러한 무리한 배역설정은 물론 코미디이기 때문에 가능한 것이다. 이는 텍스트상에서의 배역과 실제의 배우가 갖는 차이를 통해 특정한 효과를 유발하기 위한 일종의 희극적 장치로 이해해야 할 것이다. 아무튼 '울 엄마'에서 드러나 보이는 그럴듯하지 않음의 패턴은 경석과 쪼매난 이쁜이라는 두 인물에서 나온다. 이들은 전혀 어린이답지 않은 어린이들이다. '울 엄마'를 이끌어 나가는 중요한 에피소드들 가운데 하나는 경석과 쪼매난 이쁜이 사이의 로맨스이다. 그런데 경석과 쪼매난 이쁜이 사이의 로맨스는 영화 '금지된 장난'이나 소설 '소나기'에 등장하는 아이들의 순진하고 아름다운 사랑 이야기가 아니다. 그들의 로맨스는 한편 징그럽고 남사스럽다.

어느 일요일 아침 경석이는 어머니와 함께 목욕탕에 간다. 목욕탕 앞에서 경석과 경석 엄마가 한동안 실랑이를 벌이고 있을 때, 쪼매난 이쁜이가 엄마와 함께 등장한다. 평소에 사이가 좋지 않던 두 엄마 사이에서 또 한차례 설전이 오고 간다. 그후 이쁜이 엄마는 그녀를 끌고 목욕탕에 들어가려 한다. 그러나 쪼매난 이쁜이는 한사코 경석이와 함께 들어가겠다고 떼를 쓴다. 초등학교 5학년이라면 조금 무리스럽다는 생각이 들기는 하지만, 아무튼 어린이들인데 함께 목욕하겠다는 말이 별로 이상하게 들리지는 않는다. 그런데 그 다음 상황에서 경석과 쪼매난 이쁜이는 어린이들 사이의 대화라고 하기에는 남사스럽고 낯 뜨거운 야릇한 이야기를 주고 받는다.

> 쪼매난 이쁜이: 내사 고마마 사랑의 때밀이가 되어서, 내 남자의 사랑스러운 때들을 빡빡 밀어주고 싶다. 그러니 경석이 니는 뜨뜻한 물에 드가서 때만 푹 불려 온나. 그러면 나머지는 내가 알서 …… (음흉한 미소를 지으며)크하하하!
> 경석: (큰 소리로 쏘아 붙이듯)쪼매난 이쁜아!
> 쪼매난 이쁜이: 왜 내가 때밀어 주는 게 싫나?
> 경석: 내가 먼저 니 때를 밀어주고 싶어서 …… (박수를 치며 함께 웃는다)

경석과 쪼매난 이쁜이가 펼쳐 보이는 로맨스는 어린이답지 않게 징그럽고 끈적끈적하다. 말하는 품새도 그렇고 그 뉘앙스도 그렇다. 어떻게 보면 안마시술소나 터키탕의 퇴폐적인 장면을 연상시키기도 하고 성적인 암시를 담고 있는 듯하기도 하다. 여기에 더해 서로의 몸을 구석구석 닦아주는 시늉까지 내는데:

> (경석과 쪼매난 이쁜이 영화 〈남과 여〉의 러브테마에 맞추어 허밍 때는 서로 등과 겨드랑이를 때수건으로 밀어주는 흉내를 내고 두왑에서는 서로 얼굴을 나란히 붙이고 음악에 맞추어 눈을 깜빡거린다)
> 경석, 쪼매난 이쁜이: (서로 바짝 붙어 손으로 입을 가리고 웃는다)크하하하.
> 경석 엄마: 하여간 쪼그만 것들이.
> 이쁜이 엄마: 봐줄 수가 없구마. 아 퍼뜩 드가자.

한마디로 '쪼그만 것들이' 눈뜨고는 차마 '봐줄 수가 없'는 낯 뜨거운 장면을 연출하고 있는 것이다. 징그러운 두 꼬마의 더욱 징그러운 애정행각은 그러나 방청객들과 수용자들로부터 웃음을 통한 즐거움을 이끌어 낼 뿐 혐오감이나 그 밖의 부정적인 반응들을 불러 일으키지는 않는 듯하다. 웃음은 경석과 쪼매난 이쁜이의 응큼한 말과 행동, 그들의 나이에 어울리지 않는 말과 행동에서 초래 된다. '울 엄마'의 두 꼬마들이 웃음을 유발시킬 수 있는 건, 어린 것들이 어른 흉내를 내고 있기 때문이다. 20대의 서경석과 김효진은 10살박이 꼬마들을 전 혀 어린이답지 않게 연기하고 있다. 경석과 쪼매난 이쁜이가 코믹한 캐릭터로 자리잡을 수 있는 까닭이 여기에 있다. '울 엄마'의 경석이와 쪼매난 이쁜이는 열 살배기로서는 전혀 '그럴듯하지 않은' 캐릭터이다.

그럴듯하지 않은 인물들에서 비롯되는 웃음의 패턴은 '사미인곡'에서도 발견 된다. 이 프로그램에서 최양락은 여자로 등장하여 여탕 사우나로 설정된 무대 에서 다른 여성 코미디언들과 한바탕 수다와 장난을 친다. 최양락은 극 중에서 '낙순이'라는 이름의 유부녀로 설정된다. 그런데 '사미인곡'에서의 그럴듯하지 않음은 '울 엄마'에서와는 달리 캐릭터 자체에서 유래하기보다는 연기자로부터 유래한다. 즉 '사미인곡'에서는 낙순이가 여성답지 않은 말과 행동을 보이기 때 문에 우스운 것이 아니라 그것을 연기하는 최양락이 여자가 아닌 남자이기 때 문에 우스운 것이다.

낙순과 미화는 여고 동창으로 한 동네에 살면서도 서로 모르고 지냈다. 어느 날 낙순은 한동안 다니던 사우나를 버리고 우연히 미화가 다니는 사우나에 들어온다. 이로써 이들 사이의 재회가 이루어진다. 뜻하지 않게 여고 동창을 만나게 되니 반 가운 마음이 앞선다. 반가움에 낙순은 미화를 끌어 안지만, 미화는 낙순의 포옹을 거절한다. 왜냐하면 그녀─ 낙순은 남자─ 최양락이기 때문이다.

미화: (최양락이 끌어 안자, 그 품에서 빠져 나오며)왜 왜 이래!
낙순: 왜 왜?

미화: 그래 앵기는데 기분이 이상하다 얘!

낙순: (다시 안으려 하며)왜 그래 반갑고 기분 좋은데.

미화: 왜 그래 너!

'사미인곡'에서 최양락은 미화에게 극 중 배역인 낙순으로 받아들여지기 보다는 실제의 최양락으로 받아들여 진다. 이러한 상황은 낙순이 여고 후배인 지선을 만나는 장면에서도 똑같이 반복된다.

낙순: 지선이! 어머나 지선아. (김지선을 부둥켜 안는다.)

낙순: (김지선이 뿌리치며 빠져 나오자)얘 왜 그래 얘.

지선: 어머 언니가 안으면 이상해.

허구적 양식의 텍스트들은 수용자들과 일종의 계약관계를 설정하는데 이는 텍스트를 일관되게 유지하고 그것에 통일성을 부여하는 데 있어서 필수적인 조건이다.[150] 예를 들어보자. 영화 〈초록 물고기〉에서 한석규와 문성근은 각각 막동이와 배태곤이라는 배역을 담당한다. 텍스트 안에서 이들은 막동이와 배태곤일 뿐, 한석규와 문성근이 아니다. 만약 이들이 실제의 한석규이고자 할 때, 혹은 문성근이고자 할 때 전체 텍스트는 갑자기 엉망진창으로 망가지고 만다. 한마디로 코미디가 되어 버리고 만다. 텍스트의 인물(막동이, 배태곤)은 그것을 연기하는 실제의 인물(한석규, 문성근)과 혼동되어서는 안 된다. 일반적인 서사적 텍스트에서 계약의 이행은 선택이 아니라 의무이다. 그것이 텍스트의 법칙이다. 그러나 코미디에서는 그렇지 않다. 코미디는 이러한 텍스트 계약으로부터 자유로우며 오히려 이를 깨뜨림으로써 그 목적을 달성하기도 한다.

'사미인곡'에서도 이러한 텍스트의 계약은 지키기 위해서가 아니라 위반하고 깨뜨리기 위해 있는 것 같다. 위의 사례에서 웃음이 터져나오는 순간은 낙순이

---

150) Culler, *op. cit.* 참조.

곧 최양락이라는 사실이 환기되는 때이다. 수용자들은 최양락이 낙순이라는 여자로 출연하기 때문에 그리고 끊임없이 낙순은 실제로는 남자라는 사실이 환기되기 때문에 폭소를 터뜨린다.[151] 수용자들은 계약 위반을 이유로 화를 내거나 불쾌해하기는커녕 오히려 웃음으로 화답하며 즐거워한다. '사미인곡'에서 낙순은 텍스트 계약에서 벗어나는 인물이다. 그러므로 그는 그 자체로 코믹한 캐릭터가 되어 버린다. 그리고 코믹한 캐릭터가 되어 버린 한, 그의 행동이나 말씨는 항상 우습고 재미있을 수밖에 없다. 즉, 수용자들은 낙순이 실제로는 남자라는 사실이 환기될 때 뿐 아니라, 최양락이 가장 낙순다운 말과 행동을 취할 때에도 폭소를 터뜨리게 된다.

낙순: 근데 넌 애는 어떻게 났니?

미화: 난 자연으로 했지.

낙순: 어머.

미화: 왜?

---

151) 이를 보다 분명히 이해하기 위하여 영화 〈미세스 다웃 파이어〉의 예를 생각해 보기로 하자. 코미디 영화인 〈미세스 다웃 파이어〉에서 웃음이 유발되는 가장 커다란 이유는 로빈 윌리암스가 여장 남자로 출연하기 때문이다. 그는 여자 흉내를 내는 남자이다. 이것이 〈미세스 다웃 파이어〉의 텍스트 계약이다. 그는 로빈 윌리암스가 아니라 미세스 다웃 파이어로 분장한 중년 남성이다. 이 영화를 보는 관객들은 여장을 하고 화장실에서 볼일을 보는 장면이나 생전 해본 적 없는 요리를 하느라 법석을 떠는 그− 그녀의 모습에서 폭소를 터뜨린다. 남자가 여장을 하고 벌이는 해프닝이 우습기 때문이다. 그러나 그 자체가 미세스 다웃 파이어라는 인물에 설정된 텍스트 계약이다. 하지만 '사미인곡'의 텍스트 계약은 이와 다르다. '사미인곡'에서 낙순은 그냥 낙순일 뿐이다. 만약 '사미인곡'이 일반적인 서사적 텍스트와 마찬가지로 텍스트 계약에 충실하다면, 그리하여 최양락이 낙순이라는 배역을 정말 그럴싸하게 연기해내고 있다면 이는 웃음을 불러일으키지 못할 것이다. 이를테면 김민희가 남자아이로 출연했던 〈미워도 다시 한번 2〉를 보고 배꼽을 잡았다는 사람은 없었을 것이다. '사미인곡'이 우스운 까닭은 그것이 일반적인 텍스트 계약을 위반하고 낙순과 최양락을 함께 놓고 있기 때문이다.

낙순: 난 골반이 약하잖니.

지선: 어머 정말?

낙순: 그래서 자연적으로는 안 된다는 거야. 그래서 제왕절개로 났지.

일반적인 서사적 텍스트에서라면 일상적이고 당연하게 이해될 법한 위의 대화는 코미디인 '사미인곡'에서는 가장 우습고 재미있는 장면들 가운데 하나로 자리매김된다. 골반이 약해서 제왕절개로 애를 낳았다는 낙순의 말에 방청객—수용자들은 웃음을 터트린다. 계약된 인물인 '낙순'의 이야기로는 당연하고 이상할 리 없는 대사지만, 실제 인물인 '최양락'의 이야기로는 말도 되지 않는 거짓말이기 때문이다.

텍스트의 계약을 충실히 이행하는 텍스트들은 소위 '사실성의 효과(reality effect)'를 의도하는 재현적 텍스트들이다. 그것은 현실과는 다른 자율적 세계를 구축하고 그것을 그럴싸하게 포장함으로써 마치 사실인 양 꾸며댄다. 재현적 텍스트에서는 실감나는 연기와 실감나는 대사가 중요하다. 그러나 텔레비전 코미디는 이러한 재현적 텍스트들과는 전혀 다르다. 텔레비전 코미디의 목적은 재현이 아니라 웃음이기 때문이다. 웃음을 위해서라면 텍스트 계약이나 인물의 전형성도 아무런 상관이 없다. '울 엄마'는 인물의 전형성을 깨뜨림으로써, '사미인곡'은 텍스트 계약에서 벗어나는 인물설정으로 그 나름대로 코믹한 캐릭터를 구축하고 있다. 이들 모두는 그럴듯하지 않은 인물들을 통해 웃음을 유발한다. 이는 결과적으로 '사실성 효과'를 해체하고 전복함으로써 텍스트의 '재현적 기능'에 대항한다.

3.2.2.2. 그럴듯하지 않은 상황들

텔레비전 코미디의 '그럴듯하지 않음'의 또 다른 패턴으로는 과장된 말과 행동으로 웃음을 유발하는 경우가 있었다. 속된 말로 '뻥'이라고 표현되는 지나친 과장은 그럴듯하지 않은 상황들을 연출해 냄으로써 재미와 즐거움을 선사한다. 딸 낳고 산후조리할 때 시댁 식구들이 자신들을 얼마나 괄시했는지를 표현하는 대목은 '사미인곡'에서 과장된 표현이 어떻게 이용되고 있는지를 보여준다. 낙순은 딸만 셋을 낳은 부인네로 산후조리할 때 시댁 식구들로부터 서러움을 겪었던 모양이다. 그녀는 시어머니나 시댁 식구들 눈치에 미역국도 제대로 끓여 먹지 못했다고 말하는데, 이를 "난 미역국도 못 끓여 먹었어. 나는 생미역 그냥 염소처럼 뜯어 먹었어"라고 표현한다. 이에 뒤질새라 미화는 자신의 경험을 다음과 같이 이야기한다.

> 미화: 나두 첫딸 났을 때 누워있는데 우리 시어머니 눈빛이 싸늘해. 근데 옆에 시누이가 더 밉다고. 옆에서 그래 아들을 떡 난거 있지.
>
> 지선, 낙순: 어머, 어머.
>
> 미화: 그래 그 아들내미 좀 안아보자구 그랬더니, 뭐 떨어진다고 못 안아 보게 했겠지.
>
> 지선, 낙순: 어머 어떡해.
>
> 미화: 그래 둘째 딸도 딱 났는데, 시어머니 눈빛이 그렇게 싸늘해. 그래 내가 애 낳고 바로 냇가로 나가서 얼음 깨고 빨래 다 했어요. 그러니 손으로 바람이 들어가지구, 애가 퉁퉁 부어가지구, 엉엉 울구 있었더니 ……

미역국도 끓여 주지 않아 생미역을 풀뜯듯 뜯었다는 말이나 아이 고추 떨어진다고 못 안아 보게 했다는 말 그리고 애 낳은 산모를 얼음물에 빨래를 시켰다는 말은 모두 상황을 과장하는 코믹한 표현들이다. 시댁 식구들 특히 시어머니의 시집살이와 딸 낳은 여인내의 회한이 과장되게 묘사되고 있는 것이다. 과장된 표현은 현실의 논리를 떠나 황당무계한 장면을 연출케 한다. 그런데 과장된 표현을 통해 웃음을 유발하는 '그럴듯하지 않음'의 극적인 사례는 '사미인곡'에서 보다는 '울 엄마'에서 보다 분명하게 드러난다. '울 엄마'의 과장은 '사미인곡'과는 비교할 수 없을 정도로 지나치고 허황된 면이 있기 때문이다.

60년대 후반 혹은 70년대 초반의 '배고프던 시절'을 배경으로 하는 '울 엄마'는 웃음을 위해 당시의 어려운 서민살이를 과장된 어조로 묘사하고 있었다. 이를테면 '울 엄마'에서 경석과 경석 엄마는 목욕탕에 가기로 하는데, 살림이 어렵다 보니 목욕비를 내는 일도 만만치 않은 지출이다. 그러다 보니 목욕탕에 자주 갈 수도 없고, 막상 간다고 해도 그냥 때만 밀고 나오자니 본전이 아깝다. 경석 엄마는 목욕탕에서 묵은 빨래나 해야겠다는 생각으로 옷가지들을 보따리에 챙기고 있었다. 선잠에서 깨어난 경석은 이를 보고 어머니가 자신을 나두고 김샘과 야반도주라도 하려는 줄 알았나 보다. 한바탕 소동이 벌어진다. 아무튼 경석 엄마의 찬찬한 설명에 전후상황을 납득한 경석은 어머니와 함께 목욕탕에 가기로 한다. 그런데:

>경석: 흑흑(흐느껴 운다)
>경석 엄마: 또 왜, 또 왜?
>경석: 십여 년을 함께 해온 때들이랑 헤어진다고 생각하니 …… (손가락으로 몸에서 때를 떼는 시늉을 하고 그것을 자기의 양 볼에 번갈아 갖다 대며)때들아 그동안 즐거웠어. 언젠가는 다시 만날 수 있을 거야.

경석은 생전 처음 목욕탕에 가는 것으로 상정된다. 목욕을 월례행사 혹은 연중행사로 비유하여 제 몸씻기를 싫어하는 더러운 친구들을 골려먹는 일은 일상에서도 흔한 농담들 가운데 하나이다. 하지만 '십여 년' 만에 처음하는 목욕이라니 지나친 과장에 웃음이 나올 뿐이다. 십여 년 만이건 한 달 만이건 오래간만에 하는 목욕이니 그 몸은 또한 얼마나 더러울까? 아무튼 경석은 뒤따라온 김샘·박씨와 함께 목욕탕에 들어간다. 잠시후 무대의 조명이 갑자기 어두워지는데, 즉 시간은 벌써 한밤중이고 이들은 아직도 목욕을 하고 있다는 것이다. 이윽고 경석·김샘·박씨는 목욕탕에서 쫓겨나는데 그 이유가 기상천외하다.

경석, 김샘, 박씨: (목욕탕에서 쫓겨나며)아씨 밀지 말아요. 밀지 말아요.

주인: 아니 진짜 뭔 누무 때가 그렇게 많길래, 하수도가 뚫어도 뚫어도 말
　　　이야. 밥맛 떨어지게.

경석: 아이 아직 반도 못 벗겼는데.

주인: 목욕탕에 오지마, 왔다간 그냥.

경석: 아저씨.

주인: 왜?

경석: 때 반밖에 못벗겼으니까 돈 반 돌려 주세요.

　이들이 목욕탕에서 쫓겨난 이유는 때가 너무 많이 나와 목욕탕 하수도를 막
아버렸기 때문이다. 때가 어찌나 많았던지 하수구를 뚫어도 뚫어도 막히고 또
막힌다. 그러고도 때를 반도 못 벗겼다니 기가 막힐 노릇이다. 그러고도 모자
라 때를 반밖에 벗기지 못했다고 목욕료를 돌려 달란다. 텔레비전 코미디의 과
장은 이처럼 지나치고 황당무계하다. 한편 경석 엄마는 목욕탕에서 밀린 빨래
를 하다 쫓겨나는데, 부끄러워하기는커녕 빨래 하느라 몸의 때는 손도 대지 못
했으니 빨래 다하고 몸 씻으면서 목욕탕에서 자고 가겠다고 생떼를 쓴다.

　'울 엄마'의 황당한 과장은 여기에서 그치지 않는다. 경석 엄마는 본래 황갈
색 가디건을 걸치고 있었는데, 목욕탕에서 나왔을 때 그 옷은 하얀색으로 변해
있었다. 이를 발견한 김샘이 깜짝 놀라 묻는다.

김샘: (흠칫 놀라며)경석 어머니 그 옷! 경석 어머니 그러면 원래 경석 어머
　　　니 옷이 하얀색이었어요?

경석 엄마: 당연하죠. 아니 내 옷이 원래 하얀색이었는데, 이걸 하도 안 빨
　　　아 입다보니까 색깔이 그렇게 된거예요.

김샘: 경석이 옷도 혹시 흰색.

경석: 딩동댕.

그동안 얼마나 안 빨아 입었는지 흰 옷이 황갈색으로 변해있었던 것이다. 그러고 보니 경석의 짙은 녹색 스웨터 또한 흰색이 아니었을까 의심하지 않을 수 없다. 예상은 적중했다. 경석 엄마의 황갈색 가디건이나 경석의 짙은 녹색 스웨터 모두 본래는 흰색이었다. 궁핍한 생활에 자주 빨아 입을 수 없었다고는 하지만, 과장이 지나치다.

이렇듯 황당하고 지나친 과장은 '울 엄마'에서 웃음의 주요 기제로 이용되고 있었다. 목욕한 지 10년이 넘었다든가, 경석과 그의 어머니 그리고 그 밖의 사람들이 새벽에 목욕탕에 들어간 뒤 해가지고 주변이 컴컴해지는 장면, 때가 많아 하수구가 막히고 얼마나 빨래를 하지 않았는지 흰 옷이 황갈색이나 짙은 녹색으로 변해있다는 등, '울 엄마'의 과장은 수용자들로부터 웃음을 이끌어내고 있었다. 일반적으로 수사적 과장은 의미를 강조하고 그것을 보다 극적으로 표현하는 데 이용된다. 홍콩 영화에 자주 등장하는 '만 년 동안 너를 사랑해'라는 말은 몹시 사랑한다는 말이며, 낚시꾼들이 말하는 팔뚝만한 물고기는 그런대로 커다란 물고기라는 뜻이다. 그러나 '울 엄마'의 지나친 과장이 몸이나 옷의 더러움을 강조하기 위한 수사적 표현이라고 말할 수는 없을 것 같다. 지나친 과장은 수용자들의 관심을 그것의 의미보다는 그러한 표현방식 자체에 붙잡아둔다. 아마 상식적이고 건전한 수용자라면 '울 엄마'의 과장된 표현에 '정말 더럽구나'라고 생각하지는 않을 것이다.

텔레비전 코미디의 과장과 이를 통해 형성되는 그럴듯하지 않음의 패턴은 텍스트의 의미를 강조하고 이로부터 보다 높은 설득력을 확보하고자 하는 일상의 수사적 전략과는 다른 면이 있다. 위에서 언급했듯이 텔레비전 코미디의 과장은 의미를 강조하기보다는 그로부터 웃음이라는 특정한 효과를 산출해 내는 데에만 관심을 두고 있는 듯 보인다. 일반적인 재현적 텍스트에서 과장은 스토리의 '그럴듯함'을 배가하기 위하여 이용되지만, 텔레비전 코미디에서의 과장은 '그럴듯하지 않음'을 통해 웃음을 이끌어 낸다. 똑같은 과장이라고 하더라도 텔레비전 코미디의 그것은 재현적 텍스트에서의 그것과는 전혀 다른 의미와 기능을 갖는다. 그럴듯하지 않은 인물들과 함께 지나친 과장을 통해 형성되는 그럴듯하지 않은 상황들은 텔레비전 코미디 텍스트를 재현적 텍스트와는 전혀 다른 영역에 묶어 세우며, 그것에 길항하게 만든다. 재현적 텍스트의 규범과 텔레비전 코미디의 규범은 전혀 다르며, 재현적 텍스트의 입장에서 텔레비전 코미디는 일탈과 위반을 일삼는 탈 규범적 텍스트이다.

3.2.3. '통속적 웃음'의 패턴

텔레비전 코미디가 웃음을 유발하는 또 다른 패턴은 상투적인 농담이나 말장난, 우스꽝스러운 몸짓이나 말투, 희화된 흉내내기나 치고 받는 슬랩스틱 따위들이었다. 이들과 같은 웃음의 패턴을 연구자는 '통속적 웃음의 패턴'이라 부르는바, 이들은 새로움이라고는 전혀 찾아볼 수 없는 진부하고 흔해 터진 웃음의 양식이기 때문이다. 니콜에 따르면, 대중 코미디란 세속적 삶의 상징이며 그 안에서 향유되는 오락이다.[152] 그것은 세속의 삶을 세속의 말투와 표정 그리고 몸짓으로 담아낸다. 화장실에 대한 농담이나 음담패설이 사람들로 하여금 배꼽을 움켜쥐게 만드는 까닭은 그것이 정교하게 고안된 웃음을 장치들을 구비하고 있기 때문이라기보다는 그 자체로 우스운 것이기 때문이다. 텔레비전 코미디의 웃음의 패턴들 가운데에도 이와 같은 '통속적 웃음의 패턴'이 발견된다.

3.2.3.1. 의미없는 흉내내기

통속적 웃음의 패턴들 가운데 하나로 텔레비전 코미디에는 흔히 '패러디(parody)'라는 말로 불리는 웃음의 기제가 발견된다. 다른 텍스트 이를테면 드라마나 영화 등의 한 장면을 흉내내어 이를 희화화하는 '텔레비전 코미디의 패러디'는 엄밀한 의미에서는 잘못된 표현법이다. 본래적인 의미에 있어 패러디

---

152) Nicoll, *op. cit.* p.19 참조.

란 특정한 작품을 흉내내거나 차용하여 그것을 풍자하거나 비판하는 경우에만 적용시킬 수 있는 말이다.[153] 하지만 텔레비전 코미디의 패러디들은 그러한 풍자와 비판을 목적하고 있다고 보기에는 어려운 면이 있다.[154] 많은 경우에 있어 그것은 말더듬이를 흉내냄으로써 웃음을 터뜨리는 경우에서와 같이 통속적인 패턴의 웃음에 지나지 않는다. 말더듬이를 흉내 냈다고 해서 그것이 비판이나 풍자를 담고 있다고 장담할 수는 없다. 텔레비전 코미디에서 흉내내기는 흔하고 진부한 웃음의 패턴이다. 흉내내기는 그 자체로 우스운 점이 있다. 물론 모든 흉내내기가 웃음과 연관되는 것은 아니다. 그럼에도 불구하고 다른 사람을 흉내내거나 다른 텍스트를 모방하는 일은 웃음을 터뜨리게 하는 가장 손쉽고 상투적인 수법들 가운데 하나인 듯싶다. 이러한 점에서 광고나 드라마의 대사와 인물을 흉내냄으로써 웃음을 유발하는 '울 엄마'의 몇몇 장면들은 우선적인 고려대상이 되어야 할 것이다.

경석이와 쪼매난 이쁜이는 '깜찍이 소다'라는 음료수의 광고 캠페인에서[155]

---

153) 그러므로 허천은 패러디를 '아이러닉하고 비판적인 차원에서의 거리감을 갖춘 모방'이라고 정의한다. L. Hutcheon, *A Theory of Parody*, 김상구 · 윤여복 역, 패러디 이론, 서울: 문예출판사, 1992, p.21 참조.

154) 문학이론에서는 어떠한 풍자적 목적도 싣지 않고 무의미하게 진행되는 패러디를 '페스티쉬(festiche)'라고 부른다. 텔레비전 코미디의 패러디는 오히려 이러한 페스티쉬에 가까운 것이다. 현대의 문화연구에서 페스티쉬는 매우 중요한 개념으로 대접받고 있는데, 예를 들어 제임슨(F. Jameson)과 하비(D. Harvey)는 그것을 포스트 모더니즘의 기본적인 원리들 가운데 하나로 간주하고 있다. 그러나 본 연구는 '패러디'나 '페스티쉬'라는 개념을 통해 텔레비전 코미디가 지닌 포스트 모던한 특성을 밝혀내는 일과는 관계가 없으므로, 여기에서는 이러한 이론적 오해를 방지하기 위해 다만 '흉내내기' 혹은 '의미없는 흉내내기'라는 말로 이를 대신하고자 한다. *ibid.*, p.65; F. Jameson, 'Postmodernism or the Cultural Logic of Late Capitalism', *New Left Review*, 146, 1984, pp.52~92; D. Harvey, *Condition of Postmodernity*, 구동회 · 박영민 역, 포스트모더니티의 조건, 서울: 한울, 1994, pp.390~394 참조.

155) 깜찍이 소다의 텔레비전 광고는 클래이메이션(claymation)으로 제작되었다. 그

대사를 차용하고 있는데, 이는 다음과 같다.

> 경석 엄마: 어이구 어이구 피차 때뱃기러 온건 같으면서 뭘 그래? 칫(입에
>   서 침이 튄다).
> 경석: 방금 뭐가 튀었냐?
> 쪼매난 이쁜이: 글쎄 워낙 순식간에 튄거라서.

　이는 각각 '방금 뭐가 지나갔냐?'와 '글쎄 워낙 순식간에 일어난 일이라서'를
변용한 것이다. 원래의 광고 캠페인에서 위의 카피는 달팽이의 관점에서 보면
거북이의 걸음걸이가 얼마나 빠르게 느껴지겠는가를 보여줌으로써 거북이는 느
리다는 일상의 관념을 한번 비틀고 있는데, '울 엄마'는 그 의미와는 아무런 관
련없이 그 말과 말투를 흉내냄으로써 웃음을 자아내고 있다.
　한편 이쁜이 엄마와 배반장은 MBC 주말 연속극 〈그대 그리고 나〉(연출: 최
종수)의 박선장과 교수님을 흉내내고 있었다. 배반장이 등장함과 동시에 〈그대
그리고 나〉의 삽입곡이 깔리고 배반장은 최불암의 흉내를 내며 이쁜이 엄마에
게 수작을 걸어 오고, 이쁜이 엄마는 박원숙을 흉내내며 이에 화답한다. 터프
가이 박선장의 거칠고 무뚝뚝한 말투나 행동, 나이답지 않게 사춘기 소녀 같은
교수님의 야리야리한 말투나 행동이 희화화되고 있는 것이다.

> 배반장: (주말 연속극 〈그대 그리고 나〉의 주제곡과 함께 등장)어으.
> 이쁜이 엄마: 배 반장니임.
> 배반장: 거 목욕했수?

내용은 거북이 한 마리가 등에 깜직이 소다를 이고 달팽이들 앞으로 지나가다가
진창을 밟아 흙이 람보 깜직이― 이 광고에서는 달팽이들을 깜직이라 부른다― 의
얼굴에 튄다. 그러자 람보 깜직이가 "방금 뭐가 지나갔냐?"라고 묻는다. 이에 똘
똘이 깜직이가 "글쎄 워낙 순식간에 일어난 일이라서"라고 답하고, 공주 깜직이
는 "그래도 깜직이 소다는 봤다"라고 말한다.

이쁜이 엄마: (머리를 약간 뒤로 젖히고, 손등으로 뒷머리를 치켜 올려 가
며)그걸 어떻게?

배반장: 거 피부가 빨갛구만 그래. 혹시 껍질 벗겨진거 아니우? 거 살살
밀든지 해야지.

이쁜이 엄마: 배반장님도 목욕 좀 하시죠 얼굴 훤해지게.

배반장: 거 남자가 목욕은 무슨 목욕이유. 대충 닦으면 되는 거지.

이쁜이 엄마: 어머 어머 저 박력. 어머 어머 어머.

　원텍스트(orginal text)인 〈그대 그리고 나〉에서도 최불암과 박원숙은 어느 정도 코믹하고 재미있는 캐릭터로 설정되어 있지만, 원텍스트의 웃음은 '울 엄마'에서의 그것과는 사뭇 다르다. 〈그대 그리고 나〉에서 최불암과 박원숙의 연기는 단지 우습고 코믹한 것만은 아니다. 그들의 연기는 수용자들로부터 어떤 공감을 얻어내고 이로부터 그 나름의 의미를 획득하고 있기 때문이다. 그들 사이에는 실버 로맨스의 나이답지 않은 긴장과 설레임이 있다. 한편으로는 우습고 재미있지만 다른 한편으로는 아름답고 따뜻하다. 그러나 '울 엄마'에서의 그것은 단지 우습고 재미있는 일에 지나지 않는다. 원텍스트의 의미는 모두 증발해 버리고, 이제 남아 있는 것은 오직 희화화된 웃음뿐이다.

　그런데 '울 엄마'의 흉내내기가 가장 커다란 성공을 거두고 있는 대목은 무엇보다 이경실이 장미희를 흉내내는 바로 그 순간이다. 〈육남매〉에서 장미희는 60년대 몰락한 양반가의 며느리로 일찍이 청상이 되어, 혼자 몸으로 육남매를 거느리고 있는 딱한 처지에 있다. 하지만 〈육남매〉의 장미희는 양반가의 며느리였다고는 하지만, 지나치게 깨끗하고 단정한 모습이다. 떡장사와 삯빨래로 아이들을 학비와 생활비를 버는 억척 어멈에게 하얗고 깨끗한 얼굴 그리고 인텔리 같은 말씨는 전혀 어울리지 않는다. 그러나 〈육남매〉를 보고 장미희의 극중 배역에 어울리지 않는 차림새나 연기 스타일 그리고 그 말씨를 비난하거나 책망하는 사람들은 있었을지 몰라도, 그것 보고 웃음을 터뜨렸다는 사람은 찾아보기 힘들 것이다. 왜냐하면 〈육남매〉는 코미디가 아니기 때문이다. 어떠한

의미에서 그녀는 단지 주어진 배역을 충실히 연기하고 있을 뿐이다. 그러나 이러한 연기 스타일이 코미디언 이경실에 의해 재연되었을 때, 수용자들은 폭소를 터뜨린다.

> 경실 엄마: 똑 사세요. 똑 사세요. 똑 사세요. 똑이 있어요.
>
> 행인: 허, 여기는 육남매가 아니라 삼남매네.
>
> 경실 엄마: 호호호 집에 세 명 더 있어요. 똑 사세요, 똑이요.
>
> 행인: 아니 뭘 사라는 거예요?
>
> 경실 엄마: 똑 사세요. 똑 사세요.
>
> 박씨: 똑똑히 얘길 해봐요, 뭘 사라는 건지.
>
> 경실 엄마: 호호호 똑 사세요, 똑. 얘들아 집에 가서 빨래 해야 해 어서오렴.
>
> 행인: 도대체 떡을 사라는겨, 똑을 사라는 겨?
>
> 경실 엄마: (퇴장하다 말고 급하게 들어와)똑이예요 똑. 똑 사세요.

'울 엄마'의 흉내내기는 다양한 문화적 텍스트들이 텔레비전 코미디를 어떠한 방식으로 차용될 수 있는지를 보여준다. '깜찍이 소다'의 광고 캠페인에 사용된 카피나 〈그대 그리고 나〉 그리고 〈육남매〉의 등장인물들을 흉내냄으로써, '울 엄마'는 본래의 의미와는 아무런 관계도 없는 웃음과 재미를 생산한다. 특정한 텍스트들을 흉내내는 이유는 그것이 비판 받아 마땅하기 때문이 아니라, 그렇게 한다면 재미있고 우스울 것 같기 때문이다. 텔레비전 코미디 안에서 원텍스트는 그 의미를 잃어 버리고 만다. 그렇다고 해서 텔레비전 코미디가 그것에 새로운 대안적 의미를 부여하는 것도 아니다. 텔레비전 코미디는 의미를 재구성해내기보다는 오히려 그것을 해체시켜 버린다. 장미희의 연기 스타일이 웃음의 대상이 될 수 있는 것은 그것에 다른 의미가 부여되었기 때문이 아니라, 그녀의 말투나 행동거지가 그 자체로 우습고 재미있는 것이기 때문이다. 텔레비전 코미디는 의미라는 불투명한 포장지에 가려져 있던 웃음과 재미를 들춰낸다.[156] 그러므로 텔레비전 코미디의 흉내내기는 '의미없는' 흉내내기이다. 텔레비전 코미디의 흉내내기는 원텍스트의 의미를 존중하지 않는다. 그것은 오히려 원텍스트의 의미를 위반하는 또 다른 계기일 뿐이다.

3.2.3.2. 상투적인 웃음들

통속적인 웃음의 패턴에는 '흉내내기' 외에도 그 밖의 '상투적인 웃음'의 유형들이 존재한다. '상투적인 웃음'의 패턴은 슬랩스틱, 욕설, 의미없는 말장난, 농담, 유행어, 은어, 우스꽝스러운 생김새, 비명, 음담패설, 말투, 반복 등을 포

---

156) 이로부터 흥미롭지만 해결하기 힘든 하나의 논제가 제기된다. 장미희의 연기 스타일과 말투는 '올 엄마'라는 코미디 프로그램 안에서 웃음의 대상으로 전환된다. 〈육남매〉에서 그것은 웃음과는 아무런 관련이 없었다. 그렇다면 장미희의 연기 스타일과 말투는 본래부터 웃기고 재미있는 것이기 때문에 코미디의 소재가 되었는가 아니면 코미디이기 때문에 웃기고 재미있는 것인가? 이해를 돕기 위해 다른 예를 들어 설명해보기로 하자. '메주'라는 말은 흔히 못생긴 얼굴을 가리키는 별명으로 이용된다. 그런데 이 말은 때에 따라서는 웃음을 유발할 수도 있지만 어떤 때에는 싸움을 일으키는 화근이 될 수도 있다. 그것이 웃음을 유발할 때 우리는 흔히 그것을 '농담'이라고 부른다. 그렇다면 '메주'라는 농담이 웃음을 유발하는 것은 그것이 우습기 때문인가 아니면 농담이기 때문에 웃어 넘기고 마는 것인가? 이에 대하여 연구자는 이렇게 생각한다. '메주'라는 말은 때로는 상대방을 욕보이거나, 비아냥거리기 위해 혹은 역설적으로 애칭을 표현하거나, 칭찬하기 위해 이용될 수 있다. 이러한 의미들에 매달리는 한 웃음은 터져 나올 수 없다. 이러한 온갖 의미들을 포기하고 '메주'와 못생긴 얼굴을 연관지어 그들 사이의 유비성을 포착해낼 때 웃음이 터져 나온다. 농담은 그 자체로 우습기 때문에 웃게 되는 것이다. 그러나 아무리 우습고 재미있는 농담이라고 하여도 사람들이 의미에 매달려 있는 한 웃음은 터져 나오지 않는다. 그러므로 사람들로 하여금 의미에 매달리지 말라는 고지, 즉 농담이라는 고지— 이는 명시적일 수도 있고 암묵적일 수도 있다— 가 필요하게 된다. 사람들은 우습기 때문에 그리고 그것이 농담이라는 전제하에서만 웃을 수 있다. 마찬가지로 코미디가 우스운 까닭은 그 자체로 우습기 때문이며 동시에 웃어도 되는 것(코미디)이기 때문이다.

108

함한다. 이들은 '놀람의 패턴'과 같이 텍스트의 서사 구조나 맥락에 연관되는
것도 아니고, '그럴듯하지 않음의 패턴'과 같이 텍스트의 인물이나 상황에 관련
되지도 않으며, 그렇다고 '흉내내기'와 같이 다른 텍스트와 모종의 관계를 맺고
있지도 않다. 이들은 그 자체로 우스운 것이며, 텍스트 구성에 있어서 필수적
이지도 않다. '상투적 웃음들'은 다양한 웃음의 양식을 포괄하지만, 여기에 특
정한 하나의 패턴을 부여하기 위한 용어가 아니다.

　분석대상 프로그램들 가운데 '상투적 웃음들'에 해당하는 경우로는 우선 치
고 받는 슬랩스틱과 욕설을 발견할 수 있었다. '사미인곡'에서 미화와 낙순은
서로 상대방의 남편을 헐뜯다가 결국 치고 받고 욕설을 해가며 싸움을 벌인다.
물론 슬랩스틱이라는 말 자체가 그렇기도 하지만,[157] 이들의 싸움과 욕설은 그
저 우스꽝스러운 장면일 뿐, 결코 심각하지 않다. 심각한 장면이었다면 우스꽝
스러울 수도 없었을 것이고, '사미인곡'은 이미 코미디도 아니었을 것이다. 심
각하지 않은 싸움들이란 대개 우스꽝스러운 면을 가지고 있다. 아무 것도 아닌
일을 가지고 싸우고 있는 그 사람들이 우습고, 치고받으며 뒹구는 그 모습 자
체도 우스꽝스럽다. 싸움을 말리는 사람들보다는 구경하는 사람들이 훨씬 많은
것도 이 때문인지 모른다.

　　미화: 그걸 뭘 이야기하구. 네가 봤어?
　　낙순: 못 봤어도 소문이 ……
　　미화: 웃기는 지지배 …… (낙순의 머릿수건을 쥐고 마치 머리채를 쥐고 흔
　　　　　드는 양 흉내를 낸다)
　　낙순: 이게 왜 지랄이야. (미화의 뒤통수를 때린다)

---

157) 슬랩스틱(slab stick)은 본래 초기 코미디에 쓰이던 소도구, 때릴 때 소리만 요란
　　하지 전혀 아프지 않은 작대기를 가리키는 말이었다. 이후 이 의미가 발전하여
　　무성 코미디의 전성기에 치고 받고 자빠지고 넘어지는 코미디를 가리키게 되었
　　다. Neal & Krutnik, p.40 참조.

상투적인 웃음들 가운데 또 다른 유형으로는 말장난 혹은 말재간으로부터 웃음을 유발하는 패턴이 눈에 띄었다. 이는 일견 상황적 수준의 놀람과 비슷해 보이지만, 엄밀하게 보아 논리적 연관관계나 의미상의 통일성과는 관계없이 그 자체로 우스꽝스러운 경우들에 해당한다. 일례로 '사미인곡'에서 낙순은 자신이 다니던 목욕탕을 왜 그만 다니게 되었는지를 다음과 같이 해명한다:

> 낙순: 나는 저기 이 옆에 억수탕이라고 거기서 때 밀었지. 근대 억수탕 사
> 람 억수로 많고 때도 억수로 많아.

여기에서는 억수탕의 '억수'라는 말이 몇 차례 반복되면서 웃음을 자아내고 있다. 이는 일견 '억수탕'이라는 고유명사의 '억수'가 부사로 전용되면서 웃음을 불러 일으키고 있는 것처럼 보인다. 그랬을 수도 있다. 그러나 그보다는 '억수'의 반복에서 비롯되는 리듬감과 이름과 상황의 일치가 이를 우스꽝스러운 표현으로 만들어 주고 있다는 분석이 보다 설득력이 있다. 이를테면 선생님이 소란스럽게 떠들고 있는 학생들을 보고 '조용히 해'라고 소리치자 아이들이 '조용희'라는 학생을 쳐다보며 까르르 웃는 경우를 생각해 보면 쉽게 납득할 수 있을 것이다.

상대방의 생김새를 놀리고 조롱하는 경우에도 웃음이 유발될 수 있다. 이때는 조롱당하는 사람의 생김새와 그것을 조롱하는 말 사이에는 유사성이 존재하여야 한다. 적합한 표현이 아니라면 웃음이 유발되기 힘들다. 낙순과 미화가 사우나에서 만나 이런 저런 이야기를 나누는 가운데 낙순은 미화에게 여전하다고 말한다. 미화는 이를 칭찬으로 착각하고 자기가 동안이라고 말한다. 그러나 낙순은 얼굴이 여전하다는 말이 아니라 입이 튀어 나온 게 예나 지금이나 변함이 없다고 말한다.

> 낙순: 넌 옛날이나 똑같다.

110

미화: 난 요새 사람들이 하나도 안 변했다고 동안이라고 많이들 그래.
낙순: 얼굴은 잘 모르겠구. 주둥이 툭 튀어 나온 게 똑같애.

 이는 한편으로는 상황적 수준의 놀람과도 연관되는 듯하다. 즉 낙순의 이야
기는 미화의 기대와는 달랐던 것이다. 똑같은 것은 얼굴이 아니라 '주둥이'였다.
그러나 이 장면에서 웃음이 유발되는 보다 직접적인 까닭은 주둥이라는 말로
속되게 표현된 미화의 생김새가 실제의 김미화와 일치하고 있기 때문이다. 이
렇게 상대방의 생김새를 조롱하고 놀리는 통속적인 웃음의 패턴은 낙순이 미화
를 '빠가사리'라고 놀리는 장면에서 보다 분명하게 드러난다.

 낙순: 미화는 학교 다닐 때 매일 문제아여 가지구 선생님한테 매일 혼났거
    든. 그래 가지구 주둥이가 툭 튀어 나와가지구 별명이 빠가사리였잖
    아.

 메기처럼 입이 크고 못생겼지만 그보다는 작고 몸에 울긋불긋한 줄 무늬가
있는 빠가사리와 김미화의 외모에는 어떤 유비성이 존재한다. 우선 입이 크고
몸집이 작다는 점에서 그렇고 생김새가 그다지 아름답지 못하다는 점에서도 그
렇다. 더구나 '메기'라는 말보다는 '빠가사리'라는 말이 더욱 재미있는 뉘앙스
를 갖는다. 이렇듯 상대방의 특징적인 외모를 조롱하고 놀림으로써 웃음을 이
끌어 내는 패턴은 텔레비전 코미디에서는 흔하고 진부한 일이다.
 통속적인 웃음의 패턴들에는 유행어가 있었다. 유행어는 하나의 언어적 표현
이 대중적인 지지를 얻어 널리 유포되고 사용되는 과정에서 발생한다. 어떠한
언어적 표현은 코미디언의 말투나 표정 혹은 표현상의 기발함 때문에 수용자들
의 웃음보를 건드릴 수도 있다. 이러한 표현들은 대개 반복적으로 이용되거나
혹은 다른 이들 특히 수용자들에 의해 흉내내어짐으로써 사회 전반으로 퍼져나
가게 되고, 하나의 유행어로 자리잡게 된다. '나 왕년에'에서 이주일은 과거 자
신이 유행시킨 '일단 한번 ~시래니깐요'라는 표현으로 웃음을 자아내고 있다.

이주일: 아 이보세요.

김종국: 아저씨도 한번 해보겠다구요?

이주일: 아 예 어떻게 좀 [안될까요?] 일단 한번 써보시래니깐요.

그러나 유행어는 처음 말해졌을 때의 기발함이나 참신함과는 거리가 있다. 그것의 웃음은 반복을 통해 습관화된 웃음이다. 사람들은 전후 맥락이나 그 의미와는 관계없이 유행어만 나오면 앞뒤 가릴 것 없이 웃어 댄다. 유행어는 그냥 우스운 것이다. 이러한 웃음의 습관화는 '나 왕년에'가 히트시킨 또 하나의 유행어 '뭐긴 뭐야 백수지'의 사례에서도 발견된다.

양택조: 나도 왕년에 잘 나갈 때는, 전화 끊기가 무섭게 독일이다 일본이다
　　　　미국이다 바이어들이 "빨리 물건 보내" 그러고 큰 소리를 쳤는데, 이
　　　　제 빚쟁이들에게서만 전화가 오니 이게 뭐야.

이주일: 뭐긴 뭐야 백수지. 나도 왕년에 잘 나갈 때는 아침에는 조찬모임,
　　　　점심 때는 오찬모임, 저녁에는 만찬모임, 약속이 빠질 날이 없었는데,
　　　　이젠 "모여봐" 그러면 "바뼈" 그러니, 이게 뭐야.

양택조: 뭐긴 뭐야 백수지.

'뭐긴 뭐야 백수지'라는 표현은 애초에 이주일이 몰락한 정치인들을 비꼬기 위해 전두환의 목소리와 억양을 흉내내 가며 말했던 것이다. 일단 이 표현이 인기를 얻게 되자 '나 왕년에'에서 이는 반복적인 상투적 어구(cliché)로 자리잡게 되었다. 의미상으로 보면, 자신의 딱한 몰골을 보고 한탄조로 '이게 뭐야'라고 말하는 것을 '뭐긴 뭐야 백수지'라고 받아침으로써 조롱과 냉소를 담아내고 있는 것처럼 보인다. 그러나 이러한 표현들이 반복적으로 재사용될 때 그 의미나 애초의 의도는 반감되고 만다. 어느 순간에 이르면 그것의 의미와 의도는 증발되어 사라져 버리고 단지 우스꽝스럽고 재미있는 말투였다는 기억, 그 때문에 한참을 웃었다는 기억만 남게 된다. 이러한 상황에서 수용자들은 그것에

특별한 의미가 있기 때문이 아니라 그저 우습기 때문에 웃게 된다. 유행어의 웃음은 그러므로 일종의 자동적 웃음이다. '~이게 뭐야'라고 말하면, 무조건 '뭐긴 뭐야 백수지'라고 받아치고, 이에 수용자들은 후렴구를 붙이듯 웃음을 터뜨린다.

통속적 웃음의 또 다른 유형은 우스꽝스러운 표정이나 행동거지로부터 유발된다. 우스꽝스러운 표정이나 행동거지는 대개 정상에서 모자라는 추함이나 조잡함과 연관된다. 못생긴 얼굴이 웃음을 자아내듯 매끄럽고 자연스럽지 못한 표정이나 행동거지도 웃음을 자아낼 수 있다. '나 왕년에'에서 김종국은 김학래에게 비행장 활주로를 청소해보지 않겠느냐고 묻는다.

> 김종국: (다시 한번)여보슈 생각없어?
> 김학래: '질'짜 들어가는 건 내가 잘하지.
> 김종국: 정말 잘해?
> 김학래: 삽질, 숟가락질, 헛구역질(헛구역질 하는 시늉)
> 김종국: 이거 일당이 괜찮은 건데 ……, 한번 닦아봐.
> 김학래: (어설픈 걸레질)

김학래는 자기가 '질'자 들어가는 일은 잘한다며 삽질, 숟가락질, 헛구역질을 나열한다. 그리고는 헛구역질을 얼마나 잘하는지 보여줄 요량으로 우웩거리는데, 그 모양이 추접스럽다. 정말 잘 할 수 있을지 시험해보기 위해 김종국이 대걸레를 주며 바닥을 닦아 보라고 하자, 걸레를 밀지는 않고 꾹꾹 내리누리기만 한다. 한심하고 어설픈 작태가 아닐 수 없다. 이렇게 추접스럽고 어설픈 행동에 수용자들은 또한 웃음을 터뜨리고 있는데, 이는 그 자체가 우스꽝스럽기 때문이다. 아리스토텔레스가 코미디란 '악인의 모방'이라고 말한 것은 바로 이 경우에 딱 들어 맞는다.

이와 같은 상투적인 웃음의 양식들은 '통속적 웃음의 패턴'으로서 텔레비전 코미디의 즐거움을 구축하는 데 커다란 역할을 담당한다. 텔레비전 코미디는

슬랩스틱이나 욕설, 말장난이나 말재간, 조롱과 놀림, 유행어와 우스꽝스러운
몸짓 등을 통해 통속적 웃음을 유발한다. 이들은 모두 텍스트의 맥락이나 전후
관계와는 아무런 관련도 없이 그 자체로 웃음을 불러일으키는 자율적 패턴들이
다. 상투적 웃음은 텍스트의 전체적인 의미에 아무런 영향을 주지 못하고 그것
으로부터 영향받지도 않는다. 그렇다고 해서 이들 스스로가 특정한 의도와 의
미를 실어 이를 효과적으로 관철시키기 위한 전략적 장치들로 기능하는 것도
아니다. 그것은 단지 웃음만을 목적하고 있으며, 이를 위해 오히려 의미를 희
생시키고 있다.

　많은 경우에 있어서 이러한 상투적인 웃음의 양식들은 쾨슬러와 로렌츠가 언
급한 폭력성을 지니고 있는 것처럼 보인다.[158] 상투적인 웃음의 양식들은 대부
분 정상으로부터 이탈된 추함이나 어설픔을 표적으로 이를 조롱하고 비난하는
효과를 지니기 때문이다. 그러나 비난이나 조롱이 웃음의 원인이라고 할 수는
없을 것 같다. 이를 위의 '빠가사리'의 예를 통해 보다 자세히 살펴보자. 일상
의 별명이 그렇듯이 빠가사리 역시 조롱과 놀림의 효과를 갖는다. 이때의 조롱
과 놀림은 사소하고 하찮은 일일 뿐, 심각하거나 중요한 문제가 아니다. 만약
조롱과 놀림이 심각하고 중요한 문제로 받아들여진다면, 웃음은 자취를 감춰버
리고 만다. 일순간 팽팽한 긴장이 형성되며 웃음의 자리는 싸움판으로 돌변해
버리고 만다. '빠가사리'가 우스꽝스러운 까닭은 그 표현이 김미화의 커다란 입
과 못생긴 얼굴을 재치 있게 포착해내고 있기 때문이다. 여기에서 중요한 것은
'빠가사리'라는 표현이 주는 이미지와 연상이다. 우스운 것은 의미가 아니라 표
현 그 자체이다.

---

158) 쾨슬러와 로렌츠에 따르면 사람들은 비정상적인 것을 보면 공격지향적으로 변하
　　게 된다. 문명화된 사회에서는 이러한 공격성이 억압되어 직접적으로 분출되지
　　않는다. 그러므로 이를 보다 간접적인 방식으로 표현하게 되는데, 이것이 바로
　　웃음이라는 것이다. Gray, *Woman and Laughter*, p.24 참조.

3.3. 분석결과: 텔레비전 코미디와 쥬이상스

텔레비전 코미디는 다양한 웃음의 패턴을 갖추고 있다. '놀람의 패턴', '그럴 듯하지 않음의 패턴' 그리고 '통속적 웃음의 패턴'으로 분류되어 분석된 텔레비전 코미디의 몇몇 사례들은 모두 일탈과 위반으로부터 웃음의 계기를 포착해내고 있었다. '놀람의 패턴'은 서사적 통일성이나 논리적 일관성을 흔들어 놓음으로써, '그럴듯하지 않음의 패턴'은 텍스트의 상식으로부터 벗어나는 허황된 인물과 과장된 상황을 통하여, '통속적 웃음의 패턴'은 다른 텍스트를 의미없이 모방하거나 상투적인 수법을 동원함으로써 웃음을 불러 일으킨다. 서사적 수준에서건 논리적 수준에서건 혹은 상식과 원텍스트의 의미라는 기준에서건 텔레비전 코미디는 한결같이 '정상'으로부터의 일탈과 위반을 시도한다.

'놀람의 패턴'은 서사적 통일성을 깨뜨리는 서사적 수준의 놀람과 상황의 내적 일관성을 저해하는 상황적 수준의 놀람으로 구분할 수 있었다. 텔레비전 코미디는 대개의 경우 비서사적 성격의 텍스트이거나 혹은 서사적이라고 하더라도 일반적인 서사적 텍스트와는 전혀 다르다. 일반적인 서사적 텍스트들이 내러티브의 인과적 통일성을 유지하기 위하여 사건을 동기화하고, 등장인물들의 행위를 이러한 필연적 동기에 체계적으로 연관짓는다. 그러나 텔레비전 코미디는 서사성 자체를 거부함으로써 비서사적 이야기 구조를 형성하거나, 혹은 서사적 이야기 구조를 구성한다 하더라도 이를 인과적 필연에 맞춰 체계적으로 연관짓지 않음으로써 비서사적 텍스트로 자리매김하게 된다. 어떠한 의미에서 텔레비전 코미디의 서사 구조는 웃음을 효과적으로 꾸려 넣기 위한 수사적 전략에 하나일 뿐, 그 자체로 중요한 의미가 있는 것은 아니다. 그러므로 텔레비전 코미디는 통상의 서사적 텍스트와는 전혀 다른 것이며, 그 입장에서 보면 텍스트의 기본적인 원리와 규칙에서 벗어나는 일탈적 텍스트가 되는 것이다.

서사적 수준의 놀람에서 발견된 텔레비전 코미디의 일탈적 특성은 또한 상황적 수준의 놀람에도 그대로 적용된다. 텔레비전 코미디에서는 전체 텍스트를 구성하고 있는 개별적 상황들 또한 인과적이며 논리적인 연관관계와는 거리가 멀다. 오히려 그러한 인과적이며 논리적인 규칙과 규범을 깨뜨림으로써 웃음이 터져나온다. 특정한 하나의 단어가 코미디언들의 입을 옮겨 다니며 서로 다른 의미로 전용되고, 수용자의 기대(expectation)를 배반하는 엉뚱한 상황이 전개되며, 얼토당토않은 동문서답으로 대화의 맥이 끊겨 버린다. 텔레비전 코미디는 통상적인 텍스트 규칙을 위반하며 건전한 의사소통의 규범으로부터 일탈한다.

놀람의 패턴이 주로 텍스트의 구조와 형식에 초점을 둔 일탈과 위반이었다면, '그럴듯하지 않음의 패턴'은 상대적으로 인물과 내용에 초점을 둔 일탈과 위반이었다. 이는 텔레비전 코미디 안에서 '그럴듯하지 않은 인물'과 '그럴듯하지 않은 상황'이라는 두 가지 양식으로 구체화되고 있었다. 앞의 것은 글자 그대로 비전형적 인물 설정에 의해 형성되는 그럴듯하지 않음을 의미하며, 뒤의 것은 도에 지나친 과장으로 의미가 강화되기는커녕 오히려 의미가 붕괴되는 경우를 가리킨다. 어른보다 느끼한 어린이들, 여자로 설정되었지만 남자로 대접받는 남성 코미디언, 십여 년 동안 목욕 한 번 하지 않아 목욕탕 하수구가 막혀 버렸다는 허황된 상황설정. '그럴듯하지 않음의 패턴'은 이렇듯 텔레비전 코미디의 세계가 실제와 다름을 환기시킨다. 이는 통상의 재현적 텍스트들과는 전혀 다른 성격을 갖는다. 재현적 텍스트가 각종의 수사적 장치들을 동원하여 허구적 텍스트를 마치 사실인 양 꾸며대고 있는 데 반하여 텔레비전 코미디는 웃음을 위해 재현을 포기한다. 텔레비전 코미디에는 재현적 텍스트에서와 같은 '사실성 효과'의 기제들이 존재하지 않는다. 텔레비전 코미디는 이러한 재현적 텍스트에 길항하며 그것의 규범으로부터 일탈하고 있다.

한편 '통속적 웃음의 패턴'은 텍스트의 내적 일관성―그것이 구조적이며 형식적인 것이든 혹은 인물과 내용에 연관된 것이든 상관없이― 과는 관계가 없는 또 다른 수준의 웃음들을 말한다. 이는 텍스트 밖의 텍스트들을 모방하지만 그것의 본래적 의미와는 아무런 관계도 맺지 않는 '의미없는 흉내내기'나 텍스트의 내

적 구조 혹은 형식과 관계없이 산발적으로 흩어져 있는 '세속적인 웃음들'로 구분
된다. 앞의 것은 원텍스트의 의미를 희생시키는 대신 그것을 웃음의 양식으로 재
정위(re-positioning)하며 뒤의 것은 사회문화적 기준에 미달하는 추하고 어설픈
작태들로부터 그것의 가치와 의미를 탈색해 냄으로써 또한 웃음의 양식으로 재가
공해낸다. 이들은 사회문화적 의미에 길항하며 대상을 그 자체로 인식하게 만든다.
'통속적 웃음의 패턴' 속에서 텍스트와 대상은 그것의 의미를 상실한다. 텔레비전
코미디 안에서 그것은 단지 우스꽝스러운 껍데기들로 남아있게 된다.

　텔레비전 코미디는 이러한 세 가지 패턴의 웃음으로 텍스트의 형식·내용·
의미를 규정하는 온갖 종류의 규칙과 규범에 대항한다. 그것은 합리적 서사를
갖추고 있으며 사실을 재현하는 텍스트들의 규범으로부터 일탈한다. 텔레비전 코
미디의 일탈은 결국 합리적이며 상식적인 의미로부터의 일탈이다. 텔레비전 코미
디에서 발견되는 웃음의 패턴들은 텍스트의 본래적 의미나 상식적 의미로부터 일
탈함으로써 즐거움을 생산한다. 그 안에서 기호들은 특정한 하나의 의미에 귀착되
지 않는다. 기호의 본래적 의미가 변용되어 새로운 의미가 부여되었다 해도 이를
고집하지 않는다. 텔레비전 코미디에서 중요한 것은 의미가 아니라 그것의 우
스꽝스러운 외양이다. 텔레비전 코미디의 즐거움은 텍스트의 의미에서 나오는
것이 아니라 통속적이며 탈상식적이며 탈규범적인 표현이 불러 일으키는 즉물
적이며 즉각적인 즐거움이다. 그러므로 텔레비전 코미디는 의미를 전달하기 위
해서라기보다는 재미와 즐거움을 위해 고안된 것이다. 어떠한 면에서 텔레비전
코미디는 의미의 흔적이 아니라, 놀이의 흔적에 지나지 않는다. 텔레비전 코미
디의 즐거움은 쥬이상스이며, 텔레비전 코미디는 쥬이상스의 텍스트이다.

　그러므로 이를 통상의 서사적이며 재현적인 텍스트를 논의하듯이 이야기해서
는 곤란하다. 텔레비전 코미디는 이들과는 전혀 다른 세계를 구축하고 있기 때
문이다. 어른의 기준으로 어린이를 평가할 수 없고, 서양적 세계관으로 동양의
정신세계를 평가할 수 없듯이 텔레비전 드라마의 기준으로 텔레비전 코미디를
평가해서는 안 된다. 텔레비전 코미디의 즉물적이며 즉각적인 즐거움은 사회문

화적인 담론화를 거부한다. 그것은 담론의 영역 안에서는 무기력하지만 취향과 욕망의 영역 안에서는 여전히 강력한 힘을 발휘한다. 텔레비전 코미디를 수용하는 까닭은 즐거움을 얻기 위해서이지, 그것을 통해 삶의 지혜나 인생의 교훈을 얻기 위한 것이 아니기 때문이다.

4. 사회적 담론 속의 텔레비전 코미디

텔레비전 코미디가 쥬이상스의 텍스트라면, 그리하여 기존의 사회문화적 규범으로부터 일탈하는 탈규범적 즐거움을 생산한다면, 권력은 이를 어떠한 방식으로 통제하고 관리하는가? 이미 언급한바, 권력은 담론을 통해 사회문화적 지배를 관철한다. 이는 텔레비전 코미디에 대해서도 마찬가지이다. 그러나 텔레비전 코미디에 대한 사회적 담론은 쥬이상스에 대한 것일 수 없다. 왜냐하면 쥬이상스란 담론화를 거부하는 직접적이며 무매개적인 즐거움이기 때문이다. 그러므로 텔레비전 코미디에 대한 사회적 담론은 결국 그것의 플레지르에 대한 것일 수밖에 없다. 여기에서 연구자는 플레지르로서의 텔레비전 코미디가 사회적 담론 안에서 어떻게 의미화되고 있는지를 살펴보고자 한다. 담론의 세계는 현실의 지배적 공간이며, 텔레비전 코미디를 둘러싼 권력의 분산과 응집은 담론 안에서 일어나기 때문이다.

4.1. 대상과 방법

텔레비전 코미디에 대한 사회적 담론을 분석하기 위하여, 최근 2년간(96. 1. 1~97. 12. 31) 중앙 10대 일간지에 실린 관련 기사들을 수집하였다. 담론 분석을 위하여 일간지의 관련기사에 의존한 까닭은, 그것이 한 사회의 주도적인 담론 구성체를 형성하고 있기 때문이다. 담론을 형성하고 유통하는 영역은 대개 일상적 공간과 제도적 공간으로 구분하여 볼 수 있다. 이들 두 공간 속의 담론은 각기 다른 수준, 다른 원칙으로 생각하여야 하는바, 제도 속의 담론은 그 배후에 담화적 장치와 견고하게 형성된 담론 구성체를 전제하고 있으나, 일상 속의 담론은 상대적으로 느슨한 담론 구성체를 형성하거나 혹은 그것의 구속으로부터 비교적 자유롭기 때문이다. 달리 말하여, 일상 속의 담론은 그 분산의 경계와 방향이 제도 속의 담론에 비하여 매우 넓기 때문에 이들을 동일한 수준에서 같은 원칙으로 분석할 수는 없다는 것이다.[159] 물론 제도 속의 담론과 일상 속의 담론은 밀접히 연관된다.

> 제도 속의 담론은 담화 형태로 일상 속의 담론에 직접 진입하거나, 언설의 형태로 자신을 변형시킴으로서 일상 속의 말집합을 구성하는 자원을 공급하는 원천이 되며, 둘째는 일상 속의 담론의 언설, 담화 활용의 결과를 제도 속의 담론 속에 편입시키거나, 또는 배제하는 역할을 한다. 셋째로 제도 속의 담론 내의 담화 네트워크는 일상 속의 말집합 내에서 활용되는 언설과 담화의 상호 호환, 또는 결합의 경계를 구획한다. 따라서 제도 속의 담론과 일상 속의 담론과의 관계는 끊임없는 자원의 유출입이 이루어지는 개방적인 관계로 인식되어야 한다.[160]

그러나 이러한 연관관계에도 불구하고, 제도 속의 담론과 일상 속의 담론을 한데 묶어 일관되게 연구하기란 결코 쉬운 문제가 아니다. 이러한 어려움은 일상 속의 담론들이 지니는 속성에서 기인하는바, 그것은 지나치게 사적(private)이며 일시적인 담론 형태여서 객관적으로 포착하기 어렵고, 그것에 어떠한 일관성을 부여하기도 쉽지 않기 때문이다. 일상 속의 담론은 지극히 사적(private)인 성격을 갖는다. 이는 그것의 내용에 있어서 뿐만 아니라, 일상적인 발화와 진술이 이루어지는 담화 공간의 일반적인 성격이기도 하다. 따라서 사적인 담론의 상당수가 비공개적인 성격을 갖게 되는바, 여기에 접근하여 그 의미와 형식을 파악하는 일은 결코 쉬운 일이 아니며 만약 접근하여 그 의미를 파악하였다고 하여도 그것으로부터 유의미한 패턴과 구조를 밝혀 내는 일은 거의 불가능한 일처럼 보인다.[161] 그러므로 텔레비전 코미디에 관한 사회적 담론

---

159) 조은기, *op. cit.*, pp.317 참조.

160) *ibid*. pp.317~8.

161) 이러한 어려움에도 불구하고 일상 속의 담화를 연구대상으로 그것의 특정한 패

이 어떠한 얼개와 패턴을 지니고 있는가를 살펴보기 위하여 일상 속의 담론에 의존하기에는 수많은 어려움이 뒤따르게 된다. 담론 분석의 가장 바람직한 형태라면, 일상 속의 담론과 공식적인 제도 속의 담론을 모두 고려하여 이들 상호간의 관계와 작용을 살펴보아야 할 것이지만, 그 한 축이 무너져 내린 상황에서 분석은 제도 속의 담론만으로 만족하여야 할 것이다.

그런데 제도 속의 담론과 일상 속의 담론이 지니는 상호 작용과 그 관계가 상정된 이상, 그것만으로는 담론 분석의 기본적인 목적이 충족되기 힘들다. 텔레비전 코미디에 대한 제도 속의 담론이 일상 속의 담론에 영향을 미쳐 그것을 규율하고, 일상 속의 담론은 제도 속의 담론에 지지 혹은 반증의 사례들을 제공함으로써 그것을 강화하거나 혹은 변형시켜 나간다. 그러므로 현실적으로 담론 분석의 가장 바람직한 한 지점은 제도 속의 담론과 일상 속의 담론이 만나 하나의 결절점(nodal point)을 이루고 있는 상대적으로 특권화된 영역이다. 이러한 상대적으로 특권화된 결절점은 대체로 대중매체에 의해 형성되는바, 왜냐하면 대중매체의 담론은 그 특성상 스스로의 논리와 관점에도 불구하고 다양한 수준의 사회적 담론들을 유통시키는 데 가장 커다란 목적을 두고 있기 때문이다. 대중매체는 사회적 담론과 연관하여 다음과 같은 특징을 지닌다. 첫째 그것은 특정 사건에 대한 일상 속의 말집합을 제도적인 수준에서 매개하고, 둘째 제도적인 수준의 담론을 일상 속의 담론에 편입할 수 있도록 각종의 정보를 유출하며, 셋째 일상 속의 담론과 제도적 수준의 담론이 형성하는 사회적 담론의 전체적인 지도를 제공한다. 이러한 까닭에 대중매체의 담화는 텔레비전 코미디에 대한 사회적 담론을 파악하고 그것의 전체적인 윤곽을 그려내는 데 있어 완벽하지는 않으나 현실적으로 최선의 분석대상이 된다.

턴과 구조를 밝혀내기 위한 연구들이 끊임없이 시도되어 왔다. 이러한 시도는 문화연구 분야에서 대개 '민속지'의 형태로 제기되었는바, 이들 연구가 지니는 함정과 난점들에 대하여서는 이미 언급한 바 있으므로 여기에서는 이를 더 이상 논의하지 않기로 하겠다.

이러한 논지 아래, 분석대상을 대중매체의 텔레비전 코미디에 대한 진술과
담화들로 고정시키기로 하고, 연구자는 국내 일간신문에 게재된 텔레비전 코미
디 관련 기사들을 수집하였다. 대중매체의 진술과 담화들을 분석하기 위하여
특히 신문에 의존하게 된 까닭은 사회적 담론을 유통하고 그것을 이용하는 데
있어서 그것이 지니는 특권화된 지위 때문이다. 신문은 방송과 비교하여 비교
적 다양한 사회적 담론들이 유통되고, 문자의 형태로 기록되기 때문에 과거의
진술과 담화들에 접근이 용이하기 때문이다. 아무튼 신문에 게재된 텔레비전
코미디 관련 기사들을 수집하기 위하여, 연구자는 PC통신을 통해 제공되고 있
는 언론연구원의 기사 검색 서비스 ‘KINDS’를 이용하였다. 분석 기간은 전술
한 대로 1996년 1월 1일에서 1997년 12월 31일 2년간으로 하고, 대상 일간지는
중앙에서 발행되는 10대 종합 일간지로 국한하였다. 기사 검색은 검색어 ‘코미
디’와 ‘텔레비전 코미디’로 하였으며, 이들 가운데 텔레비전 코미디를 다루고
있는 기사들만 가려 뽑았다. 이러한 절차를 통해 검색한 결과, 최종적으로 수
집된 기사는 총 64건이었다(부록 2 참조).

수집된 기사들을 분석하기 위한 구체적인 방법으로는 일반적인 담론 분석방
법이 이용되었다. 담론 분석의 최종적인 목적은 권력관계의 미시적 분석에 있
다. 여기에서 ‘미시적 분석’이란 분석수준이 ‘개인’이라는 말이 아니라, 권력의
작용점을 ‘주체’로 놓음으로써 사회문화적 이데올로기가 구체적인 담론을 타고
흐르며 주체를 호명하고 구성하는 과정을 추적한다는 뜻이다.[162] 담론 분석은
개별적인 담화와 진술들이 어떠한 관계로 얽혀 있느냐는 분석하여 사회적으로
형성된 ‘진리의 영역(reigm of truth)’을 드러낸다. 그런데 진리의 문제는 곧
권력의 문제이기도 하다. 진리란 사회적으로 정당화된 지식이며, 권력과 권력

---

162) 그러므로 담론 분석의 ‘주체’란 하나의 이념형이 아닌가 생각된다. 그것은 인간
　　의 의식과 무의식이 겹쳐져 특정한 사회문화적 조건과 관계를 맺으며 사고하며
　　행동하며 욕망하는 ‘자기(self)’의 한 부분이다. 푸코에게 있어서도 ‘주체’는 구체
　　적으로 규정되지 않는듯하다. 본 고에서 역시 ‘주체’는 이념형적 주체 즉 주체 일
　　반이며, 특히 텔레비전 수용자의 사회심리학적 실재를 가리킨다.

의 행사를 그것을 통하지 않고서는 어떠한 사회적 동의(consensus)도 구할 수
없다. 이를테면 공산주의에 대한 부정적 지식이 존재하지 않는 한, 국가보안법
상의 '이적표현물 제작 및 유포에 관한 법'은 결코 유지될 수 없으며 이 법에
근거한 어떠한 권력 행사도 결코 정당화될 수 없다. 담론 분석의 최종적인 목
적은, 그러므로 '진리의 영역'이 어떠한 방식으로 직조되어 있는지를 밝혀 사회
권력이 행사되는 한 양상을 드러내는 데 있다. 이를 위하여 본 연구자는 텔레
비전 코미디에 대한 담론을 다음과 같은 세 가지 절차에 따라 분석하였다.

첫째, 텔레비전 코미디에 대한 주요 진술 내용을 확보한다. 이를 위하여 연
구자는 필요한 몇 가지 항목에 대하여 빈도와 백분율을 계산해 내었다. 물론
담론 분석에는 어울리지 않는 방법이지만, 분석대상의 대체적인 얼개를 짐작하
는 데에는 그런대로 의미가 있으리라 판단하였기 때문이다. 그리고 기사들의
외연적 의미들을 요약·기술함으로써, 그것의 구체적인 내용을 확보하였다. 둘
째 확보된 진술들의 잣대와 근거를 밝힘으로써 담화의 통합적 연결고리들을 찾
아낸다. 이는 담론의 진리 근거를 밝히는 일이며, 단순한 진술들을 진리로 전
환시키는 진리화(being truth) 과정을 드러내기 위한 것이다. 셋째 이들 담화
들 사이의 상호 관계를 추적한다. 이는 담화와 진술들이 개별성의 한계를 뛰어
넘어 하나의 집합체로 형성되는 구체적 원리를 추적하기 위해서이다. 본 연구
자는 이러한 절차들을 통해 신문기사들을 통해 드러난 텔레비전 코미디에 대한
사회적 담론과 이를 통해 행사되는 권력의 한 양상을 파악하고자 하였다.

4.2. 텔레비전 코미디에 대한 담론 분석

4.2.1. 텔레비전 코미디에 대한 진술들

텔레비전 코미디에 대한 사회적 담론은 대중매체 특히 신문을 통해 제도화된

다. 신문을 통해 전달되고 유포되는 담론은 제도 속의 담론이다. 이러한 제도 속의 담론은 텔레비전 코미디에 대한 현실적인 지배공간에서 구성되는 공식적 담론 구성체를 형성한다. 이러한 공식적 담론 구성체가 어떠한 방식으로 구성되는지 그 구체적인 양상을 추적하기에 앞서 여기에서는 그 대체적인 얼개를 살펴보고자 한다. 이는 통계적 요약과 그것을 통해서 드러난 텔레비전 코미디에 대한 '부정적 신화'에 초점을 두고 진행될 것이다.

4.2.1.1. 담론의 상황

조사대상으로 확정된 신문기사들을 살펴본 결과, 텔레비전 코미디와 관련하여 가장 많은 기사 건수를 확보하고 있는 일간지는 '한겨레 신문'이었다. 한겨레 신문은 2년 동안 전체의 25%에 해당하는 16건의 기사를 보도하였다. 한편 그 뒤로 조선일보가 12건을 기록하고 있었으며, 그 뒤로 동아일보, 중앙일보, 서울신문 등의 순서로 텔레비전 코미디에 대한 기사를 싣고 있었다. 한편 텔레비전 코미디에 대한 기사가 가장 적었던 신문은 국민일보와 문화일보로 각각 2건이었다.

이들 64건의 기사들 가운데 가장 많이 다루어지고 있는 대상은 특정한 텔레비전 코미디 프로그램들에 대한 것들로 전체의 39.1%에 해당하는 25건이었다. 그런데 몇 개의 프로그램들을 한데 묶어서 다루고 있거나 텔레비전 코미디 프로그램 전반을 다루고 있는 경우도 전체의 35.9%에 해당하는 23건이나 되었다. 결국 텔레비전 코미디 프로그램에 대하여 다루고 있는 기사들은 전체의 64.1%에 해당한다고 할 수 있다. 그 밖에 텔레비전 코미디를 방송계 전반과 연관짓거나, 텔레비전이라는 특정한 매체를 뛰어 넘어 코미디 일반에 대하여 다루고 있는 경우도 전체의 25%에 해당하는 16건이었다.

신문에 실린 텔레비전 코미디 관련 기사들의 내용은 대체로 텔레비전 코미디의 사회문화적 영향과 효과, 그것을 둘러싸고 있는 사회문화적 환경 혹은 조건,

프로그램의 완성도 혹은 작품성 그리고 텔레비전 프로그램 장르로서의 코미디에 대한 평가 등에 대한 것들이었다. 이들 가운데 가장 높은 빈도를 보이고 있는 기사 내용은 텔레비전 코미디의 완성도 혹은 작품성에 관한 내용이었다. 이는 전체 기사 건수의 54.7%에 해당하는 35건이었다. 그 밖에 텔레비전 코미디의 사회문화적 영향 혹은 효과를 다루고 있는 기사가 전체의 26.6%에 해당하는 17건을 기록하였으며, 텔레비전 코미디의 장르적 특성에 대한 기사가 10.9%, 그것의 사회문화적 환경과 조건에 대한 기사가 7.8%를 기록하였다. 이로써 텔레비전 코미디에 관련된 대부분의 신문기사들은 텔레비전 프로그램의 완성도나 그것의 사회문화적 효과에 대하여 논의하고 있음을 알 수 있었다.

한편 신문기사에 나타난 텔레비전 코미디에 대한 평가는 대체로 부정적인 것으로 나타났다. 기사 전반에 걸쳐 텔레비전 코미디를 부정적으로 기술하고 있는 경우가 전체의 61.5%에 달하는 40건이나 되었다. 텔레비전 코미디가 긍정적으로 묘사된 경우는 13건 25.0%였으며, 특별한 가치평가 없이 비교적 객관적으로 기술한 경우는 8건, 12.5%에 해당하였다.

기사의 주요 대상에 따라 이러한 평가가 어떻게 분포되어 있는가를 살펴보면, 다음 〈표 1〉과 같다. 텔레비전에 대한 대체적인 평가가 부정적인 만큼 그 대상에 따른 평가들 역시 대부분 부정적인 것이었다. 개별적인 프로그램들을 평가함에 있어서는 긍정적인 평가도 비교적 높은 비율(40.0%)을 기록하고 있었으나 이들은 거의가 MBC 〈일요일 일요일 밤에〉의 '이경규가 간다' 코너와 MBC 〈테마게임〉에 집중된 것이어서 특별한 의미를 부여하기는 힘들 것 같다. 부정적인 평가가 가장 높게 나타난 부문은 텔레비전 코미디를 방송 전반과 연관지어 이야기하거나 텔레비전 코미디 일반에 대하여 논의하는 경우(75.1%)였다. 특별한 가치 부여 없이 텔레비전 코미디의 면면에 대하여 객관적으로 진술한 경우는, 텔레비전 코미디 전반과 몇몇 텔레비전 코미디들을 묶어서 이야기할 때, 비교적 높은 비율(18.8%, 17.4%)을 보여주었다.

<표 1> 대상에 따른 일간지의 텔레비전 코미디에 대한 평가

단위: 건/%	객관적	부정적	긍정적	계
코미디 전반	3/18.8	12/75.1	1/ 6.3	16/100.0
코미디 프로그램	4/17.4	15/65.2	4/17.4	23/100.0
특정한 프로그램	1/ 4.0	13/47.0	11/40.0	25/100.0
계	8/12.5	40/62.5	16/25.0	64/100.0

이러한 텔레비전 코미디에 대한 평가가 기사의 내용 및 주제와 어떻게 연관되는지를 살펴본 결과는 다음 〈표 2〉와 같다. 텔레비전 코미디에 대한 평가는 그것의 영향 혹은 효과에 대한 기사들이나 환경 혹은 조건에 대한 기사들 속에서 가장 부정적으로 묘사되고 있었다. 즉 텔레비전 코미디가 우리의 사회문화적 환경에 악영향을 미친다는 생각과 우리의 사회문화적 환경과 조건이 텔레비전 코미디를 발전시키는 데 그리 적합하지 않다는 인식이 지배적임을 알 수 있다.

<표 2> 내용에 따른 일간지의 텔레비전 코미디에 대한 평가

단위: 건/%	객관적	부정적	긍정적	계
영향 효과	1/ 5.9	12/70.6	4/13.5	17/100.0
환경 조건	1/20.0	4/80.0		5/100.0
완성도	3/ 8.6	22/62.9	10/28.6	35/100.0
장르 특성	3/42.9	2/28.6	2/28.6	7/100.0
계	8/12.5	40/62.5	16/25.0	64/100.0

이렇게 일간신문의 텔레비전 코미디 관련 기사들의 대략적인 얼개를 살펴본 결과, 텔레비전 코미디에 대한 신문기사는 그 대상에 있어서는 코미디 프로그램을 비교적 구체적으로 다루고 있으며, 그 내용에 있어서는 텔레비전 코미디의 프로그램으로서의 완성도와 그 사회문화적 영향과 효과에 집중하고 있음을

알 수 있다. 아울러, 텔레비전 코미디에 대한 평가는 비교적 부정적이고, 특히 그것의 영향과 효과 그리고 환경과 조건에 대한 기사들에서 더욱 두드러지게 나타나고 있음이 밝혀졌다.

4.2.1.2. 부정적 신화의 출현

텔레비전 코미디에 대한 신문기사들을 살펴보면, 텔레비전 코미디에 대한 부정적인 평가들이 압도적으로 많다는 사실을 느끼게 된다. 신문기사들을 통해 유포되는 텔레비전 코미디에 대한 사회적 담론의 지배적인 양상은 부정적이며 적대적이다. 이는 개별 신문들의 이데올로기적 지향의 차이들에 관계없는 공통된 현상이다. 텔레비전 코미디는 텔레비전 오락프로그램의 대표적인 장르로 자리매김되어 왔다. 이는 코미디를 텔레비전 오락프로그램에 대한 사회적 비난의 희생양으로 만들어 버렸다. 텔레비전 오락프로그램의 저급성에 대한 담화는 그것이 사회적 통합을 저해하는 '일탈'의 한 유형이며, 이로부터 사회적 위기상황 혹은 '도덕적 공황'을 불러 일으키리라는 전망까지 내놓고 있다.[163] 텔레비전 오락프로그램을 마약에 비유하고, 일종의 사회 악으로까지 매도하고 있는 것이다. 이러한 살벌한 분위기 속에서, 텔레비전 코미디에 대한 사회의 시선이 따뜻하고 부드러울리 만무하다.

> 코미디 프로에는 비상구가 없는가. TV 코미디 프로그램의 저질성 문제는 새삼스러운 것이 아니다. 기발한 시추에이션과 재치 있는 대사를 통해 자연스럽게 생성되는 건강한 웃음보다 작위적 상황이나 소란스런 연기, 저속한 대사 등으로 억지웃음을 강요하는 것이 비단 어제 오늘의 일이 아니기 때문이다. 과거 엎어지고 자빠지는 '배삼룡식' 바보 연기가 코미디의 주류를 이뤄 '코미디 폐지론'이라는 극한적 대처방안까지 대두된 적도 있었다.[164]

---

163) 전규찬, 'TV 오락을 둘러싼 담화정치학 분석', p.59.

164) '황당한 말장난에 가학적 장면도 …… 폐지론 재연 우려', 〈중앙일보〉, 94. 8. 23; *ibid*에서 재인용.

128

신문기사에 투영된 텔레비전 코미디는 '저질'의 문화유형이다. 웃기는 정치판을 흔히 코미디라고 부르듯이 코미디는 이제 '저속'과 '저급'의 다른 표현이 되어 버렸다.165 그러나 '코미디는 저질'이라는 말은 비단 미학적 수준에서 '작품의 완성도가 떨어진다'는 의미가 아니다. 사회적인 측면에 있어서나 문화적인 측면에 있어서, 텔레비전 코미디의 문제는 한두 가지에 그치지 않는다.166 그렇다면 우리나라 텔레비전 코미디에는 구체적으로 어떠한 문제가 있는가?

우리나라의 텔레비전 코미디 프로그램은 우선 사회성이 부족하다는 지적이다. 즉 사회적 관심사를 코미디로 끌어 들여 이에 나름대로의 해석과 비판을 덧붙여 사회를 보다 건강하게 만드는 데에는 전혀 관심이 없다. 뿐만 아니라, 유치한 말재간이나 볼썽 사나운 몸동작으로 헛웃음만 유발하고 있으며, 프로그램의 포맷과 형식이 차별화되지 않아 시청자들의 선택권마저 묵살하고 있다는 것이다.

우리나라 코미디 프로그램은 사회성이 부족하고, 주제 없이 말장난과 기이한 몸동작으로 웃음을 유발할 뿐만 아니라 포맷과 형식에서 지나치게 획일적이라는 비판이 제기되었다.167

KBS · MBC · SBS 방송 3사의 TV 드라마가 같은 시간대에 집중 편성돼 채널 간 다양성을 떨어뜨리는가 하면 주말 쇼 · 코미디 프로도 지나치게 획일적이라는 지적이 나왔다. 시청자들의 채널 선택권을 무시한 이 같은 사실은 [……]168

사회적인 문제들은 나몰라라 하며 유치한 말과 행동으로 억지웃음만 강요하는 게 우리나라의 텔레비전 코미디라는 말이다. 그러므로 그것은 웃기기 위한

165) '코미디 저질시비', 동아일보, 96. 4. 16.
166) '삶의 애환 빠진 가벼운 웃음', 경향신문, 97. 11. 5.
167) '가을 TV에 바라는 것', 조선일보, 96. 10. 10.
168) '같은 시간대 드라마/쇼 · 코미디 비슷비슷', 서울신문, 96. 11. 16.

웃음만 양산하고 있을 뿐, 우리에게 어떠한 메시지도 전달하지 못하고 있다. '웃기기만 하면 장땡인 양' 더욱더 난장판이 되어가고 있다는 주장이다.

> [우리나라 코미디는] 언제부터인가 웃기기 위한 웃음만 양산한다는 인상을 준다. 소재의 제약을 출연진의 다양화로 돌파하려는 의도는 알겠다. 그러나 '웃기기만 하면 장땡'인 양 모델, 가수, 연기자, 사회자 심지어 씨름선수들 까지 가세해 코미디판을 난장판으로 만들면 곤란하다.[169]

그러나 이러한 '난장판 코미디'가 수용자들에게 먹혀들 리 없으며, 수용자들은 이미 그러한 코미디에 식상해 있다는 지적이 있다.[170] 한때 TV의 웃음은 엎어지고 자빠지는 우스운 몸짓 또는 재치있는 말재간에서 나왔지만, 언제부터인가 사람들은 '억지웃음'을 거북게 되었다는 것이다. 따라서 코미디도 변화의 몸부림을 시작했다.[171] 이러한 변화의 결과는 〈테마게임〉이나 〈LA 아리랑〉과 같은 드라마와 코미디의 접목으로 나타났으며, 일정 정도의 성과를 거둔 것도 사실이다. 그럼에도 불구하고 우리의 텔레비전 코미디는 그 수준이 국민들의 향상된 의식을 따라가지 못하고 있다는 지적이 나오고 있다. 다시 말해 사회에 어떤 메시지를 던질만한 힘이 없다는 말이다.[172]

사회성을 갖추고 시청자들에게 어떤 메시지를 던질만할 힘이 없다면, 그나마 사회에 누가되는 짓은 하지 말아야 할 것이다. 그러나 문제는 텔레비전 코미디가 끊임없이 '말썽'을 부리고 있다는 데 있다. 일간신문에서 지적하는 텔레비전 코미디의 문제점은, 성적인 암시를 담은 저속한 대화,[173] 연예인들의 사생활이

---

169) 동아일보 96. 4. 16.
170) '전통코미디 퇴조 시트콤 급부상', 한겨레신문, 97. 6. 20.
171) '테마게임: 드라마 접목, 코미디 새 영역', 한국일보, 97. 3. 28.
172) '대한민국연예상 문체장관상 수상 KBS 김웅래 위원', 세계일보, 97. 3. 24.
173) 'TV 선정성 위험선 넘었다', 서울신문, 96. 8. 22; '방송 선정성 해도 너무 한다', 세계일보, 97. 11. 19.

130

나 신변잡기에 국한된 쓸데없는 잡담들,[174] 과연 그 프로그램이 시청자들을 위한 것인지 출연한 연예인들의 친목을 위한 것인지 헷갈리게 만드는 서비스 정신의 실종,[175] 여전히 넘어지고 자빠지는 어설픈 슬랩스틱,[176] 난무하는 욕설과 사람들을 무안하게 만드는 안하무인한 진행[177] 등 그 수를 헤아릴 수 없을 정도로 많다. 그러므로 '저속한 대화로 낯 뜨거운 장면을 연출하거나 억지웃음을 강요하는 TV 프로그램들이 안방을 오염시키고 있다'는 평가가 나오고, '시청률 경쟁의 와중에서 Y담 일색의 토크쇼와 어설픈 웃음 자아내기에 바쁜 오락프로로 인해 시청자들의 정서만 멍들고 있다'는 우려가 나오는 것이다.[178]

이렇듯 일간신문에는 텔레비전 코미디에 대한 부정적 진술들로 가득 차 있다. 그런데 한 가지 이상한 것은 대부분의 신문기사들이 하나 혹은 두세 개의 구체적인 프로그램들에 대한 것임에도─ 특정한 하나의 프로그램에 대한 기사는 전체의 39.1%, 프로그램 두세 개를 한데 묶어서 이야기하고 있는 기사는 35.9%─ 비난의 표적은 이들 몇몇 프로그램들에게 국한되지 않는다는 점이다. 이러한 낱낱의 사례들은 항상 텔레비전 코미디 전체의 문제로 간주된다. 물론 특정한 몇몇 프로그램은 이러한 저질 코미디의 대열에서 잠깐 벗어나 있지만, 이는 예외에 지나지 않는다. 이를테면,

우선 일요일 오후 6~8시를 온통 연예인 신변잡기와 저질 코미디로 물들였던; '시사 코미디' 비상구는 없는가; 코미디, 드라마 등 방송 전반에 선정적

---

174) '연예인 TV', 서울신문, 97. 10. 6.
175) "전 국민의 날라리화를 부채질하는가. 올 한 해 동안 우리 TV는 이런 비난을 받아왔다. 쇼·오락프로그램이 문제다. 도대체 한국 TV의 주인공은 연예인인가 싶을 만큼 안방에는 연예인 위주 프로그가 넘친다." '97년 방송계 결산: 쇼·오락프로그램', 방송과 시청자, 1997. 12.
176) '만물상', 조선일보, 97. 6. 16; '웃을 수 없는 코미디 속 폭력', 조선일보, 97. 3. 18; 한겨레신문, 97. 6. 20.
177) '수준 미달 방송진행자 많다', 중앙일보, 97. 5. 21.
178) '조속한 대화·억지웃음·요란한 차림', 서울신문, 96. 11. 9.

인 표현이 난무하고 있다; 텔레비전은 지금 태평성대다. [……] 텔레비전 화
면은 여전히 흥청망청이다; 웃음은 없어도 코미디는 많다. 코미디가 TV를
점령했다; 어제 오늘의 일은 아니지만 요즘 우리 방송은 해도 너무한다; '코
미디는 저질'[179]

이들 모두가 실제로는 특정한 코미디 프로그램, 그것도 특정 일시에 방송된
한 사례들을 다루고 있었다. 그러나 이들의 기사 첫머리 혹은 그 결론은 항상
정언적(categorical)이며 보편적인(universal) 진술들로 채워진다. 〈아이 러브
코미디〉와 〈TV 특급 일요일이 좋다〉를 이야기하면서도 일요일 오후 6~8시에
는 '저질 코미디밖에' 없었다고 말하고, 〈이주일의 코미디쇼〉만을 언급하면서
도 모든 '시사코미디는 비상구 없는 구제불능'이라고 단언하며, 〈코미디 드라
마: 비상구는 없다〉 단 한 편을 예로 들며, 텔레비전은 'IMF의 무풍지대'라고
규정짓고 있는 것이다. 이는 텔레비전 코미디에 대한 사회적 담론에는 이미 부
정적 신화가 뿌리 깊게 자리잡고 있음을 증명한다. 사회적 담론 속에서, 텔레
비전 코미디는 〈아이 러브 코미디〉나 〈TV 특급 일요일이 좋다〉 혹은 〈코미디
드라마: 비상구는 없다〉가 방송되기 이전부터 이미 저질로 규정되어 있었다.
그러므로 일간신문의 기사들은 텔레비전 코미디의 부정적 신화를 강화하고 재
확인하는 사례들에 지나지 않는다.

4.2.2. 부정적 신화의 잣대와 근거

살펴본 대로, 사회적 담론은 텔레비전 코미디를 부정적으로 평가하고 있었다.

---

179) '서울방송 주말저녁 탈바꿈', 한겨레신문, 97. 10. 10; 'SBS 〈이주일의 코미디쇼〉:
시사 코미디 비상구는 없는가', 동아일보, 97. 11. 4; 서울신문 97. 11. 9; '아직도
흥청망청 별천지 TV 화면', 한겨레신문, 97. 12. 9; '코미디는 많아도 웃음은 없
다', 한국일보, 96. 11. 22; 서울신문, 96. 8. 22; '코미디프로 휩쓰는 외인부대',
중앙일보, 96. 5. 13.

132

이를 연구자는 '부정적 신화'라고 불렀다. 그렇다면 이러한 부정적 평가의 근거
는 무엇인가? 사회적 담론은 그것을 어떻게 정당화하고 있는가? 대체로 우리
나라의 각 일간지들은 텔레비전 코미디를 폭력성과 선정성 그리고 풍자의 실종
이라는 세 가지 관점에서 평가하고 있는 듯하다.

4.2.2.1. 폭력성과 선정성: 텔레비전 코미디의 비윤리성

텔레비전 코미디에 대한 부정적 신화의 첫 번째 근거는 그것의 '폭력성'에 있
었다. 사회적 담론이 텔레비전 코미디를 저질로 규정하는 까닭은 무엇보다 그
것이 사회의 윤리적 규범을 무시하고, 다만 상업적인 목적— 시청률— 에만 눈이
어두워 '하릴없는 주먹짓'과 '상스러운 욕설'과 '비속어'로 일관하고 있다는 판
단 때문이다. '텔레비전 코미디의 폭력성은 이미 사회적 한계를 벗어난' 일종의
사회문제라는 것이 사회적 담론을 지배하고 있다.

> 치고 때리고 찌르고 꼬집고 ……. 코미디 프로그램에 저질 폭력이 난무한다.
> 차원 높은 유머보다는 하릴없는 주먹짓으로 억지웃음을 달라고 사정한다.
> 아역배우들까지 걸핏하면 발길질을 해대며 눈살을 찌푸리게 한다. [……] 여군
> 병영생활을 소재로 한 이 코너[SBS 〈아이 러브 코미디〉의 '여군 미스리'] 초대
> 손님은 언제나 개그맨 이영자에게 얻어맞게 돼 있다. [……] 김혜수는 흡사 린
> 치라도 당하듯 고정 출연자 서너 명에게 들려나가는 수난도 겪었다.[180]

린치를 당하듯 출연자가 끌려나간다면, 이는 더 이상 웃음으로 흘려 버릴 수
있는 문제가 아니다. 그러나 사회적 담론이 지적하는 텔레비전 코미디의 폭력
은 여기에서 멈추지 않는다. 웃음을 가벼움으로 변질시켜 세상의 모든 일들을,
심지어 결코 웃을 수 없는 심각한 상황들마저도 재미에 희생시키는 '윤리적 불

---

180) 조선일보, 97. 3. 18.

감증'이 텔레비전 코미디를 뒤덮고 있다는 것이다. 특히 쇼 · 코미디 프로그램에 삽입되는 '개그 드라마'는 10대 취향의 젊은 감수성을 대변하지만, 그 폐해는 이루 말할 수 없을 정도라는 지적이다.

> 요즘 유행하는 개그 드라마는 신세대의 '참을 수 없는 가벼움'을 가장 잘 대변한다. 개그 드라마는 언제부턴가 쇼, 코미디 프로그램에서 빠지지 않는 단골 메뉴가 됐다. 여기선 코미디언 이영자가 줄리엣으로 변신한다. 차인표처럼 잘생긴 미남, 미녀 스타도 서슴없이 우스꽝스런 모습으로 만들어 버린다. 개그 드라마의 경박한 가벼움에는 애정도 눈물도 폭력도 예외가 아니다. 사랑하는 연인이 불치병에 걸려 죽어가는 장면도 웃음을 유발하기 위한 소도구에 불과하다. 스타를 빛내기 위해서라면 각목과 쇠파이프가 난무하는 심각한 폭력도 용서된다. 그런 대목마다 방청석에서 10대 소녀들의 기성이 터져나온다.[181]

그러나 사회적 담론 속에서 드러나는 텔레비전 코미디의 폭력은 비단 10대들만의 문제는 아니다. 이는 연령에 상관없이 우리나라 텔레비전 코미디 프로그램에 공통된 요소로 파악되고 있다. 카바레나 나이트 클럽 같은 밤무대 분위기를 연출함으로써 비교적 높은 연령대의 시청자들을 상대하고 있는 〈이주일의 코미디쇼〉와 같은 프로그램에서조차 폭력은 일상화된 웃음의 요소로 변질되어 있다는 점이 지적되고 있다. 본격적인 시사 풍자 코미디를 표방하고 나섰지만, 건전한 비판과 풍자는커녕, 여성을 비하하고 출연자들을 괴롭히는 70년대식 슬랩스틱으로 일관하고 있다는 것이다.

> '이쁜이 산부인과', '어르신 밥상' 등의 코너는 때리고 소리지르는 것 일색이어서 시계를 70년대쯤으로 되돌려 놓은 게 아닌가 하는 생각까지 들 정도다. 웃음을 자아내는 주요 장치가 서로 헐뜯고 모독하고 면박을 주는 행위로 이

---

181) '개그 드라마의 영향', 조선일보 97. 6. 2.

루어져 있어 본격 시사풍자는커녕 불신과 냉소를 부추기는 것이 아닌가 하
는 우려를 갖게 한다.[182]

이러한 코미디 속 폭력은, 몇몇 기사들에 의하면, '재미있으면 그만'이라는
식의 안이한 제작태도에서 기인하는 것으로,[183] 나름 괴롭히는 장면에서 묘한
쾌감을 느끼는 사람들의 심리를 건드려 시선을 끌어 보겠다는 잘못된 의도로
분석되고 있다.[184] 이러한 경향은 '이경규가 간다'라는 코너로 비교적 좋은 평
가를 얻고 있는 MBC의 간판 코미디 프로그램 〈일요일 일요일 밤에〉에서도 똑
같이 반복된다. 이 프로그램의 '한판승부'라는 코너는 운동선수들이 널판지에
뚫린 작은 구멍으로 공을 던져 넣는 등 주어진 게임에서 이길 경우, 불우한 청
소년에게 후원금을 지급하는 형식으로 진행된다. 그런데 출연한 운동선수가 잔
뜩 긴장하여 게임을 시작하려는 순간, 김국진이 '잠깐'이라고 소리치며 끼어들
어 출연자들과 시청자들을 맥 빠지게 만든다. 반복되는 '잠깐'이라는 말에 운동
선수와 시청자들은 짜증을 내게 되고, 이에 대하여 출연자 괴롭히기가 심하다
는 비판의 소리가 높아지고 있다.[185] 텔레비전 코미디에서 폭력은 이미 정형화
되어 버렸다는 것이다.[186]

그러나 텔레비전 코미디의 폭력이 문제가 되는 더 큰 이유는 그것이 사람들
특히 청소년들에게 나쁜 영향을 줄 수 있다는 우려 때문이다. 'TV 모방력이 큰
청소년들이 이런 프로그램을 보고 무엇을 따라하겠느냐'[187]는 것이고 청소년
들 못지 않게 가볍고 경박한 텔레비전 프로그램에 전염되어 있는 어른들은 또

182) 동아일보, 97. 11. 4.
183) *ibid.*
184) 조선일보, 97. 3. 18.
185) 'MBC 〈일요일 일요일 밤〉 한판승부 코너', 중앙일보, 96. 7. 8.
186) 조선일보, 97. 6. 16.
187) 조선일보, 97. 3. 18.

어떻게 해야 하는 냐는 것이다.188 그러므로 텔레비전 속 폭력은 더 이상 재미의 문제가 아니라, 가공할 살인무기라는 극단적인 표현까지 나오고 있다.189

> 전문가들은 TV가 어린이에게 폭력적인 행동을, 청소년에겐 범죄수법을 가르치고 있다고 주장했다. [……] 5~6세까지 어린이는 현실과 환상의 차이를 구별하기 어려우며, 청소년은 미디어를 통해 본 행실을 수용해 자신의 행동 패턴으로 융화시킨다. [……] 요즈음 청소년들의 범죄가 기승을 부리는 것도 이런 현상과 무관하지 않을 것이다.[190]
>
> 어른들은 가볍고 경박한 방송 프로그램들이 어린이와 청소년에게 끼치는 해악에 늘 흥분한다. 하지만 정작 그들 자신이 알게 모르게 방송의 가벼움에 전염돼 있다는 사실을 인정하지 않으려 한다.[191]

사회적 담론에 따르면, 이제 우리는 텔레비전 폭력에 강력하게 대처해야 할 시점에 와 있다.[192] 어린이나 어른들 모두를 위한 텔레비전 시청교육이 절실히 요구되며,[193] 이를 통해 우리 사회로부터 치고 때리는 코미디 폭력물을 내몰아야 한다는 것이다.[194] 이렇듯 우리나라의 일간신문들은 텔레비전 코미디를 국민정서를 훼손하는 폭력물로 규정하고, 전문가 등의 의견을 좇아 이를 정당화하고 있다.

폭력의 문제와 더불어 텔레비전 코미디를 부정적으로 평가하게 만드는 다른 한 요인은 선정성이다. 대중문화는 대중에게 대리경험을 줌으로써 진정한 만족을 유보하고, 정서를 파괴하며, 폭력과 성을 강조하여, 음란하고 외설스러운 내

---

188) 조선일보, 97. 6. 2.
189) 조선일보, 97. 6. 16.
190) *ibid.*
191) 조선일보, 97. 6. 2.
192) 조선일보, 97. 6. 16.
193) 조선일보, 97. 6. 2.
194) 조선일보, 97. 6. 16.

136

용만을 공급한다는 대중문화 부정론의 한 견해가 있다.[195] 이는 모든 사람들에게 공통된 견해는 아니지만, 우리 사회의 지배적이며 주류적인 생각임에는 틀림없는 것 같다.[196] 이러한 대중문화에 대한 적대적 시각은 텔레비전 코미디에 대한 사회적 담론이 형성되는 과정에서도 변함없이 유지된다.

> 코미디, 드라마 등 방송 전반에 선정적인 표현이 난무하고 있다. 비속어와 음란한 묘사, 여성의 성상품화를 부추기는 내용들이 엄정한 자체 검열 없이 무차별 방영되고 있는 것.[197]

텔레비전의 선정성이 문제된 것은 어제 오늘의 일은 아니지만, 요즘 우리 방송은 해도 너무한다는 느낌을 안겨준다. [……] 이 같은 형상에 대해 '시청률을 위한 방송의 매춘행위'라는 비난까지 나오고 있는데 TV가 시청자의 도덕적 감수성을 변화시키는 위력을 가졌다는 점에서 매우 우려되는 상황이다.[198]

특히 눈에 띄는 것은, 〈토요일 전원출발〉과 〈이주일의 코미디쇼〉의 사례였다. 〈토요일 전원출발〉은 출연자들의 수영복차림이 문제시되었으며, 〈이주일의 코미디쇼〉는 성적 암시를 주는 언행이 문제시 되었다.

> [〈토요일 전원출발〉에서] 수영복을 입은 이영자가 수영장에서 야릇한 포즈를 잡고서 지나가는 남자를 유혹한다. [……] 안재욱이 삼각 수영복 팬티차림으로 등장했다. 카메라는 안재욱의 몸매를 따라가며 비추고, 그때마다 여

195) 최정호 · 강현두 · 오택섭, 매스미디어와 사회, 서울: 나남, 1995, p.334.
196) 백지숙, '텔레비전이 나를 본다', TV: 가까이 보기, 멀리서 읽기, 서울: 현실문화연구, 1992, pp.17~39 참조.
197) 세계일보, 97. 11. 19.
198) 서울신문, 96. 8. 22.

고생들을 자지러졌다. [……] 선정성으로 아이들을 유혹할 요량이다. 도대
체 제 정신으로 방송을 만드는지 어이없다.[199]

[〈이주일의 코미디쇼〉의 '김형곤의 돋보기 졸보기' 코너에는] 선정적인 여성
보조진행자가 등장한다. 그것도 허벅지나 엉덩이, 배에 김형곤이 읽을 쪽지
를 붙이고 나온다. 김형곤은 쪽지를 하나씩 뗄 때마다 야릇한 표정을 지으
며 웃음을 유도한다.(조선 970619)

특히 〈이주일의 코미디쇼〉는 한때 임산부까지 선정적 표현의 대상으로 삼아
방송위원회로부터 '임신 및 출산을 웃음의 소재로 비속하게 다뤄 인간의 생명
과 존엄성을 존중치 않고 방송을 품위를 떨어 뜨렸다'는 이유로 경고를 받은
적도 있었다.[200]

문제가 된 것은 〈이주일의 코미디쇼〉 중 임산부를 주제로 한 '이쁜이 산부
인과'. 이 코너는 시작 당시부터 '이쁜이' 운운하는 제목 자체가 산부인과에
서 시술하는 특정 수술을 연상시킨다고 해 비난을 받아왔다. 그런데 내용에
있어서도 임산부들의 인격을 모독하고 신체적 모욕을 주는 묘사가 자주 등
장한 것.[201]

이렇게 텔레비전 코미디에 선정적인 장면들이 여과됨 없이 돌출적으로 나타
나는 까닭에 대하여 언론은 '아이디어 빈곤을 메울 만한 대안이 없기 때문'이며
'남들이 뭐라 해도 눈길만 끌면 된다는 무책임이 문제'라고 분석한다.[202]

텔레비전 코미디에 대한 사회적 담론은 그것의 폭력성과 선정성을 탓하며 그

---

199) 조선일보, 97. 6. 23.
200) 세계일보, 97. 11. 19.
201) *ibid.*
202) 조선일보, 97. 6. 2.

138

것을 저질 퇴폐 오락의 한 유형으로 규정한다. 폭력성과 선정성이 문제시되는 까닭은 그것이 대중들, 특히 청소년의 정서에 악영향을 미칠 것이라는 우려 때문이다. 여기에는 자신의 욕망과 충동을 억제할 수 있는 자제력이 부족한 어린이와 청소년들이 텔레비전에 비춰진 폭력장면과 선정적인 장면들을 쉽게 흉내내리라는 가정이 깔려있다. 이러한 관점에서, 학교 폭력의 심각성이나 날로 늘어만 가는 청소년 폭력은 텔레비전의 저질 오락, 특히 코미디의 책임으로 규정되고 있다. 그러나 사회적 담론의 우려는 어린이들과 청소년들에게 국한되지 않는다. 텔레비전 코미디의 폭력과 선정적 묘사가 일상화되어 성인들조차 이를 심각하게 받아들이지 않게 되어버렸다는 판단이 그 까닭이다.

심각성이 자각되지 않는 한 해결의 실마리는 결코 잡히지 않는다. '어른들이 먼저 텔레비전 코미디의 폭력성과 선정성이 얼마나 심각한지를 자각하고 이로부터 어린이와 청소년을 보호하기 위한 대안을 강구하지 않는 한, 우리의 사회문화적 환경은 텔레비전 코미디에 의해 날로 피폐화될 수밖에 없다.' 텔레비전 코미디에 대한 사회적 담론은 대개의 경우, 이러한 내용들로 채워지고 있다. 폭력성과 선정성을 중심으로 텔레비전 코미디에 대한 부정적 신화는 윤리적 기준에 의해 정당화된다. 텔레비전 코미디가 저질인 까닭은 그것이 '비윤리적'이기 때문이다.

4.2.2.2. 풍자성의 실종: 텔레비전 코미디의 비교훈성

신문을 통해 형성되어 있는 텔레비전 코미디에 대한 담론들은 한결같이 그것의 폭력성과 선정성이 지니는 위험성을 지적하고 있다. 그러나 폭력성과 선정성은 비단 텔레비전 코미디만의 문제는 아니다. 그것은 대중매체를 통해 전달되고 유통되는 상업적 대중문화의 일반적 속성이다. 그것은 시청자들에게 휴식을 제공하여 생활에 활기를 불어 넣는다는 긍정적인 측면을 지니고 있다. 그러나 "대중매체의 상업적 대중문화는 대중의 취향에 영합하는 선정적이고 저질적인 내용을 담고 있기 때문에 사람들의 취향을 저하시키고 미적 감각을 오염시킬 수 있으며 고전음악이나 연극과 같은 고급문화에 대한 관심을 저하시키는 결과를 초래하기도 한다."203

그렇다면 선정성과 폭력성을 이유로 텔레비전 코미디에 비난이 집중되어야 할 까닭이 있는가? 〈토요일 전원출발〉의 선정성이 드라마 〈아들의 여자〉보다 심할 수는 없고, 어떠한 개그 드라마의 폭력도 〈모래 시계〉의 그것에는 미칠 수 없다. 그럼에도 불구하고 텔레비전 코미디는 대중문화 그리고 대중매체에 대한 비난과 멸시의 중심에 서 있어야만 하는 까닭은 무엇인가? 이에 대하여 사회적 담론은 '텔레비전 코미디는 폭력성과 선정성 같은 윤리·도덕적 규범을 무시하고 있을 뿐 아니라, 코미디의 본성인 '풍자성'마저도 충족시키지 못하고 있기 때문'이라고 말한다. 즉 '풍자성의 실종'이라는 판단에 근거하여 텔레비전 코미디는 '저급'하다는 담화가 유포되고 있는 것이다. 이러한 문제에 대하여 보다 구체적으로 살펴보기 위하여 우선 사회적 담론 안에서 '코미디의 본성'이 어떻게 정의되고 있는지를 살펴볼 필요가 있다.

> 웃음에는 시대와 인생이 녹아 들어야 한다. 시대를 풍자와 저항으로, 인생
> 을 여유와 해학으로 꿰뚫어야 한다. 진짜 웃음 뒤에는 언제나 시대와 인생
> 이 남긴 '눈물'이 자리잡는다. 그래야 여운이 남는다.204

일간신문을 통해 드러나는 텔레비전 코미디에 대한 요구는 무엇보다 풍자와 해학, 특히 풍자에 있다.205 이는 말초신경만을 건드리는 표피적 웃음이 아닌 '진짜 웃음'의 본성이다. 그것은 시대와 인생을 꿰뚫어 우리에게 삶의 본질을 가르치며 그로부터 '눈물' 나는 감동을 이끌어 낸다. 풍자는 삶의 진실을 드러

---

203) 최정호·강현두·오택섭, *op. cit.*, p.55.
204) 한국일보, 96. 11. 22.
205) 동아일보, 96. 4. 16.

140

내는 교훈적 요소를 지니고 있다. 그렇다면 풍자란 무엇이며, 그것이 중요한 까닭은 무엇인가?

> 손병우 순신대 교수는 [……] "코미디는 기본적으로 강자를 공격하는 약자의 담론"이라고 분석했다. [……] 손교수는 "웃음은 현실에 기반을 두고, 그것을 다시 비트는 과정에서 나온다. 현실성을 통해 공감대를 확보하는 것은 웃음의 필수적인 전제조건"이라고 말한다.[206]

풍자는 약자를 옹호하고 그 삶을 긍정하는 약자의 무기라는 것이다. 여기에서 코미디의 임무는 무엇보다 풍자를 통해 '빽 없는 서민들'에게 한 순간이나마 '힘있는 자들의 놀이마당'을 비트는 일이다. 그러므로 풍자의 백미는 여전히 힘있는 자들의 놀이마당으로 남아있는 정치를 비트는 데 있다.[207] 그런데 풍자가 중요한 까닭은 그것이 단지 힘없는 사람들의 화풀이에 그치지 않고 현실을 자각하게 만드는 힘을 지니고 있기 때문이다.

> 물론 그런 정치풍자들이 단순히 힘없는 사람들의 화풀이에 그치는 것은 아니다. 순천향대 손병우 교수(신문방송학)의 말대로 "현실 그대로 노출시키지 않더라도 현실에서 출발해 현실을 비틀어 웃음을 유발하고 그 결과로 다시 현실을 자각하도록" 한다.[208]

---

206) *ibid.* 이는 '한겨레 신문'에서도 반복되고 있는 논지였다: "사회학자들은 흔히 정치풍자를 약한 자의 담론이라고 말한다. 강자에 대한 약자의 위장된 공격이라는 것이다. 그리고 정치풍자를 통한 웃음은 그런 공격에 대한 공감에서 만들어진다고 한다. 순천향대 손병우 교수는 "정치풍자는 에둘러 표현된다 할지라도 말하고 듣는 사람이 같은 정서를 갖고 있기 때문에 공감을 표시하고 웃음을 터뜨린다. 이를 통해 억눌린 욕구를 분출시키는 것"이라고 말했다." '정치풍자, 웃음에 감싸인 약자의 비수', 한겨레신문, 97. 2. 26.
207) '정치는 유머 1번지', 한겨레신문 97. 2. 26.
208) *ibid.*

그런데 풍자의 핵심은 '강자에 대한 약자의 공격'이므로 웃음은 그다지 중요
치 않다는 주장이 대두되고 있음은 매우 중요한 의미를 갖는다. 왜냐하면 이러
한 주장은 결국 풍자를 위해서라면 코미디는 더 이상 웃기지 않아도 된다는 말
이기 때문이다. '풍자는 그저 웃자고 만들어진 만담이 아니기' 때문에,[209] '풍자
를 위해서라면 웃음도 희생할 수 있어야 한다'는 것이다.

> 언어연구가 고길섶(32) 씨는 "풍자의 핵심은 웃음이 아니다. 현실 그 자체
> 를 통해 약자가 강자를 공격하는 것이다. 그래서 서민 사이에 유통되는 정
> 치풍자는 굳이 웃음으로 칼날을 무디게 할 필요가 없다"고 말했다.[210]

이에 따르면, 풍자는 웃음에 선행한다. 즉 웃음 없는 코미디가 가능하다는
말이며 풍자를 위해서라면 웃기지 않아도 된다는 말이다. 그러나 우리의 현실
은 그렇지 못하다. 대부분의 텔레비전 코미디는 웃음을 위해 존재하지 풍자를
위해 존재하는 것 같지는 않기 때문이다. 그러므로 한 신문기사에서 이러한 우
리의 텔레비전 코미디의 현실은 다음과 같이 묘사된다.

> 촌철살인의 대사와 절묘하게 풍자하는 몸짓으로 시청자들에게 자연스러운
> 웃음을 선사하고 의미를 곱씹게 만드는 게 코미디다. 그런데 요즘 대부분의
> 코미디 프로는 말장난, 해괴한 몸짓, 인신공격, 출연자의 고통으로 억지웃
> 음만 강요한다. 진행자들은 망측한 행동을 서슴지 않고 출연자가 나오는 족
> 족 민망할 정도로 수모와 망신을 준다. 방청객들은 의미없는 괴성을 질러댄
> 다. 천박스럽다 못해 혐오스러울 지경이다.[211]

이러한 현실인식은 풍자는 고사하고 천박스럽고 혐오스럽지나 않았으면 좋겠

---

209) '정치풍자 ……', 한겨레신문, 97. 2. 26.
210) '정치는 ……', 한겨레신문, 97. 2. 26.
211) 동아일보, 96. 4. 16.

142

다는 비관적 원망을 담고 있다. 폭력성과 선정성에 뿌리까지 썩어 버린 우리의
텔레비전 코미디에 건전한 '풍자정신'을 요구한다는 건 무리스러운 일일지도
모른다는 생각이 배어 있는 것이다. 그러나 현실적으로 정치풍자를 표방하는
코미디들이 존재한다. 그렇다면 이러한 정치풍자 코미디들에 대하여 신문은 어
떠한 태도를 보이는가?

> 최근 한보청문회 '특수'를 노리고 제작되는 정치풍자 코미디들이 시청
> 자들의 웃음을 자아내고 있다. 대부분 이미 언론을 통해 알려진 청문
> 회 내용을 그대로 따온 것이긴 하지만, 워낙 현실정치판이 코미디 같
> 아 그 정도로도 재미를 주고 있다는 평이다.[212]

정치풍자가 붐을 이룬다는 사실에 대하여는 일단 긍정적인 평가를 내리고 있
다. 그러나 이를 무조건 환영하는 것은 아니다. 사회적 담론이 제시하는 기준
에서 볼 때, 텔레비전 코미디의 풍자란 제대로 된 풍자가 아니라는 판단 때문
이다.

> 그러나 이[한보 청문회 '특수'를 노린 정치풍자 코미디들]에 대한 시청자의
> 시선은 곱지 않다. 이렇게 정치풍자 코미디가 '뜨는' 것은 현 정부의 임기
> 말 누수(레임덕)를 틈 탄 일시적 현상으로, 청문회와 함께 그 수명을 다할
> 것이라는 우려다. 이런 우려는 방송이 힘을 잃어가는 현 정권을 옆구리를
> 쿡쿡 쑤셔보는 식의 일과성 재미만을 추구하고 있는 데 따라 나오는 것이다.
> [……] 시민연대회의 조정하 사무국장은 "입을 열어야 할 때는 권력의 눈치
> 를 살피다가, 풍자할 분위기가 되니까 청문회에 나온 말만 끌어다 쓰는 등
> 급조된 코미디를 하고 있다"고 방송행태를 꼬집었다.[213]

---

212) '웃기는 청문회 봇물 터진 정치 코미디', 한겨레신문, 97. 4. 18.
213) *ibid.*

사회적 담론 속에서 텔레비전 코미디가 비난을 받는 까닭들 가운데 하나는 그것이 제대로 된─ 사회적 담론이 제시하는 기준에 맞춘─ 코미디가 아니기 때문이다. 코미디의 가장 중요한 요소는 '풍자'이지만 우리의 텔레비전 코미디에는 그것이 없다. 있다 해도 그것은 '권력에 애교를 부리거나 이빨 빠진 과거의 권력을 비판하는 흉내 짓'에 불과하다.[214] 이러한 상황에서 텔레비전 코미디는 '함량 미달의 어설픈 오락'으로 규정될 뿐이다.

그런데 텔레비전 코미디에서 풍자가 실종된 까닭은 풍자를 쉽게 받아들이지 않는 권력과 우리의 보수적인 문화풍토에 있을지도 모른다. 그러므로 코미디를 만드는 사람들의 입장에서도 가장 걱정되는 일은 풍자가 '어느 정도나 성과가 있을지, 또 어느 정도 수준까지 이 사회가 허용할지'에 대한 문제가 지적되고 있는 것이다.[215]

> 정치 코미디는 흔히 사회풍자 코미디로 변질되기 일쑤였다. 권력을 풍자의 대상으로 삼으면 권력자가 심각하게 받아들이고 그러다 보면 제작자 스스로가 여과하게 된다.[216]
> 우리 사회는 유독 웃음을 웃음으로 받아들이는 데 인색하다. 국회의사당을 무대로 하면 신성한 국회를 모독했다고 난리가 나고, 군대를 풍자하면 안보가 흔들린다고 우려한다.[217]
> 먼저 코미디 소재가 다양화되지 못하는 것과 관련해 볼 때, 우리 사회의 풍토가 제일의 원인 제공자라고 믿어진다. 특정 사회이익집단을 풍자하는 내용을 소재로 삼으면 그들이나 경쟁관계에 있는 다른 이익집단이 항의해 온다. 정치 소재를 풍자하여 다루면 희화된 권력층의 정치가들이 방송사 내부에 음으로 양으로 압력을 가해오고, 경제의 좋지 않은 측면을 풍자해

---

214) '정치는 ……', 한겨레신문, 97. 2. 26.
215) 한겨레신문, 97. 4. 18.
216) '아직은 머나먼 정치코미디의 봄', 한겨레신문, 97. 2. 26.
217) '코미디와 드라마의 웨딩', 한국일보, 97. 2. 21.

다루면 경제인들이 자신들의 이미지를 훼손한다고 항의한다.[218]

특히 정치풍자에 대한 정치가들의 압력과 통제는 이미 공공연한 비밀이
되어 버렸다. 정치권의 통제와 방송사의 눈치보기 속에서 제작자들은 항
상 살얼음판을 걷는 기분일 수밖에 없다. 예를 들어:

> 지난해 서울방송의 인기 정치 코미디 〈배워서 남주나〉의 대본을 썼던 개그
> 작가 장덕균씨는 자신의 경험을 이렇게 전한다. 이 정치 코미디는 전두환,
> 노태우 전 대통령과 장태완 전 수경사령관, 정주영 명예회장을 등장시켜 현
> 재의 정치생활을 풍자했다. 지난해 총선을 앞두고는 신한국당 강삼재 사무
> 총장이 손목시계를 돌려 이를 소재로 했다. 삼재가 들었는데 삼재 시계를
> 차면 삼재를 막는다는 내용이었다. 이 프로그램이 방영된 다음날 장씨는 간
> 부들로부터 칭찬을 들었다. "시원해 좋았다. 계속 세게 나가라"는 것이었다.
> 그러나 점심 때가 되자 분위기가 싹 바뀌었다. "도대체 왜 그렇게 세게 나
> 가느냐"는 질책이었다. 장씨는 직감적으로 여권이나 관계기관의 '호통'이 전
> 달되면서 방송사가 발칵 뒤집혔다는 사실을 알았다. 그 뒤 장씨는 신한국당
> 후보 정동성 전 의원이 가스총으로 상대 후보를 위협한 사건을 풍자해 녹화
> 를 해놓은 부분을 '알아서' 뭉텅이로 들어 냈다고 한다.[219]

그럼에도 불구하고 책임은 항상 코미디 제작자들에게 돌아온다. 물론 풍자를 받아
들이지 않는 우리의 경직된 사회풍토에 대한 비판이 우선되기는 하지만, 결국 이러
한 환경에도 불구하고 최종적인 책임은 코미디 제작자들에게 있다는 것이다.

비록 코미디에 대한 오늘의 사회풍토가 척박하다 할지라도 코미디를 변화시
키려는 능동적인 의지는 무엇보다도 코미디프로그램 연출자와 작가, 연기자

---

218) '집단이기주의가 코미디 발전 저해', 세계일보, 96. 11. 8.
219) '아직은 ……', 한겨레신문, 97. 2. 26.

들로부터 나와야 할 것이다.[220]

텔레비전 코미디에 있어서 '풍자의 실종'이라는 논제는 그것이 비단 윤리·도덕적인 차원에서뿐만 아니라 교육적인 차원에서도 문제가 있음을 강조한다. 그 책임이 사회에 있건 혹은 제작자들에게 있건, 텔레비전 코미디가 문제라는 사실에는 변함이 있을 수 없다. 폭력성과 선정성의 문제에 연관하여 텔레비전 코미디는 우리 사회의 윤리와 도덕으로부터 일탈하는 반사회적 텍스트였다. 이에 대하여 풍자가 없는 코미디는 그것의 본령으로부터 벗어나 알맹이 없는 저급한 문화양식으로 규정된다. 풍자의 문제와 연관하여 텔레비전 코미디는 교육적 가치가 없는 비교훈적 텍스트인 것이다. 그러므로 텔레비전 코미디가 저급성 시비로부터 자유로워지기 위해서는 무엇보다 풍자성을 회복하는 일이 시급하다는 진단까지 나오고 있는 것이다.[221] 풍자를 통해 계몽적 가치를 회복할 수 있다면, 폭력과 선정성의 족쇄에 묶여 있었던 문제들 역시 어느 정도는 해소될 수 있다는 주장이다.

4.2.2.3. 반대사례: 텔레비전 코미디에 대한 긍정적 평가

온통 부정적인 평가적 진술들로만 가득 차 있는 일간신문의 텔레비전 코미디에 관한 기사들 중에도 가끔은 긍정적이며 호의적인 진술들을 찾아낼 수 있다. 확실히 몇몇 기사들은 텔레비전 코미디를 비교적 긍정적으로 평가하고 있었다. 그렇다면 부정적 신화의 단단한 외피를 뚫고 긍정적 진술을 확보할 수 있었던 코미디들은 대체 어떤 것들이었을까? 일간신문 속에서 긍정적인 진술을 얻어내고 있는 코미디는 그러나 MBC의 두 프로그램 즉, 〈일요일 일요일 밤에〉의 '이경규가 간다'와 〈테마게임〉에 집중되고 있었다. 이 두 프로그램에 대한 긍정적

---

220) 세계일보, 96. 11. 8.
221) 이근삼 외, *op. cit.*, p.98 참조.

담화는 '이경규가 달려가니 양심이 살아 나더라'라는 표제나[222] '수준 높은 웃음 깊은 여운'과 같은 기사 제목에서도[223] 분명하게 드러난다.

'이경규가 간다'는 그동안 심야에 정지신호를 지키자는 캠페인, 건널목에서 자동차 정지선을 지키자는 캠페인, 청소년 보호법에 따라 청소년에게 술과 담배를 팔지 말자는 캠페인 그리고 휘발유 소비를 줄이기 위해 경제속도를 준수하자는 캠페인 등을 벌여왔다.[224] 우리 사회의 양심을 일깨워 시민의식을 한 차원 끌어 올렸다는 평가를 받고 있는[225] 이 프로그램에 대하여 신문은 매우 긍정적이며 호의적인 반응을 보이고 있다.

> 삭막한 사회에 대한 위기의식을 모두가 느꼈지만 누구도 선뜻 나서지 못했
> 을 때 〈일요일 일요일 밤에〉는 국민 코미디언 이경규를 내세워 재미있는 계
> 몽을 일으켰다. 코미디 장르의 다변화를 이룩하는 순간이었다.[226]

현대방송(HBS)의 한 프로그램을 표절했다는 의혹과 시청자들에게 '회개'를 강요하는 계도성 프로그램이라는 질책에도 불구하고, 이 프로그램은 저질 코미

---

222) '이경규가 달려가니 양심이 살아 나더라', 한겨레신문, 97. 7. 19.
223) '문화방송 〈테마게임〉: 수준 높은 웃음, 깊은 여운', 한겨레신문, 97. 1. 22.
224) 이 코너는 초기에 횡단보도 앞 쓰레기통을 넘어 뜨려 놓고 누가 그것을 다시 세워 놓는가 혹은 길거리에 휴지나 담배꽁초를 버려두고 누가 쓰레기통에 주워담는가를 살펴 채택된 사람에게 상품을 주었다. 이때까지만 해도 그다지 주목을 끌지 못하던 이 프로그램은, 그러나 96년 11월 3일 처음 시작된 '심야 횡단보도 신호등 지키기' 캠페인에서 첫 번째 양심으로 한 장애인 부부가 뽑힘으로써 이 프로그램은 장안의 화제로 떠오르게 되었다. 이후 '자동차 정지선 지키기' 캠페인에서 우리와 일본을 비교함으로써 사회적인 충격을 안겨주었고, 뒤이어 청소년 보호법에 따른 '우리의 청소년, 우리가 지킵시다'라는 캠페인에서는 청소년들에게 담배와 술 그리고 음란서적을 팔지 않는 소위 양심가게를 선발하여 화제를 뿌렸다.
225) 한겨레신문, 97. 7. 19.
226) '문화계 결산— 방송: 이경규가 간다', 국민일보, 97. 12. 26.

디 장르를 다변화하는 데 성공했다는 찬사를 듣고 있다.[227] 왜냐하면 교통문화
에 관한한 아무도 해내지 못한 커다란 일을 해냈기 때문이다.

> 실제 교통문화에 관한 한 '이경규가 ……'는 그동안 누구도 할 수 없었던 큰
> 일을 해냈다. [……] '이경규가 간다'는 질서와 양심을 사회적 의제로 제기
> 하는 데까지 이르고 있으며 이와 동시에 방송 매체의 엄청난 영향력과 그에
> 따른 방송의 역할 및 책임을 다시금 확인해주고 있다.[228]

'이경규가 간다'는 방송 매체가 지닌 긍정성을 보여줌으로써 텔레비전 코미
디를 비롯한 모든 텔레비전 프로그램들이 나아가야 할 한 방향을 제시해주고
있다는 주장이다. 한편 '이경규가 간다'의 영향력이 얼마나 크고 강했는지는 다
음과 같은 사례를 통해서 분명히 드러난다.

> 전북도는 9월1일부터 TV코미디 프로그램 '이경규가 간다'에서 큰 인기를 모
> 았던 '양심 냉장고'를 연상시키는 '정지선 지키기' 캠페인을 벌여 정지선을
> 잘 지킨 운전자에게 1만 원 상당의 상품권을 주기로 했다. 반면 횡단보도를
> 침범한 차량은 경찰에 통보해 4만 원의 범칙금과 벌점 10점을 부과한다.[229]

---

227) PC통신에 게재된 한 글에서, '이경규가 간다'는 그것의 다른 어떤 약점과 단점들
에도 불구하고 '좋은 프로그램'일 수밖에 없음이 주장되고 있었다. "일요일 밤에
는 "숨은 양심"을 찾으면서 교과서적인 아름다움에서 솟아나는 기쁨을 웃음으로
전이시키는 개가를 올리면서 정상 탈환에 나섰다. 어느 나라 방송을 베낀다는 지
적도 있었지만, 그것은 이해해 줄 수 있는 법 ……. 일요일 밤에는 국적 있는
"양심"을 방송으로, 단순한 코미디에서 휴머니즘으로 환골탈퇴하는 진보를 가져
왔다." 남의 프로그램을 베꼈든, 지나친 계도성으로 코미디의 본령으로부터 이탈
하고 있건 아무런 상관이 없다는 것이다. 하이텔 ID: kancity 97. 2. 9.
228) 한겨레신문, 97. 7. 19.
229) '차 정지선 지키면 양심 상품권 준다', 중앙일보, 97. 8. 29.

한낱 텔레비전 코미디의 한 코너에 지나지 않던 '이경규가 간다'는 이제 정부의 행정정책에 영향을 미칠 수 있을 정도로 막강한 힘을 행사하게 되었다. '이경규가 간다'는 그것이 지닌 계도적이며 계몽적인 성격 때문에 그리고 잘 포장된 '양심'이라는 말 덕분에, 97년 한 해 동안 '국민 개그맨' 이경규로 하여금 조순 전 서울시장, 손해보험협회, 건설교통부장관, 청소년보호위원회, 서울지검 검사장, 서울YWCA로부터 감사패와 특별상 등을 받게 해주었다.[230]

'이경규가 간다'와 더불어 찬사의 대상이 되고 있는 또 다른 코미디 프로그램은 〈테마게임〉이다. 개그맨 김국진, 홍기훈, 서경석, 김효진, 김진수 등에 의해 꾸며지는 〈테마게임〉은 소위 '드라마타이즈드 코미디(dramatized comedy)' 혹은 '코믹 드라마'로 분류되는 프로그램이다. 그것은 순수한 의미에서의 '코미디'라기보다는 드라마와 코미디가 결합한 '혼성적 장르(hybrid genre)'이다. 이와 유사한 포맷을 지닌 프로그램으로는 SBS의 〈천일야화〉가 있었는데, 이는 이낙훈, 박철, 옥소리 등과 같은 탤런트들이 출연하고 있다는 점에서 〈테마게임〉과는 차이를 보인다.[231] 아무튼 〈테마게임〉이 세간의 이목을 집중시키게 된 까닭은 기존의 텔레비전 코미디와는 다른 '잔잔한 여운'을 선사하기 때문이라게는 중론이다.

> 자빠지고, 치고 받고, 소리 지르고, 말장난하는 수준의 코미디가 판치는 텔레비전 방송에서 문화방송의 코미디프로 〈테마게임〉이 잔잔한 여운을 안겨주고 있다.[232]

다른 모든 텔레비전 코미디는 수준 이하의 슬랩스틱에 불과하지만 〈테마게임〉만큼은 그렇지 않다는 말이다. 〈테마게임〉은 70년대식 슬랩스틱에 더 이상 눈길을 주지 않는 시청자들의 높아진 안목에 코미디가 그 나름의 대응책을 모색

---

230) 국민일보, 97. 12. 26.
231) 한국일보, 97. 2. 21.
232) 한겨레신문, 97. 1. 22.

한 결과였다는 분석이다.

> 한때 TV의 웃음은 엎어지고 자빠지는 우스운 몸짓 또는 재치 있는 말재간
> 에서 나왔다. 하지만 언제부터인가 사람들은 '억지웃음'을 거부하기 시작했
> 다. 따라서 코미디도 변화의 몸부림을 시작했다. MBC 〈테마게임〉(연출: 주
> 창만)은 그 변화를 이끌어온 프로그램으로 자연스러운 웃음을 던져준다.[233]

〈테마게임〉은 '억지웃음'을 거부하는 변화의 산물이다. 그렇다면 〈테마게임〉
은 여전히 '억지웃음'에 매달리고 있는 다른 코미디 프로그램들과 어떻게 다른
가? 그것은 "우리가 일상적으로 보고 겪는 보편적 소재로 오락적 흥미를 추구
하면서도 교훈적인 풍자적 요소를 빠뜨리지 않는다"[234] 보고 나서 '남는 게' 있
다는 말이다. 뿐만 아니라:

> 삶의 표피만을 건드리는 다른 코미디와 달리 항상 인생의 근본문제를 주제
> 로 한다는 점이 우선 다르다. 살면서 누구에게나 한번은 스쳐갔을 법한 생
> 각들, 바쁜 현실 때문에 잊고 살지만 아직도, 어쩌면 영원히 풀 수 없는 의
> 문들을 이 프로는 다룬다. [……] 〈테마게임〉은 이처럼 웃음 속에 인생의 진
> 실을 보여준다는 점에서 희극의 본령을 추구하는 보기 드문 프로다.[235]

〈테마게임〉에는 무언가 삶의 진실이 녹아 들어가 있으며 인생의 근본주제를
다룸으로써 희극의 본령을 추구하고 있기 때문에 치고 받고 소리 지르는 저질
코미디와는 확실히 다르다는 의견이다. 아울러:

---

233) 한국일보, 97. 3. 28.
234) 'MBC 〈오늘은 좋은 날〉: 웃음보에 담긴 가슴 찡한 여운', 한겨레신문, 97. 5. 6.
235) 'MBC 〈테마게임〉: 극으로 꾸며본 가정법의 삶들', 동아일보, 96. 1. 30.

그것은 코미디이지만 탄탄한 이야기 구조를 갖춘 극적 완성도와 출연진의
성실한 연기 덕분이다. [……] 〈테마게임〉이라는 제목에 걸맞게 하나의 주
제를 두고 상반된 이야기를 풀어가는 식으로 진행되는 이 프로그램은 드라
마 못지않은 사실성을 바탕으로 하고 있다.[236]

별다른 내러티브 없이 단순한 꽁트나 해프닝으로 일관하는 다른 코미디 프로
그램들과는 달리 서사적 완결성을 갖추고 있고, 이를 성실하게 연기하는 출연
진의 성의가 더욱 이 프로그램을 군계일학의 빛나는 프로그램으로 만들고 있다.
〈테마게임〉에 대한 일간신문의 평가적 진술들을 살펴보면, 그것이 주로 주제
적인 측면과 형식적인 측면에서 두 가지에서 이루어지고 있음을 알 수 있다. 〈
테마게임〉이 긍정적으로 평가되는 까닭은, 내용적으로는 '삶의 진실'을 궁구하
는 '드라마적 사실성'을 보여주며, 형식적으로는 잘 갖추어진 드라마와 같이 탄
탄한 '극적 완성도'를 갖추고 있기 때문이다. 〈테마게임〉은 '코미디언'들에 의
해 연기되는 코미디 프로그램이지만, 그것이 긍정적으로 평가되는 까닭은 그것
이 '드라마적'이기 때문이다. 그리고 이는 코미디와 드라마의 결합이라는 장르
융합현상에 대한 관심으로 이어진다. 왜냐하면 〈테마게임〉의 사례만 놓고 보더
라도 드라마화한 코미디는 '치고 받는' 코미디보다는 확실히 나은 것 같아 보이
기 때문이다. 〈LA 아리랑〉과 〈남자 셋, 여자 셋〉의 주도로 시트콤이 주가를 올
리고 있는 상황에서 사람들은 코미디가 변화하고 있다는 사실에 착목한다.

최근 우리 방송에 큰 변화가 있다면 그것은 코미디이다. 또는 코미디화이다.
웃음을 잡기 위한 프로그램들이 줄을 잇는다. 웃음의 생명력은 짧다. 사람
들은 똑같은 것에 또 한번 웃지 않는다. 다시 한번 웃어준다면 그것은 미소
가 아니라 조소이다. 그래서 코미디는 끝없이 옷을 갈아 입는다. 코미디와
드라마의 만남, 또는 드라마와 코미디의 만남. 연기하는 코미디언, 또는 웃

---

236) 한국일보, 97. 3. 28.

기는 연기자. 지금 코미디가 걸어가고 있는 길이다.[237]

코미디는 지금 드라마 쪽으로 가고 있다. 새로운 웃음을 위해 드라마를 품 안으로 끌어들이려하고 있다. 그렇다면 이러한 변화의 동인은 무엇인가? 무엇 이 코미디를 드라마로 가게 만드는가? 이에 대하여 한 신문은 다음과 같이 말 하고 있다.

> 우선 코미디의 위기타개책이라는 분석이 많다. 인기만을 좇아 성인층을 외 면한 채 말장난이나 연예인 신변잡담으로 흘러온 작금의 코미디에 대한 식 상함이 변화를 유도했던 것이다.[238]

코미디에 대한 식상함을 덜고자 드라마를 끌어들이고 있다는 말이다. 그런데 코미디의 식상함은 곧 코미디언들에 대한 식상함으로 이어지게 마련이다. 그러므 로 "사람들은 이제 코미디언을 보고 웃지 않는다. 코미디언은 이미 '웃기는 사람' 으로 낙인 찍혔기 때문에 긴장감을 주지 않는다"는[239] 이유로 언제부턴가 코미디 프로그램에 탤런트 · 가수와 같은 비전문가들이 들어차기 시작했다는 분석이다.

> 언제부터인가 TV코미디 프로그램이 '외인부대'들에 의해 점거당하고 있다. 구봉서, 배삼룡, 배일집, 배연정 등 이른바 '전통 코미디언'들이 TV에서 자 취를 감춘지 오래고 비교적 젊은 세대 개그맨, 개그우먼들도 이젠 더 이상 코미디 프로의 주연 역할을 못하고 있는 실정이다.[240]

왜냐하면 지금은 '장르와 업종의 구별이 필요 없는 시대로 연기와 개그, 노 래를 다 할 줄 아는 종합 엔터테이너를 키워야 할 때'이기 때문일 수도 있고,

237) 한국일보, 97. 2. 21.
238) ibid.
239) ibid.
240) 중앙일보, 96. 5. 13.

'특색 없이 비슷비슷한 포맷의 버라이어티쇼가 범람하는 상황에서 출연자들이 잡다하게 동원할 수밖에 없기' 때문일 수도 있다.[241] 그러나 어떠한 이유를 달든 코미디와 코미디언이 정체성의 위기를 겪고 있는 것만큼은 사실인 것 같다. 그리고 코미디의 제작자와 연기자들은 이러한 위기를 '드라마'라는 외삽적 요소를 통해 해결하려는 것이다.

'이경규가 간다'와 〈테마게임〉에 대한 사회적 담론은 텔레비전 코미디의 부정적 신화에서 벗어나는 극히 예외적인 사례들이다. 부정적이며 적대적인 진술들로 가득 찬 신문 지면 속에서 이들 두 프로그램에 대한 긍정적이며 호의적인 담화들은 그러나 코미디의 부정적 신화로부터 크게 벗어나 있지 않은 것 같다. 왜냐하면 텔레비전 코미디에 대한 부정적 신화는 그것의 윤리적이며 도덕적인 일탈과 풍자성의 상실이라는 비계몽성에 근거하고 있는바, 이는 이들 두 프로그램을 평가함에 있어서도 똑같이 적용되었기 때문이다. '이경규가 간다'가 찬사를 듣는 까닭은 그것이 우리 사회의 윤리와 도덕을 존중하기 때문이고, 〈테마게임〉이 긍정적이 평가를 얻는 이유는 그것이 계몽적으로 가치 있는 주제를 세련된 방식으로 다루고 있었기 때문이다. '이경규가 간다'와 〈테마게임〉은, 그러므로 텔레비전 코미디에 대한 부정적 신화를 깨뜨리는 반증적 사례라기보다는 오히려 그것을 더욱 단단하게 만드는 긍정적 사례이다. 단지 긍정되느냐 혹은 부정되느냐 하는 표피적인 관점에서 이들을 바라보아서는 안 된다. 칭찬은 금지를 강화하고 포상은 체벌을 강화한다. 텔레비전 코미디에 대한 부정적 신화는 '텔레비전 코미디는 저질이며 저속하다'는 정언적 진술의 단순집합이라기보다는 그러한 판단의 근거와 사례들로 엮어진 담화와 진술들의 구성체를 의미한다.

---

241) *ibid.*

4.2.3. 텔레비전 코미디의 담론 구성체

텔레비전 코미디에 대한 부정적 담론은 폭력성과 선정성 그리고 풍자의 실종이라는 세 가지 근거에 의해 정당화된다. 이들 세 가지 근거는 부정적 담론의 내용을 채워 넣는 담화적 자원이기도 하다. 그렇다면 이들 내용적 근거를 배열하고 배치하는 구성적 패턴은 무엇인가? 이러한 질문은 텔레비전 코미디에 대한 사회적 담론을 하나의 구성체로 파악하여 그것의 내적 논리와 메카니즘을 추적하도록 만든다. 어떠한 의미에 있어서 담론 분석의 핵심은 이러한 담론의 구성적 특성을 드러내는 데 있을 것이다. 여기에서 연구자는 담화가 논리적으로 응집되는 내적 정당화의 과정과 발화자의 지적 권위에 기대는 외적 정당화의 과정을 추적함으로써, 텔레비전 코미디에 대한 사회적 담론이 갖는 구성적 특성을 이해하고자 하였다.

4.2.3.1. 담화의 논리적 응집

위에서 살펴본 바대로 텔레비전 코미디에 대한 10대 일간지의 진술과 담화들은 '텔레비전 코미디'에 대한 저질성에 대한 부정적 신화로 메워져 있다. 그런데 이들 텔레비전 코미디에 대한 진술과 담화는 무신경하게 나열된 하나의 군집이 아니라, 나름대로 관계의 네트워크를 형성하고 있는 하나의 구성체이다. 그것은 우선 텔레비전 코미디에 대한 정언적 진술과 그러한 진술들의 진리 근거라는 논리적 관계로 얽혀 있다. 이를테면 '텔레비전 코미디는 저질이라는 진술'은 그것이 '풍자는커녕 억지웃음만 구걸하는 폭력적이며 선정적인 언행으로 일관하고 있다'는 진술에 의해 '진리가(truth value)'를 획득한다. 이때, '텔레비전 코미디는 저질'이라는 진술은 우리나라의 텔레비전 코미디를 정의하고 그것의 사태를 기술하는 정언적 진술에 해당한다. 그리고 '우리나라의 텔레비전 코미디는 풍자는 고사하고 억지웃음만 구걸하는 폭력적이며 선정적인 언행으로 일관하고 있다'는 또 다른 진술 또한 우리나라의 텔레비전 코미디를 정의하고 그것의 사태를 기술하는 또 다른 정언적 진술이다. 그런데 이들 두 담화가 만나 하나의 진술 혹은 담화를 형성할 수도 있는다. 즉 위의 두 담화는 종종 '우리나라의 텔레비전 코미디는 풍자는커녕 억지웃음만 구걸하고 폭력적이며 선정적인 언행으로 일관하는 저질 프로그램이다'라는 하나의 진술을 형성하기도 한다. 그런데 이 진술은 기존의 두 진술들과는 구별되는 새로운 구성을 갖는다. 즉 이 새로운 진술 속에서 기존의 두 진술들은 각각 정언적 진술과 그것의 진리 근거로 기능하게 된다. 이때 기존의 두 진술은 각각 텔레비전 코미디에 대한 '기술적(descriptive) 담화'이며, 그것을 논리적으로 결합한 새로운 진술은 그것- 텔레비전 코미디- 에 대한 '설명적(explanatory) 담화'에 해당한다.

두 개 혹은 그 이상의 기술적 담화는 각각 정언적 진술과 그것의 진리 근거로 결합함으로써 '~때문에 ~이다'라는 식의 설명적 담화를 형성한다. 이러한 담화들의 논리결합은 담화와 담화, 진술과 진술들 사이에 하나의 '통사적 관계' 혹은 '통합체적 관계'를 형성한다. 그리고 이러한 담화의 결합과정은 한편 담화의 분리과정으로도 이해될 수 있는바, 즉 하나의 설명적 담화는 정언적 진술과 그것의 진리 근거로 분리되어 이들 각각의 진술들은 또 다른 기술적 담화들과 논리적으로 결합할 수도 있다. 여기에서 기술적 담화와 설명적 담화는 담론의 텍스트로 고정될 수도 그렇지 않을 수도 있다. 즉 이들은 신문기사나 일상에서의 발화와 같이 외연적 의미를 가질 수도 있으나 어떤 경우에는 순전히 머릿속에서 일어나는 핍진과 추론의 결과일 수도 있다. 이를테면 하나의 독립된 기술적 진술인 '텔레비전 코미디는 풍자는커녕, 억지웃음만 강요하는 폭력적이며 선정적인 언행으로 일관한다'만으로도 '그렇기 때문에 텔레비전 코미디는 저질'이라는 설명적 담화가 구성될 수 있다는 말이다.

한편, 텍스트에 의해 명시되거나 혹은 그렇지 않거나 간에 이러한 설명적 진술은 '폭력적이며 선정적인 언행은 저질'이라는 또 다른 진술을 전제한다. 이렇게 특정한 담화를 설명적 담화로 전환시키기 위해서는 기술적 담화들 사이의 논리적 연관을 보장하는 일종의 전제적 담화(discourse-premise)가 요구된다.

잠정적으로 설명적 담화의 전제가 되는 담화 혹은 진술들을 '배경적 담화 (discourse background)', 특정한 사건이나 대상을 지목하는 경험적 담화를 '대상적 담화(dicourse object)' 그리고 이들 두 가지 담화로부터 논리적으로 추론된 정언적 담화를 '정의적 담화(discourse definition)'라고 부르기로 하자.242 이렇게 특정한 하나의 설명적 담화, 즉 '대상적 담화'와 '정의적 담화'의 논리적 결합은 '배경적 담화'에 의해 정당화되는바, 이는 형식논리의 삼단논법적인 수사 구조를 갖추게 된다.

① 배경적 담화: [폭력적이며 선정적인 언행은 저질적 언행이다.]
② 대상적 담화: 텔레비전 코미디는 폭력적이며 선정적인 언행으로 일관한다.
③ 정의적 담화: 텔레비전 코미디는 저질이다.

---

242) '배경적 담화', '대상적 담화' 그리고 '정의적 담화'는 담론의 논리적 응집을 드러내기 위하여 필자가 고안해낸 것이다. 이들은 각각 삼단논법의 '대전제', '소전제' 그리고 '결론'에 대응한다. 삼단논법에서 '대전제'는 법칙적 진술과 같은 보편적 명제(universal proposition)로써 논증과 추리의 배경적 지식을 드러낸다. '소전제'는 '대전제'에 일치하는 개별적 명제(individual proposition)로써 논증과 추리의 사례에 해당한다. 그리고 '결론'은 '대전제'와 '소전제'로부터 연역된 정언적 진술로써 대개의 경우 개별적 명제의 형식을 띤다. 논리적 명제는 기본적으로는 이러한 삼단논법의 규준에 따라 정당화된다. 마찬가지로 담론 역시 삼단논법의 규준과 일치하는 논리적 정당화 기제를 갖추고 있다. 어떠한 면에서 담론의 정당화와 논리적 추론은 그것의 맥락과 쓰임에 있어서만 조금 다를 뿐이다. 그러나 논리적 추론은 일상적 진술들을 대상으로 하기보다는, 이미 그 의미가 해석된 진술들 즉 명제(proposition: meaning of sentence or statement)를 통해 이루어진다. 이들 용어를 담론을 분석하는 데 직접 끌어다 쓰기에는 조금 어색한 점이 있다. 따라서 필자는 이들을 각각 '배경적 담화', '대상적 담화' 그리고 '정의적 담화'라는 말로 대체함으로써 이를 사회적 담론을 분석하는 데 이용하고자 한다.

이때 텔레비전 코미디에 대한 사회적 담론을 비롯한 대부분의 담론들에게 있어 배경적 담화는 명시적이라기보다는 암시적이고 암묵적인 형태로 나타난다. 그러므로 대부분의 경우에 있어 설명적 담화는 생략삼단논법적인 양식을 띠게 되고, 배경적 담화는 텍스트의 행간으로 제 모습을 감추게 된다.[243]

암시적이고 암묵적으로 전제되건 혹은 명시적으로 드러나 있건 담론 분석의 일차적 과정은 그것의 배경적 담화를 찾아내는 일이 될 것이다. 왜냐하면 담론 분석이 담화의 다양하고 무한정한 변이들 속에서 특정한 패턴을 발견하는 데 있다면, 이는 이들 무한한 개별적 진술들이 어떠한 논리적 연관관계를 맺고 있으며, 이러한 논리적 사슬의 최상위에 위치하여 다른 담화들에게 진리가를 배분하는 특권적 담화과 무엇인지를 밝히는 일이어야 하기 때문이다. 그런데 하나의 담화 사슬은 하나 혹은 그 이상의 하부적 담화 사슬을 필요로 할 수도 있으므로 담화 사슬의 분석은 결국 담화 사슬의 사슬을 분석하는 일이 된다. 그러나 하부의 담화 사슬을 캐어나가는 담화 사슬의 분석이 무한적 지속되리라고는 생각할 수 없다. 만약 담화 사슬의 분석이 무한한 과정이며 그 끝을 도저히 알 수 없다면 어떠한 개별적 진술들도 그것의 진리가를 확립할 수 없기 때문이다. 담화 사슬의 분석은 어떠한 시점에 이르러서는 더 이상 앞으로 나아갈 수 없게 된다.[244] 분석이 특정한 지점에 도달하여, 무엇엔가 부딪혀 더 이상 앞으

---

243) 그런데 배경적 담화, 대상적 담화 그리고 정의적 담화는 논리적으로 연관된 하나의 담화 사슬에서 각각의 담화와 진술들이 차지하는 위치에 따라 구분되는 것이지, 결코 특정한 담화의 고유한 성격이나 성질에 따라 구분되지 않는다. 그리고 하나의 담화 사슬은 단 한번의 논리적 연결에 의해서만 완성되지 않는다. 따라서 특정한 하나의 진술은 특정한 맥락에 따라 배경적 담화, 대상적 담화 혹은 정의적 담화가 될 수 있으며, 하나의 설명적 진술은 또 다른 담화 사슬에 연결되어 배경적 담화나 대상적 담화의 기능을 수행할 수도 있다. 담론 속에서 개별적인 담화와 진술들 사이의 관계는 고정적이거나 선험적이지 않으며, 하나의 담화 사슬은 그것만으로는 완결될 수 없다.

244) 이에 대하여 비트겐슈타인은 다음과 같이 말한다. "만일 내가 논거들을 다 소진했다면, 이제 나의 삽은 단단한 암석에 부딪혀 뒤로 구부러지고 만다. 그

로 나아가지 못하게 될 때, 우리는 이데올로기와 신화를 만나게 된다. 그것은
더 이상의 정당화나 진리 근거를 필요로 하지 않는 억견(doxa)의 세계이다. 물
론 상대적이긴 하지만 억견의 세계는 의심과 논쟁의 세계로부터 이탈된 선험적
공간이다.[245] 억견의 세계에 도달하여 이데올로기와 신화를 마주하는 일은 담
론 분석에 있어서 매우 중요한 의미를 갖는다. 왜냐하면 모든 사회적 담화들과
개별적 진술들은 이로부터 갈라져 나오기(ramify) 때문이다.

텔레비전 코미디에 대한 사회적 담론은 대개 폭력성에 대한 담화, 선정성에
대한 담화 그리고 풍자성의 실종에 대한 담화와 같은 세 가지 배경적 담화에
의존한다. 즉 폭력과 선정성을 부정적으로 평가하는 윤리적 담론과 코미디의
본질을 풍자로 규정짓는 계몽적 담론을 배경 삼아 텔레비전 코미디를 '저질'로
규정하고 있는 것이다. 이때 텔레비전 코미디에 대한 부정적 담론에 정당성을
부여하는 배경적 담화들은 사회적으로 '상식'의 지위를 획득하고 있는바, 대부
분의 설명적 담화들이 이들을 생략한 채 생략삼단논법의 양식으로 제시될 수
있는 것도 바로 이 때문이다. 텔레비전 코미디에 대한 담론에서 배경적 담화는
의심되거나 논박될 수 없는 억견(doxa)의 세계에 위치한다. 이들은 이미 텔레
비전 코미디의 규범이기 때문이다. 그러므로 위에서 논의한 텔레비전 코미디에
대한 사회적 담론의 부정적 신화는 이러한 배경적 담화들에 의해 지탱되는 담
화들의 논리적 사슬 구조에 다름아닌 것이다. 바르트가 신화를 이데올로기의
수준에서 외연적 의미를 내포적인 의미로 매개하는 메시지의 형식으로 정의하

럴 때 나는 "나는 그저 그렇게 행동하고 있을 뿐"이라고 말하는 경향이 있
다." L. Wittgenstein, *Philosophical Investigations*, §217 참조.

245) 이 말은 물론 이데올로기나 신화와 같은 억견이 그 자체로 논박될 수 없는 절대
적이며 초월적인 진리라는 말이 아니다. 이데올로기와 신화는 한 사회를 지탱하
는 신념과 가치의 체계일 뿐이다. 그러나 여기에서 이데올로기와 신화가 논박될
수 없다는 말은 그것이 한 사회의 지배적 가치가 재생산되기 위한 기본 조건이기
때문이다. Bourdieu, *Outline of a Theory of Practice*, p.168 참조.

158

였던 것과 동일한 의미에서[246] 텔레비전 코미디의 부정적 신화는 서술적 담화들을 설명적 담화로 변형시키며 텔레비전 코미디에 대한 정의적 담화를 생산한다.

〈표 3〉은 텔레비전 코미디에 대한 일간지 기사들에서 나타나는 세 가지 억견에 근거하여 담화들의 논리적 사슬이 어떻게 연관되어 있는지를 보여준다. 즉, 폭력과 선정적 표현에 대한 부정적 담화라는 윤리·도덕적 기준을 배경 삼아 텔레비전 코미디에 대한 부정적 진술이 진리로 확립되는 과정과 코미디의 본질을 풍자에 두고 그것의 계몽적이며 사회적인 중요성을 배경 삼아 텔레비전 코미디에 대한 부정적 진술에 진리가를 부여하는 과정이 논리적 관점에서 제시되고 있다. 텔레비전 코미디에 대한 부정적 신화는 위와 같은 담화의 논리적 활동을 통해 정당화된다. 그런데 이러한 논리적 활동은 앞서 이야기한 바와 같이 배경적 담화에 대한 사회적 합의 혹은 설득에 기초한다. 배경적 담화가 사회성원들의 상식과 보편적 신념에 의해 지지되지 않는 한, 정당화된 정의적 담화를 생산해낼 수는 없다. 그러므로 담화 사슬의 연결과정은 논리적이며 동시에 규범적이다. 결국 모든 것은 윤리·도덕적 규범과 계몽적 규범을 통해 평가되기 때문이다.

---

246) Barthes, 'Myth Today', 정현 역, pp.25~6 참조.

<표 3> 텔레비전 코미디 담화의 논리 사슬

배경적 담화	대상적 담화	정의적 담화
폭력에 대한 담론	텔레비전 코미디의 폭력	저질성 담론
아이들이 무엇을 보고 배우겠는가? (조선 970318) 어른들 역시 오염된지 이미 오래(조선 970318) 텔레비전 속 폭력은 가공할 살인무기(조선 970616)	출연자 괴롭히기가 심하다는 비판의 소리가 높아지고 있다.(중앙 960708) 코미디 프로그램에 저질 폭력이 난무한다. 하릴없는 주먹짓으로 억지웃음을 달라고 사정한다.(조선970318) 신세대를 대변하는 코믹 드라마에서 각목과 쇠파이프가 난무하는 심각한 폭력이 …… (조선 970602) 텔레비전 코미디의 폭력은 이미 정형화되어 버렸다.(조선 970616) 때리고 소리지는 것 일색이다. 웃음을 자아내는 장치가 서로 헐뜯고 모독하고 면박을 주는 행위로 이루어져 있다.(동아 971104)	코미디는 저질스러운 텔레비전 프로그램이다.
선정성에 대한 담론	텔레비전 코미디의 선정성	저질성 담론
	선정성과 조잡성에 대한 비판이 많았다.(조선 970619) 선정성으로 아이들을 유혹할 요량이다. 도대체 제 정신으로 방송을 만드는지 어이없다.(조선 970623) 비속어와 음란한 묘사, 여성의 성상품화를 부추기는 내용들이 무차별 방영되고 있다.(세계 971119)	코미디는 저질스러운 텔레비전 프로그램이다.
웃음에는 시대와 인생이 녹아들어야 한다. 시대를 풍자로, 인생을 해학으로 꿰뚫어야 한다.(한국 961122) 풍자는 현실을 비틀어 웃음을 유발하고 그 결과 다시 현실을 지각하게 한다.(한겨레 970226c)	정치풍자 코미디의 봄은 올 것이냐는 질문에 모두 고개를 흔든다.(한겨레 970226b) 정치풍자 코미디들에 대한 시청자의 시선은 곱지 않다.(한겨레 970226c) 현실을 제대로 짚지 못하고 건강한 풍자정신도 갖추지 못하고 있다.(동아 971104) 우리 코미디의 웃음에는 풍자와 해학이 드물다.(한국 961122) 촌철살인의 풍자가 코미디의 본질임에도 풍자 없는 억지웃음만 강요한다.(동아 960416)	텔레비전 코미디는 저급한 프로그램 양식이다.

4.2.3.2. 연역적 담화와 귀납적 담화

텔레비전 코미디에 대한 부정적 담론은 사회적 통념 혹은 사회적으로 합의된 규범으로부터 논리적으로 정당화된다. 여기에서 사회적 통념과 사회적으로 합의된 규범이란 결국 해당 사회의 이데올로기 혹은 신화를 의미한다. 이데올로기와 신화는 담화의 논리적 사슬 안에서 배경적 담화의 지위를 점하며, 대상적 담화로부터 정의적 담화를 이끌어 내는 데 결정적인 단서를 제공한다. 그런데 배경적 담화는 논리적인 구조상, 설명적 담화의 보편적 진술의 형태를 띠고 있다. 즉 설명적 담화의 정의적 담화는 배경적 담화로부터 연역되는 것이지만, 배경적 담화는 등가의 설명적 담화들로부터 귀납되는 것이다. 그러므로 텔레비전 코미디의 폭력적이며 선정적인 언행으로부터 그것의 저질성을 언급하는 담화들은 한편으로는 폭력적이며 선정적인 언행을 저질로 규정하는 배경적 담화로부터 연역되고, 텔레비전 코미디의 저질성에 대한 담화는 폭력적이며 선정적인 언행에 대한 보편적 담론에 하나의 사례 혹은 사례집합으로 참여하게 된다. 그러므로 배경적 담화와 설명적 담화를 구성하는 대상적 담화와 정의적 담화의 관계는 해석학적 순환의 고리로 얽히게 되는바, 즉 배경적 담화는 설명적 담화를 이끌어내는 전제의 역할을 하고, 설명적 담화는 배경적 담화를 재확인 (affirmation)하는 사례 혹은 증거(documentary)의 역할을 한다. 따라서 배경적 담화와 설명적 담화는 서로가 서로를 강화하는 담화적 공조를 형성한다.

그러나 이러한 해석학적 순환고리에도 불구하고 담론 구성체에서 보다 특권화된 위치를 차지하는 진술들은 배경적 담화라고 해야 할 것이다. 발생의 과정을 특정한 하나의 담론 구성체가 상대적으로 안정화된 재생산과정에 들어가게 될 때, 설명적 담화의 역할은 부가적(ad hoc)인 사례들에 지나지 않게 되고, 배경적 담화에 의한 연역이 주도적인 자리를 차지하게 되기 때문이다. 설명적 담화, 특히 대상적 담화가 중요해지는 순간은 담론 구성체의 외부로부터 배경적 담화의 지위가 위태롭게 하는 새로운 담론들이 유입되는 때이다.[247] 이러한 담론 구성체의 위기상황에서는 배경적 담화를 지지하는 더욱 많은 사례들이 필요하게 되기 때문이다. 일상적인 수준에서 담론 구성체의 주도적 담화는 배경적 담화이며, 이는 개별적인 진술과 담화를 생산하는 원리와 메카니즘을 틀어쥔다. 그러므로 담론 구성체는 다양한 담화와 진술들이 다만 그것의 담화의 논리적 사슬 내에서 기능적 관계에 의해, 일종의 권위적 관계를 형성하게 된다는 것을 알 수 있다. 즉 담론 구성체는 기본적으로 담화와 진술의 위계서열적 관계 구성체인 것이다.

담론 구성체는 모든 진술의 진리 근거로 기능하는 특별한 형태의 배경적 담화 즉 이데올로기와 신화를 정점으로 그 아래에 다양한 진술들과 담화를 배치한다. 이데올로기와 신화의 밑으로는 일반적인 배경적 담화들의 집합이 존재하고, 그것의 가장 밑바닥에는 경험의 단순한 기술로서 어떠한 진술에도 배경적 담화를 제공하지 못하는 대상적 담화가 자리를 잡는다. 이러한 담화의 위계서열은 추상화의 정도나 담화가 지닌 의미론적 범위의 포괄성 등에 의해 결정될 것이다. 이때 담론 구성체 내부의 담화적 위계는 그것을 말하는 담화주체의 사회적 지위와 밀접하게 연관된다. 개인의 사회적 지위는 어떤 부분에 있어서 만큼은 그 사람이 무슨 말을 하느냐에 따라 결정된다.[248] 쉽게 말해 텔레비전 코미디에 대한 노동자들의 담화가 대학교수의 담화와 동일할 수는 없다. 그러므로 담화와 진술의 발화자를 염두해 둘 때 담론의 위계는 결국 인간의 위계와 맞물리게 된다. 즉 신문기사를 통해 드러난 텔레비전 코미디에 대한 사회적 담론의 위계적 관계구성체는 그것이 어떠한 사람들로부터 어떠한 진술과 담화를 얻어냄으로써 구성되었느냐에 따라 결정된다.

---

247) Bourdieu, *op. cit.*
248) 여기에서 담화의 위계가 먼저인지 혹은 그것을 발화하는 개인의 사회적 지위가 먼저인지를 논하는 것은 아무런 의미가 없다. 중요한 것은 담화의 위계와 인간의 위계가 우리 삶의 어떤 부분에 있어서는 거의 완벽하게 겹쳐진다는 점이다. Bourdieu, *Language and Symbolic Power*, pp.127~133 참조.

담론적 위계가 담화 사슬 내에서의 개별 진술들의 논리적 위치와 그 기능에 의해 규정되듯이 그것의 사회적 위계 또한 서열짓기의 기준점이 있어야 한다. 그런데 여기에서 사회적 위계는 담론적 위계와 연관되는 데 한에서만 의미가 있는 특별한 종류의 구성체이다. 즉 담론적 위계와 연관되는 사회적 위계란 발화자의 권위에 따를 뿐, 생산수단의 소유여부나 정치적 영향력과는 직접적인 관계가 없다. 그러므로 담화의 위계와 관계를 맺는 사회적 위계는 결국 발화자의 위계이며, 이는 사회의 지적 권위에 따른다. 이미 살펴본 대로 담론을 통해 행사되는 권력은 지식과 밀접히 연관되어 있다는 점을 상기할 때, 사회의 지적 권위란 하나의 권력이다. 아무튼 담화의 서열과 발화자의 서열 사이의 이러한 '구조적 친화성'에 따라, 특정한 담화는 지적 권위를 갖춘 특정 발화자들을 통해서만 진술된다. 즉, 추상수준이 높고 의미론적 범위가 넓은 배경적 담화는 높은 위계 서열을 가진 발화자들에 의해 진술되지만, 추상수준이 낮고 의미론적 범위가 협소한 대상적 담화는 대개 지적 권위가 낮은 발화자들에 의해 진술된다.

일간신문을 통해 드러나는 텔레비전 코미디에 대한 사회적 담론은 이점에 있어서 대체로 다음과 같은 세 가지 경향을 보인다. 첫째 배경적 담화가 되는 추상적이며 이론적인 담화들은 교수와 학자들을 중심으로 한 전문 연구자들에게 의존한다. 둘째 그 밖의 비교적 추상 수준이 낮은 배경적 담화들과 정의적 담화들은 PD, 코미디언과 같은 전문가들에게 의존한다. 셋째 담화적 위계의 최하위에 위치하는 대상적 담화는 주로 시청자 단체, 및 개별 시청자 등에게 의존한다. 이때 전문 연구자들에게 의존하는 논리적 담화 사슬은 대개의 경우 '연역적인 방식'으로 대상적 담화와 정의적 담화로 연결되고, 시청자 단체 및 개별시청자에게 의존하는 논리적 담화 사슬은 정의적 담화의 사례로써 대상적 담화에 참여하는 '귀납적' 경향을 보여준다. 이러한 발화자의 위계와 그것의 담화 사슬 안에서의 역할 사이의 관계는 신문기사 안에서 인용과 참조를 통해 드러나는데, 예를 들어:

A: 사회학자들은 흔히 정치풍자를 약한 자의 담론이라고 말한다. 강자에 대한 약자의 위장된 공격이라는 것이다. 그리고 정치풍자를 통한 웃음은 그런 공격에 대한 공감에서 만들어진다고 한다. 순천향대 손병우 교수는 "정치풍자는 에둘러 표현된다 할지라도 말하고 듣는 사람이 같은 정서를 갖고 있기 때문에 공감을 표시하고 웃음을 터뜨린다. 이를 통해 억눌린 욕구를 분출시키는 것"이라고 말했다.[249]

B: 과연 정치 코미디는 대목을 맞을까? 하지만 방송평론가나 개그작가나 프로듀서나 모두 고개를 흔든다. 한국방송공사 김웅래 피디는 "정치 코미디는 흔히 사회풍자 코미디로 변질되기 일쑤였다. 권력을 풍자의 대상으로 삼으면 권력자가 심각하게 받아들이고 그러다 보면 제작자 스스로가 여과하게 된다"고 말했다.[250]

C: 김형곤씨는 "지난해 문화방송의 〈세상엿보기〉라는 코미디프로 코너에서 왕이 바보 역할을 하면 안 된다고 해 중전을 등장시키고 영의정을 대화 상대로 등장시켰다. 그러나 중전이 '영상'이라고 부를 때 꼭 '영삼'으로 들린다고 결국 날아가고 말았다"고 말했다.[251]

위의 세 가지 진술은 모두 정치풍자 코미디에 대한 것이지만, 발화자—혹은 피인용자—의 권위에 따라 담론 사슬 안에서의 위치와 기능이 모두 다르다. 전문 연구자에 해당하는 손병우로부터의 인용은 '풍자의 본질'에 관한 배경적 담화에 해당하고, 전문가에 해당하는 김웅래로부터의 인용은 '풍자 코미디의 현실'에 대한 비교적 보편적인 진술로써 대상적 담화와 정의적 담화의 중간적 성격을 띠고 있고, 코미디언 김형곤으로부터 인용은 '풍자 코미디에 관한 정치적 개입'의 한 예화로써 대상적 담화에 해당한다. 이때 손병우로부터의 인용은 연역적 담화를 구성하는 중심 축이 되고, 김웅래와 김형곤으로부터의 인용은 귀

---

249) '정치풍자 ……', 한겨레신문, 97. 2. 26.
250) '정치는 ……', 한겨레신문, 97. 2. 26.
251) *ibid*.

납적 담화를 구성하는 경험적 근거 혹은 사례가 된다.

<표 4> 배경적 담화의 발화자

신문/일자	배경적 담화의 내용	발화자(인용 및 참조)
한겨레970226a	풍자의 본질	손병우(교수)
한겨레970226b	코미디에 있어서 풍자의 중요성	고길섶(언어연구가)
한겨레970226c	풍자의 사회적 기능	
한국970221	코미디의 본질	손병우(교수)
	"웃음은 현실에 기반을 두고, 그것을 다시 비트B294 과정에서 나온다. 현실성을 통해 공감대를 확보하는 것은 웃음의 필수적인 전제조건[이다.]"	
문화970417	대중문화산업의 상업주의적 본질	유재천(교수)
	"우리의 현실은 대중문화산업이 지나치게 청소년층 일변도로 문화시장을 확장해 가고 있는 것이다."	
조선970616	대중문화의 폭력이 청소년에게 미치는 영향	미국의 전문가
	"전문가들은 TV가 어린이에게 폭력적인 행동을, 청소년에겐 범죄수법을 가르치고 있다고 주장했다."	
서울961206	공주병 신드롬에 대한 정신병리적 해석	정신과 의사들
	"정신과 의사들은 '공주병'을 '자기애적 성격장애'로 진단하고 [있다.]"	

위의 〈표 4〉는 일간신문을 통해 드러나는 텔레비전 코미디에 대한 담화들이 어떠한 배경적 담화를 가지고 있으며, 그것의 발화자는 어떤 사람들이었는지를 보여준다. 배경적 담화의 발화자는 대개 교수, 전문 연구자와 같이 발화자의 위계에서 상위에 위치한 사람들이었다. 이들은 담론 구성체 속에서 지적 엘리트로 대접받는바, 이는 이들의 사회적 지위와 그로부터 파생하는 지적 권위가

담론의 진리가를 확정하는 데 커다란 영향력을 행사할 수 있기 때문이다. 아무래도 공장 노동자가 '코미디의 본질은 풍자'라고 말하는 것보다는 대학교수가 그렇게 말하는 것이 보다 믿을만하고 확실하다고 인정될 것이다. 아무튼 이들 사회적 담론의 엘리트들은 담화의 진리가를 확정짓고 그것을 정당화시키는 데 필요한 자원과 전략을 전유하고 있다. 이들의 자원과 전략은 사회의 지식의 제도로부터 부여 받은 권위― 학력, 학위, 전공 등과 같은 지적 이력― 와 역시 제도화된 훈련과정을 통해 습득된 특수한 언어들과 그것을 구사하는 규칙과 방법 등의 총체이다. 그리고 이는 사회적인 발화의 위계 안에서 특정한 권력관계를 형성하고 그 안에 스스로를 높게 위치짓는다. 이들 엘리트들의 진술을 인용하고 참조함으로써 담화는 그것의 진리가를 더욱 공고히 하고, 스스로에게 권위를 부여한다.

아래 〈표 5〉는 배경적 담화 혹은 정의적 담화가 발화자들의 위계서열과 어떻게 연관되는지를 보여준다. 배경적 발화들을 생산해내는 엘리트들과는 달리 위계서열상 비교적 아래에 위치한 발화자들은 대개 현실의 텔레비전 코미디가 어떠한 상황에 처해있는지를 보여주는 예화와 사례들을 제공한다. 이들의 발화와 진술은 대개 정의적 발화이거나 대상적 발화였다. 이들이 발화들 가운데에서도 코미디 PD나 코미디언 그리고 개그작가와 같은 전문가들은 대체로 객관적 사례(대상적 발화)에 근거하여 텔레비전 코미디의 현 상황에 대하여 언급(정의적 발화)하는 경우가 많았다. 이에 반해 시청자 혹은 시청자 단체와 같은 비전문인들의 발화는 이미 확보된 정의적 발화에 대한 대중적 지지를 확보하거나, 그것에 부가적인 사례를 제공하는 수준에서 인용되었다. 예를 들어 한 코미디 PD는 정치풍자 코미디에 대한 정치권의 몰지각이 우리의 텔레비전 코미디에 어떠한 영향을 미쳤는지 설명해주지만(한겨레 970226b), 평범한 주부는 다만 텔레비전 코미디의 폭력성이 청소년들에게 무슨 나쁜 영향이라도 끼치지 않을까 걱정하고 있을 뿐이다(조선 970318). 이미 언급된 텔레비전 코미디에 대한 정의(저질 폭력 코미디)를 "이러한 생각은 다만 기사를 작성하고 있는 이 사람

만의 생각이 아니다. 자 보라. 평범한 주부들조차 그렇게 느끼고 있지 않은
가?"하는 식으로 말이다.

<표 5> 정의적 담화와 대상적 담화의 발화자

신문/일자	배경적 담화 혹은 대상적 담화의 내용	발화자(인용 및 참조)
한겨레970423	요즘의 젊은 코미디언 "보는 이는 웃어 넘기지만 보이는 사람은 몇 곱절 노력이 필요한 게 코미디입니다. 요즘 젊은 사람들의 개그는 지나치게 말장난에 의존해 안타까울 때가 많아요."	구봉성(코미디언)
한겨레970418	정치풍자 코미디의 현실 "입을 열어야 할 때는 권력의 눈치를 살피다 가, 풍자할 분위기가 되니까 청문회에 나온 말만 끌어다 쓰는 등 급조된 코미디를 하고 있다."	조정하(시민연대회의)
문화970326	코미디 프로그램에 술판 "술을 권하고 술판을 벌이는 장면과 대사를 재미와 오락, 눈요기를 핑계로 여과 없이 방영하는 것, 특히 술을 마신 채 방송을 진행하는 것은 시청자를 무시 하는 처사[이다]"	YMCA 등 시민단체
조선970318	코미디 폭력 "남을 괴롭히는 장면에서 묘한 쾌감을 느끼 는 사람들 심리를 건드려 시선을 끌어 보겠 다는 의도로 밖에 보이지 않는다. TV 모방력 이 큰 청소년들이 이런 프로그램을 보고 무 엇을 따라 하겠느냐."	김영숙(주부)
한겨레970226b	정치풍자 코미디의 현실 정치풍자 코미디에 대한 엘리트들의 외압 과 통제(사례들)	김웅래(코미디 PD) 김형곤(코미디언) 장덕균(개그작가)

4.2.3.3. 저항 담론의 부재

진술들의 논리결합과 발화자의 위계서열에 따라 담화는 하나의 거대한 언술

들의 체계화된 집합체 즉 담론 구성체를 형성한다. 담론 구성체는 위에서 살펴본 바 대로 논리적인 과정과 정치적인 과정에 따라 담화와 진술을 배치한다. 그런데 사회내의 모든 담화와 진술들이 이러한 구성체적 질서에 따라 일사불란하게 움직이는 것은 아니다. 담론 구성체의 질서는 경향적이며 지배적인 패턴일 뿐이다. 그렇다면 담론 구성체의 질서로부터 벗어나는 텔레비전 코미디의 일탈적 담론은 어떠한 양상으로 형성되어 있는가? 텔레비전 코미디에 대한 사회적 담론의 지배적 구성체는 폭력성, 선정성 그리고 풍자성의 실종을 근거로 그것을 저질과 저급으로 정의하는 부정적 신화를 유포한다. 윤리적 기준과 계몽적 기준을 토대 삼아 이로부터 윤리적 기준에서 어긋나는 저질성과 계몽적 기준에 미치지 못하는 저급성을 이야기하고 있는 것이다. 담론의 질서로부터 벗어나는 반담론(counter-discourse) 혹은 저항담론(resistant dicourse)은 텔레비전 코미디에 관한 한 이러한 저질성과 저급성에 대한 반대와 이견으로부터 형성된다. 텔레비전 코미디를 지배적 담론의 판단기준으로 평가하고 제단하기를 거부하며, 이로부터 새로운 의미지평을 제시하는 일이 반담론과 저항담론의 몫인 것이다.

여기에서 반담론과 저항담론은 일탈적 담론의 두 가지 유형으로, 반담론은 담화적 질서에 대한 단순한 반대를 저항담론은 담화적 질서 자체를 문제시하는 경우를 일컫는다.[252] 그러므로 구체적인 진술의 수준에서 반담론은 항상 지배담론의 논리적 역— 'not P', '~P'— 의 관계에 들지만, 저항담론은 그럴 수도 그렇지 않을 수도 있다. 텔레비전 코미디와 연관하여 반담론은 항상 '텔레비전

---

252) 반담론과 저항담론은 위의 '이론적 논의'에서 소개한 폐쇄의 반동일 시와 역동일 시의 전략과 일치하는 개념이다. 폐쇄의 개념은 담론 구성체 안에서 노동자계급이 어떠한 투쟁 전략을 수립하여야 하는가를 고민하는 가운데 제시된 것이라 특정한 담화와 진술을 지칭하기에는 적합하지 않다. 이 때문에 본 연구자는 이를 반담론과 저항담론이라는 이름으로 고쳐부르고 있는 것이다. 반담론과 저항담론은 그러므로 반동일 시의 전략과 역동일 시의 전략에 의해 고안된 진술과 담화들이라고 이해하면 될 것이다. 강내희, *op. cit.* 참조.

코미디는 저질이 아니다' 혹은 '텔레비전 코미디는 저급하지 않다'는 정의적 진술과 연관되지만, 저항담론은 저질성 혹은 저급성 담론의 배경적 담화인 윤리적이며 계몽적인 기준을 문제삼아 전혀 다른 차원의 담화지평을 제시한다. 반담론과 저항담론을 구분하는 가장 중요한 잣대는 그것이 단지 정의적 담화에 대한 반대인가 아니면 배경적 담화로서의 신화와 이데올로기에 대한 저항인가는 데 있다. 그러므로 반담론은 지배담론과 배경적 담화를 공유하지만 저항담론은 그렇지 않다. 반담론은 그것이 외견상 지배적 담론에 저항하는 것처럼 보일지는 모르지만, 결국은 그것을 적용하는 데 있어서의 문제점을 제기하는 데 그치고 만다. 결과적으로 볼 때, 반담론은 지배담론의 적용과 해석에서 드러나는 문제점을 제기하고 이를 수정하게 함으로써 그것을 더욱 세련화시킬 뿐이다.[253] 홀(Hall)식으로 말해, 반담론은 교섭적 해독의 결과이지만 저항적 담론

---

253) 반담론의 이러한 역할은 마치 라카토스(I. Lakatos)의 '프로그램(programmes)'에서 '완충지대' 혹은 '사족(ad hoc)'의 역할과 같다. 라카토스는 하나의 과학적 지식은 그것의 중심을 구성하는 핵심적 사상은 다양한 부가적 지식과 사례들 그리고 제도화되고 의식(ritual)화된 실천들에 의해 지탱된다고 하였다. 하나의 과학적 지식이 반증사례의 등장과 대안적 지식의 등장에도 불구하고 비교적 안정적일 수 있는 까닭은 바로 이론의 핵심을 둘러싸고 있는 '완충지대' 혹은 '사족'의 역할 때문이다. 하나의 반증사례가 등장했을 때, 특정한 과학적 프로그램에 동참하고 있는 과학자들은 자신의 프로그램보다는 사례를 의심하기 마련이다. 과학자들은 그와 같은 반증사례가 돌출하게 된 경위를 조사하고 그것에 합리적 설명을 부가함으로써 프로그램의 핵심(core)을 방어한다. 이러한 과정을 통해 과학자들은 더욱 세련된 프로그램을 얻게 된다. 최초의 프로그램을 조금씩 수정하면서 그것의 핵심에 부가된 사족들은 전체 프로그램을 보호하는 완충지대의 역할을 하게 된다. 이때 반증사례는 애초 그것이 공격하였던 프로그램 안에 포섭되어 일종의 '주의 표지판' 혹은 '경고등'의 역할을 수행할 뿐이다. 마찬가지로 텔레비전 코미디에 대한 반담론은 외견상 지배적 담론에 거스르는 반증사례처럼 보이지만, 지배적 담론이라는 프로그램의 핵심(hard core)을 건드리지 않는다는 점에서 하나의 사족에 지나지 않는다. 많은 경우, 반담론은 지배적 담론에 포섭되어 그것의 변방을 지키는 외인부대로 기능한다. I. Lakatos, 'Falsification and the Methodology of Scientific Research Programmes', in Lakatos and

은 일탈적 해독의 결과이다.

텔레비전 코미디와 관련하여 반담론은 대개 특정한 프로그램을 긍정적으로 평가하는 설명적 담화로 나타난다. 대부분의 텔레비전 코미디가 폭력적이며 선정적인 언행으로 일관하는 저질 프로그램이고, 풍자를 도외시한 채 억지웃음만 유발하는 저급한 프로그램이라면 몇몇 프로그램들은 그렇지 않다는 것이다. 위에서 이미 살펴보았지만, 이러한 개별 프로그램에 대한 긍정적 진술은 대개 '이경규가 간다'와 〈테마게임〉에 집중되어 있다. '이경규가 간다'는 시대의 양심을 일깨우는 '계몽성'이 높게 평가되고 〈테마게임〉은 탄탄한 드라마적 구성과 교훈적 요소를 빠뜨리지 않는 '완성도'가 인정되고 있다. 이들 두 프로그램에 대한 정의적 담화는 '긍정적'이다. 그러나 그것의 배경적 담화는 다른 텔레비전 코미디를 부정적으로 정의하는 데 동원되었던 윤리적이며 교훈적인 담론에서 벗어나지 않는다. 다른 프로그램들이 윤리적 기준과 계몽적 기준으로부터 벗어나 있었기 때문에 부정적인 평가를 받았듯이, 이들 프로그램은 그것에 부합한다는 이유로 긍정적으로 평가되는 것이다.

'이경규가 간다'와 〈테마게임〉은 확실히 '텔레비전 코미디는 저질이며 저급하다'는 지배적 담론의 정의적 담화에 '반증사례(example for reputation)'를 제공한다. 그러나 이러한 반담론적 반증사례로는 지배적 담론의 핵심을 공격하여 그것을 해체시킬 수 없다. 그것은 오히려 지배적 담론을 보호하고 더욱 정당한 것으로 만들어 줄 뿐이다.[254] 이 경우 반증사례의 존재는 결국 '윤리적 기준과 교훈적 기준에 부합하는 텔레비전 코미디가 현실적으로 가능하다'는 점을 보여준다. 즉 '이경규가 간다'와 〈테마게임〉은 플레지르의 텍스트로서의 텔레비전 코미디에 한 전형으로 비춰진다는 것이다. 텔레비전 코미디에 대한 평가적 담화가 현실적 정당성을 부여받기 위해서는 그러한 기준에 부합하는 경험적 사례들이 존재하여야 한다.

A. Musgrave ed., *Criticism and The Growth of Knowledge*, Cambridge: Cambridge University Press, 1970, pp.59~91 참조.

254) *ibid.* 참조.

텔레비전 코미디를 저질과 저급으로 정의하는 지배적 담론은 '이경규가 간다'와 〈테마게임〉과 같은 반담론적 사례들을 통하지 않고서는 그것의 배경적 담화를 지탱해나갈 수 없다. 현실적 가능성을 의심받는 기준은 해체와 전복의 위협에 쉽게 굴복하고 만다. 고급의 질 높은 코미디가 현실적으로 가능하다는 진단이 내려진 이상 나머지 프로그램들에 대한 비난은 더욱 그 정도를 더해갈 수밖에 없다. 윤리적·계몽적 기준에 부합하지 않는 저질·저급의 코미디가 텔레비전 코미디의 주류를 형성하고 있는 한, '반담론'은 오히려 '지배담론'을 강화하는 역설적 기능을 수행할 뿐이다.

한편 텔레비전 코미디에 대한 반담론의 또 다른 양상은 소위 그것의 조건과 환경에 대하여 언급하는 수정적 담화들로 나타난다. 즉 풍자에 대한 사회적 관용의 결여, 열악한 제작환경, 전통의 부재, 전문 인력을 확보하는 데 있어서의 어려움 등을 들어, 텔레비전으로부터 고급의 질 높은 코미디 프로그램을 요구하는 일은 불가능하다는 것이다.[255] 이들은 텔레비전 코미디가 저급·저질의 프로그램이라는 데에는 일단 동의하고 있다는 점에서는 지배적 담론과 동일하지만, 그것의 원인을 텔레비전 코미디의 외부적 조건으로부터 찾고 있다는 점에서는 그와 다르다. 예를 들어, 한 정신과 의사는 신문 칼럼을 통해 다음과 같이 이야기하고 있는데:

> 미국 토크쇼들은 종종 우리 나라의 빈약한 개그에 비해 찬사의 대상이 된다. [……] 그러나 코미디 프로그램 하나를 만드는 데 들어가는 인적/물적 자원의 차이를 조금이라도 안다면 그런 비교는 하지 않을 것이다. [……] 몇 사람이 둘러앉아 떠오르지 않는 착상을 억지로 짜내는 빈곤한 입장과 수백 명의 어마어마한 인원이 공장에서 물건을 만들어내듯 아이디어를 생산해내는 대량 자본 시스템은 애당초 경쟁이 될 수 없다.[256]

---

255) 세계일보, 96. 11. 8; '폭소 유발에 시청자는 실소', 한겨레신문, 96. 10. 9; 조선일보, 96. 10. 10; '개그보다 더 웃기는 세상살이', 중앙일보, 97. 1. 5.
256) 중앙일보, 97. 1. 5.

즉, 조건이 너무나 열악하여 좋은 코미디 프로그램을 기대하기란 거의 불가능하다는 것이다. 그러므로 그는 어설픈 웃음이나마 그것이 잠깐이라도 위안이 될 수 있다면 '관대한 마음으로 TV속의 바보들을 그냥 두'는 수밖에 다른 도리가 없다고 말한다. 이러한 수정적 담화는 텔레비전 코미디와 연관하여 일종의 '허무주의적' 견해를 유포함으로써 결국 지배적 담론에 굴복하는 '전향적' 경향을 갖는다. 코미디 프로그램의 저질화를 필연적 과정으로 묘사함으로써, 이는 텔레비전 코미디에 대한 부정적 신화를 더욱 강화한다.

일간신문을 통해 드러나는 텔레비전 코미디에 대한 사회적 담론에서 반담론은 그것이 '반증사례'의 성격을 띠고 있건 혹은 '수정적 담화'의 성격을 띠고 있건 결국 지배적 담론을 강화하는 보수적 기능을 수행한다. 그렇다면 텔레비전 코미디에 대한 배경적 담화를 직접적으로 문제 삼는 저항적 담론은 존재하지 않는가? 결론부터 말하자면, 적어도 분석기간 중의 일간신문들에서는 저항적 담론이 발견되지 않았다. 이는 신문이라는 담화 매체의 특수성에 기인한 것일 수 있다. 신문은 대중매체로서 담화의 생산자라기보다는 그것의 분배자이기는 하지만, 어떠한 담화를 누구에게 분배할 것인가에 대하여는 어느 정도의 결정력을 지니고 있기 때문이다.[257] 그러므로 신문들은 때로 특정한 사회문제에

---

257) 혹자는 일간신문의 텔레비전 코미디에 대한 진술들을 '징후적 독해'라는 특별한 독법을 통해 읽어 냄으로써 저항적 담론의 가능성과 그 흔적을 발견해낼 수 있을지도 모른다. 그러나 그렇다고 해도 달라지는 것은 아무것도 없다. 이데올로기적 국가기구— 대중매체 혹은 신문— 안에서 저항적 담론의 계기들을 발견하는 일이 그 나름대로 보람 있고 신기하며 자랑스러운 일이 될지는 모르지만, 그것이 그것은 지배적 담론의 융단폭격에서 살아남은 운 좋은 생존자에 불과하다. 도대체 그것으로 무엇을 할 수 있다는 말인가? 최근의 문화연구는 이러한 증후— 그것의 실재성이나 객관성조차 의심스러운— 를 통해 저항과 변혁을 이야기하는 침소봉대의 경향을 보여준다. 그러나 [세르토의 경우에서처럼] 어떻게 공장의 물건을 빼돌리는 노동자들의 습관적인 절도로부터 프롤레타리아트 계급의 해방을 이끌어낼 수가 있다는 말인가? 중요한 것은 베이징 시내를 날아다니는 한 마리 나비의 날개짓이 캘리포니아에 태풍을 몰고 왔다는 결과가 아니라, 그 과정이다. 나비의

대하여 서로 다른 입장을 취하기도 한다. 그러나 텔레비전 코미디에 대해서 만큼은 신기할 정도로 어떠한 입장차이도 보이지 않는다. 개별 신문의 특징과 그것의 이데올로기적 위치에 관계없이 텔레비전 코미디에 대한 일간신문의 담론은 부정적이며 적대적이다.

'저항적 담론의 부재'는 텔레비전 코미디에 대한 사회적 담론의 한 특징이라고 말할 수 있다. 담론은 진술되고 언표되지 않는 한, 그 힘을 사회적 영역으로 옮겨갈 수 없다. 우리 사회의 주요한 담론 장 가운데 하나인 일간신문을 통해서 발화되고 언표되지 않는 담론이 다른 사회제도적 담론 장에서 발화되고 있으며 사회적으로 막강한 영향력을 행사하고 있을 것이라고는 생각하기 힘들다. 물론 일상의 공간에서 텔레비전 코미디에 대한 저항적 담론이 생산되고 유통될 수 있다. 그러나 사적인 공간에서의 저항은 적어도 당장 생각해야 할 문제는 아니다. 그것이 고려대상이 될 수 있을 만한 때는 어떠한 형식으로든 그것이 사회의 공식적 담화 공간에 진입했을 때이다. 사적인 공간에 갇혀 있는 한, 그것은 말해졌어도 말해지지 않은 것과 같다. 그러나 공식적 담화 공간인 일간신문 속에서 그것은 흔적조차 보이지 않는다. 텔레비전 코미디에 대한 저항적 담론은 말해졌어도 말해지지 않은 것이다.

4.3. 분석결과: 텔레비전 코미디와 사회적 담론

텔레비전 코미디에 대한 대부분의 신문기사는 텔레비전 코미디를 부정적으로 평가하고 있었다.[258] 구체적인 내용을 사례 삼아 그것의 폭력성과 선정성을 짚

모든 날개짓이 캘리포니아에 태풍을 일으키는 것은 아니지 않은가? 살펴야 할 문제는 과정에 있으며, 그것은 그러한 과정을 실현할 수 있도록 만드는 조건- 그것이 필연적인 것이든 혹은 우연적인 것이든 상관없이- 의 문제이다.

258) 이와 연관하여 다음과 같은 흥미로운 조사결과가 있다. 언론연구원의 97년 조사에 따르면, 기자들의 학력은 100% 대졸 이상이다. 그런데 이들이 가장 옮기고 싶어하는 부서는 문화/레저/연예/체육부서(28.7%)인 반면, 드라마와 외화 그리

어냄으로써 텔레비전 코미디를 비윤리적 저질 프로그램으로 규정하고, 풍자성
의 실종에 근거하여 알맹이 없는 비교훈적 프로그램으로 규정하는 것이 일간신
문을 통해 드러난 사회적 담론의 지배적 양상이었다. 지배적 담론은 텔레비전
코미디에 대하여 부정적이며 적대적인 태도를 드러낸다. 텔레비전 코미디에 대
한 지배적 담론은, 그런데 그 나름의 논리적 사슬과 발화자의 권위에 힘입어
촘촘하게 직조된 정당화 기제(devices for justification)를 갖추고 있었다. 형
식 논리적인 엄밀성과 지식인들에 의해 발화된 배경적 담화에 근거함으로써,
텔레비전 코미디에 대한 부정적 담론을 정당화한다. 특히 담론 외적 정당화는
교육이라는 사회제도적 장치에 의해 지탱된다.[259] 담론의 진리가는 학력자본
(education capital)에 의존한다.[260]

이러한 사회적 담론 구성체 속에서 텔레비전 코미디는 마치 합리적 서사의
텍스트나 사실 재현적 텍스트인 것처럼 다루어지고 있었다. 사회적 담론은 텔
레비전 코미디에 지적인 판단기준과 현실의 잣대를 들이대어 사회문화적 의미
와 가치를 찾으려 하는 것이다. 그 결과 사회적 담론 안에서 텔레비전 코미디
의 즐거움은 쥬이상스가 아니라 플레지르로 받아들여 진다. 플레지르의 관점에
서 텔레비전 코미디는 열등한 사회문화적 양식으로 규정될 수밖에 없다.[261] 텔
레비전 코미디에 대한 사회적 담론은 그것의 비윤리성에 근거한 저질성 담화와
비교훈성에 근거한 저급성 담화에 기대어 그것을 부정적으로 평가하고 있었음
이 그 증거이다.

고 스포츠 중계를 제외한 일반 연예 오락프로그램에 대한 선호는 1.1%에 지나지
않았다. 어떠한 면에서 이들은 텔레비전 코미디라고는 전혀 보지도 않으면서 그
것에 대해 기사를 쓰고 있는 것이다. 언론연구원, '제5회 전국기자 직업의식 조
사: 언론인의 책임과 윤리', 한국언론연구원, 1997 참조.

259) Harker, *op. cit.* 참조.

260) Bourdieu, *op. cit.* 참조.

261) 텔레비전 코미디가 '쥬이상스'의 텍스트로 다루어졌다면, 그것에 대한 평가적 담
화나 진술들은 존재하지 않았을 것이다.

174

텔레비전 코미디에 대한 사회적 담론은 텔레비전 코미디의 규범적 측면에만 관심을 둘 뿐, 그것의 즐거움에 대해서는 관심을 두지 않는다. '자칫하면 감수성이 예민한 청소년기의 학생들을 자극할 우려가 있으므로 텔레비전 코미디는 폭력적이거나 선정적이어서는 안 된다'는 규범적 담화를 배경 삼아, 사회적 담론은 텔레비전 코미디에 '저질·저급'이라는 꼬리표를 달아 놓았다. 그리고 일단 저질과 저급으로 규정된 이상, 그것은 이제 텔레비전 코미디를 의미화하는 인식틀(schema)이 되어 버린다. 텔레비전 코미디는 다른 프로그램들과의 현저한 차별성을 드러내지 않는 한 그것의 양상과는 관계없이 저질·저급의 프로그램으로 매도되어버리고 만다. 결국 텔레비전 코미디에 대한 부정적 담론은 하나의 이데올로기이며 신화인 셈이다.[262]

예를 들어, 한 신문기사에서는 수영장에서 수영복을 입고 다닌다는 이유로 개그맨 이영자와 안재욱을 선정적이라며 비난하고 있었다.[263] 물론 이러한 장면이 선정성의 혐의로부터 완전히 자유로울 수는 없을 것이다. 그러나 이를 두고 '정신이 있는가 없는가'를 운운하는 일은 지나친 면이 있다. 예로든 신문기사 대로라면, 코미디 출연자들은 수영장에서도 정장을 입어야 하든가 아니면, 코미디에서는 수영장이 등장해서는 곤란하다. 또 다른 예로, '임마·자슥' 따위의 용어를 가리키며 '강호동은 입에 욕을 달고 다닌다'고 지적하는 신문기사가 있었다.[264] 그러나 '임마'나 '자슥' 따위의 용어는 '욕'이라고 하여 이를 비난하는 일은 조금은 지나친 면이 있다. 어떠한 면에서 텔레비전 코미디는 그 자체가 저질이고 저급이기 때문이 아니라, 이미 저질이며 저급이라고 규정되었기

---

262) 이렇게 특정한 담론이 대상을 규정하여 그것의 의미를 고착화시켜 당연하고 자연스러운 일처럼 받아들이게 되는 경우를 슈츠(A. Schutz)는 '자연화(naturalization)' 혹은 '물신화(reification)'라고 이름하였다. B. Thomason, *Making Sense of Reification: Alfred Schutz and Constructionist Theory*, Atlantic Highlands, N.J.: Humanities Press, 1982 참조.

263) 조선일보, 97. 6. 23.

264) '욕설로 오염된 안방극장', 조선일보, 96. 11. 5.

때문에 비난 받고 멸시 받는 것이다. 프로그램의 구체적인 맥락이나 그 자체의 특수성은 관계없이, 단지 윤리적이며 교훈적인 잣대만으로 평가하고 있는 것이다.[265] 이렇듯 텔레비전 코미디에 대한 부정적 신화는 우리 사회에서 텔레비전 코미디에 대한 선험적 의미로 자리잡고 있는 듯 보인다.

맥락이 조금 다르기는 하지만, 다른 코미디 프로그램에서라면 억지웃음을 자아내는 한심한 작태로 여겨졌을 김국진의 어설픈 외국어를 자연스럽고 훌륭한 연기라고 칭찬하는[266] 모순적 태도 역시 텔레비전에 대한 부정적 담론이 일종의 신화임을 입증한다.[267] 사회적 담론 속에서 코미디의 기능은 교훈과 계몽에 두고 있기 때문에 이러한 기준에 맞는 〈테마게임〉과 '이경규가 간다'에 대해서만은 유독 호의적이며 긍정적인 것이다. 이들 프로그램은 교훈적 기능에 충실한 프로그램들로 '저질'과 '저급'의 꼬리표를 떼어 버린 예외가 되고 있다. 사회적 담론 속에서 부정적으로 평가되고 있는 통상의 코미디 프로그램이 담론이 요구하는 코미

---

265) 사회적 담론의 텔레비전 코미디에 대한 부정적 평가는 일견 관습화된 관행처럼 느껴지기도 한다. 그것은 푸르크루테스처럼 고정된 잣대로 평가 대상의 특수성과 개별성은 아랑곳 없이 '코미디는 저질'이라는 결과를 위해 모든 것을 꿰어 맞추는 것 같다.

266) 한겨레신문, 97. 12. 7.

267) 〈테마게임〉에서 김국진은 혀 짧은 소리로 '오 마이 갓'을 연발한다. 이러한 언행이 웃음을 유발하는 것은 그 자체가 우스꽝스러운 것이기 때문이다. 어떠한 면에서 김국진의 '오 마이 갓'은 텍스트의 맥락과는 무관한 것이다. 사회적 담론의 호의를 입고 있는 〈테마게임〉이나 '이경규가 간다'나 사실 웃음의 기제와 그 의미는 다른 코미디 프로그램과 다르지 않다. '이경규가 간다'에서 웃음을 유발하는 장면들이란 '우리 터퍼가이들은 말이죠, 쩨쩨하게 젓가락 같은 거 가지고 먹지 않습니다 ……'라고 말하며 추접스럽게 음식을 집어먹는 장면이지, 거리의 양심이 발견되는 순간은 아니기 때문이다. 그럼에도 불구하고 이들은 '긍정적'으로 평가되고 있다. 그 까닭은 이들이 '윤리적이며 교훈적'인 내용을 담고 있기 때문이다. 그러므로 이들의 어설픈 웃음은 용서되고 양해될 수 있는 것이다. 어떠한 의미에서 〈테마게임〉과 '이경규가 간다'는 이미 '좋은 코미디'로 규정되어 버렸기 때문이지, 그 웃음의 품격이 높고 고상하기 때문은 아닌 것 같다.

디의 규범을 부정적인 방식으로 보여주고 있다면, 〈테마게임〉과 '이경규가 간다'는 그것을 긍정적인 방식으로 보여주고 있을 뿐이다.

사회적 담론이 제시하는 텔레비전 코미디의 평가 기준은 크게 비도덕성과 비교훈성으로 구분해 볼 수 있다. 텔레비전 코미디의 비도덕성이란 그것이 폭력과 선정적 표현으로 일관함으로써 우리의 윤리 · 도덕적 규범으로 일탈하고 있다는 것이고, 비교훈성이란 삶에 대한 진지한 고민이나 그것에 대한 통찰을 드러내지 못함으로써 단순한 오락거리로 전락하고 있다는 말이다. 이러한 두 가지 기준은 그러나 텔레비전 코미디의 특수성을 고려하지 않은 지나치게 보편적이고 당위론적인 것이다.

사회적 담론은 텔레비전 코미디를 하나의 자율적인 문화양식으로 인정하지 않는 듯하다. 다시 말해 텔레비전 코미디는 사회문화적 규범으로부터 일탈해 있는 통속적이며 탈규범적 즐거움을 불러일으키는 쥬이상스의 텍스트이지만, 사회적 담론은 이러한 세속적인 즐거움을 전혀 인정하지 않는다는 말이다. 텔레비전 코미디는 통속적인 대중오락물로서 베케트나 이오네스코의 부조리극과 같은 고급희극(high comedy)와는 전혀 다른 역사성을 지닌다. 니콜(A. Nicoll)이 분석하고 있다시피, 그것은 제대로 된 극장에서 공연되던 예술로서의 연극과는 전혀 다른 길을 걸어 왔다. 그리스 · 로마시대의 광대극이나 중세 카니발 시기에 공연되던 민속 해학극이 그것의 기원이기 때문이다.[268] 대중적 오락물로서의 소극이나 광대극은 애초부터 세속적이며 이교도적인 내용으로 기독교적 가치관에 적대적이었다.[269] 서구에서 텔레비전 코미디는 주로 보드빌과 같은 통속적인 무대극으로부터 왔고, 우리나라의 텔레비전 코미디 역시 악극단의 단막극이나 막간극에서 연원하였음은[270] 텔레비전 코미디의 태생이 어떠했는지를 분명하게 말해준다. 이러한 관점에서 보면, 텔레비전 코미디와 같은 대중적 코미디로부터 '웃음은 없어도 좋으니 교훈을 달라'는 담론의 요구는 결국 텔레비전은 코미디를 그만두라는 말일 수밖에 없다.

---

268) A. Nicoll, *op. cit.* 참조.

269) *ibid.* 참조.

270) 김웅래, *op. cit.* 참조.

5. 즐거움과 담론

5.1. 담론적 지배의 사회적 과정

텔레비전 코미디의 즐거움과 그것에 대한 사회적 담론은 상호 길항하는 모순적 관계에 있다. 텔레비전 코미디의 텍스트를 분석한 결과, 웃음을 통해 표출되는 텔레비전 코미디의 즐거움은 담론으로 포착할 수 없는 직접적이며 무매개적인 성격을 지니고 있었다. 텔레비전 코미디의 즐거움은 사회문화적 규범과 규칙에 따라 해석하고 이해함으로써 느낄 수 있는 비평적 즐거움 즉 '플레지르'와는 거리가 있다. 물론 텔레비전 코미디에 그러한 종류의 즐거움이 없다는 말은 아니다. 그러나 텔레비전 코미디의 주된 영역은 탈규범적 행동에 따른 세속적이며 즉물적인 즐거움, 즉 '쥬이상스'에 가깝다고 봐야 할 것이다. 그것은 살펴본 대로 의미를 중시하는 서사적 텍스트와 재현적 텍스트의 규범과 규칙과는 무관하며, 의미들의 잣대가 되는 사회문화적 정상성으로부터도 이탈되어 있다. 그러므로 그것의 즐거움은 규칙과 규범인 담론을 통해서는 포착되지 않는다. 텔레비전 코미디의 즐거움은 그것을 서사적이며 재현적인 텍스트로 받아들이지 않는 한 이야기될 수 없는 것이다. 그것의 즐거움은 담론의 바깥에서 그것에 길항하는 무매개적이며 직접적인 즐거움이기 때문이다.

그러나 사회는 이야기할 수 없다고 해서 침묵하지 않는다. 19세기 유럽에서 성에 대한 담론이 폭주했듯이, 동 시대적 문화 지형은 대중문화의 즐거움에 대한 담론의 폭주로 특징지워진다. 이러한 담론의 폭주는 텔레비전 코미디에 있어서도 마찬가지였다. 아무튼 텔레비전 코미디는 사회적 담론의 한 의제로서 공론장(public sphere)의 한 영역을 차지하고 있다. 최근 2년 동안의 중앙 10대 일간지 기사들을 통해 드러나는 텔레비전 코미디에 대한 사회적 담론은 대부분 부정적이며 비호의적이다. 사회적 담론 속에서 텔레비전 코미디는 저질 ·

저급한 텔레비전 프로그램으로 규정되기 일쑤이다. 사회적 담론의 주도적 양상은 텔레비전 코미디에 대한 '부정적 신화'로 특징된다.

텔레비전 코미디에 대한 부정적 신화는 대개 폭력성과 선정성을 비난하는 저질성 담화와 풍자성의 상실을 비판하는 저급성 담화로 구성되어 있었다. 일간 신문을 통해 드러나는 텔레비전 코미디에 대한 규범적 평가는 17세기 신고전주의의 예술에 대한 규범적 담론에서 크게 벗어나지 못하고 있는 듯하다. 신고전주의는 예술의 규범을 다음과 같은 다섯 가지로 정의하고 있다.[271] (1) 이성적으로 판단되는 진실다움(verisimilitue)이 있어야 한다. (2) 예법(decorum)을 지켜야 한다. (3) 이성적 행동과 질서를 해치지 않는 행동을 표현해야 한다. (4) 사건의 개연성이 있어야 한다. (5) 도덕적 혹은 미학적으로 불쾌한 것을 피해야 한다. 이러한 신고전주의의 규범적 담론은 '연극을 자신의 느낌으로 판단하는 관객의 반응을 거부하고, 그 대신 학자들이 만든 엄격한 비평기준'으로 연극을 지배하기 시작하였다.[272]

특히 프랑스에서 신고전주의의 비평적 담론을 고안한 일군의 학자들은 절대 군주의 권력에 충성하는 이데올로그(ideologue)로 활동하였다. 이들은 루이 13세 치하의 프랑스를 섭정하며 귀족을 억누르고 왕을 중심으로 한 중앙집권적 절대권력을 휘두르던 리슐리에(C. Richelieu) 대승정에 의해 설립된 프랑스 국립학술원(Académi Françoise)의 일원이었다. 리슐리에 대승정은 연극을 프랑스의 영광을 과시하기 위한 방편으로 선택하였으며, 이를 위해 특히 신고전주의를 옹호하고 이에 벗어난 연극을 비판하도록 하였다. 왜냐하면 이성과 질서를 존중하는 신고전주의는 왕을 중심으로 한 위계 질서가 잡힌 사회 건설에 도움이 된다고 판단하였기 때문이다. 신고전주의는 이성과 논리에 따른 형식적인

---

271) M. Beardsley, M. C. *Aesthetics From Classical Greece to the Present: A Short History*, 이성훈·안원현 역, 미학사, 서울: 이론과 실천, 1987; 김용수, 연극연구(미간행 초고), 1995 참조.

272) 김용수, *ibid*, p.82 참조.

사회적 규약은 사회를 혼란과 감정적 무질서로부터 보호하므로, 연극 혹은 예술도 사회처럼 질서와 규율에 기초하여야 한다는 믿음에서 출발하였다.[273]

신고전주의는 어떠한 면에서 담론과 즐거움 그리고 권력의 관계에 대한 정형화된 도식을 보여준다. 관객의 느낌을 무시하고 학력자본을 갖춘 학자들에 의해 고안된 비평적 담론을 강요함으로써 권력을 유지하고 보존하려 했던 것이 신고전주의의 한 단면이기 때문이다.[274] 이러한 신고전주의의 규범적 담론은 18세기에 와서는 예술이 '미덕의 교육학'이 되어야 한다는 계몽적 규범으로 전환되게 된다.[275] 사회적 담론은 이러한 미학적 규범들을 텔레비전 코미디에도 똑같이 적용하고 있는 것이다. 그러나 텔레비전 코미디의 즐거움은 위에서 살펴보았듯이 이러한 규범과는 무관하거나 혹은 그것에 대립하고 있다. 어떠한 면에서 300년 전의 예술 일반에 대한 지배적 담론이 지금에 와서는 대중문화에 대한 지배적 담론으로 행세하고 있는 셈이다.[276]

---

273) *ibid.* 참조.

274) 이와 관련하여 당시 매우 흥미로운 논쟁이 하나 있었다. 코르네이유(Corneille)의 작품인 '르 시드(Le Cid)'에 대한 논쟁이 그것인바, 그 내용은 다음과 같다. '르 시드'에는 귀족 가문 출신인 두 남녀, 로드리그(Rodrigue)와 치메네(Chimene)가 등장한다. 극 중에서 치메네는 결투에서 자신의 아버지를 살해한 로드리그를 사모한다. 그러나 이러한 상황설정은 당시의 신고전주의적 규범에 어긋나는 것이었다. 이에 대하여 신고전주의자들은 '극 중 인물은 사회적 지위나 성과 같은 외적 요인에 맞는 특성을 지녀야 한다는 '예법(decorum)'에서 벗어난다고 비판하였다. 즉 어떻게 자신의 아버지를 살해한 원수를 사랑할 수 있겠느냐는 것이다. 이에 대하여 코르네이유는 이러한 상황설정은 오히려 '불행한 사랑'에 대한 연민을 불러 일으켜 대중들로 하여금 일종의 '비극적 카타르시스'를 느끼게 한다고 주장하였다. 즉, '르 시드'는 비극적 즐거움을 주는 작품으로서 그 나름의 가치가 충분하다는 말이다. 신고전주의 시대 '르 시드'를 둘러싼 논쟁의 핵심은 결국 담론과 즐거움의 대립이다. 신고전주의자들은 담론적 규범에 비추어 '르 시드'를 공격하였으며, 코르네이유는 '르 시드'의 즐거움을 옹호하였던 것이다.

275) *ibid.* 참조.

276) 어떠한 면에서 문화에 대한 규범적 잣대는 이중적이며 차별적이라고 할 수 있다. 고급문화로 분류되는 순수예술(fine art)의 일탈과 위반은 '전위' 혹은 '실험'이라

한편 사회적 담론은 그것의 진리가를 확보하기 위하여 담론 외적 자원을 동원한다. 사회적 담론이 동원하는 담론 외적 자원이란 여기에서 지적 권위를 말하는 것으로 이는 '교육체제'라는 사회적 제도에 의해 보장된다. 즉 사회적 담론은 무엇보다 '학력자본'에 의해 정당화되고 있는 것이다. 담론 분석결과 논리적 전제에 해당하는 배경적 담화의 발화자는 주로 교수 및 학자들이 대부분이었으며, 소전제와 결론에 해당하는 대상적 담화와 정의적 담화의 발화자는 비교적 학력자본이 적은 직업적 전문가들과 일반 대중들이었다. 학력자본에 의한 담화의 배치와 담론의 구성은 여기에서 그치지 않는다. 즉 학력자본이 많은 교수와 학자들의 담화를 통해서 연역적 담화가 구성되는 데 비해, 학력자본이 적은 그 밖의 사람들의 담화는 귀납적 담화의 예화 정도로만 취급되고 있었던 것이다.

이러한 텔레비전 코미디에 대한 사회적 담론은 그 자체로는 거짓이 아닐지 모르지만, 특정한 사실만을 유포하거나 특정한 지식만을 강조하고 있다는 점에서 편향적이며 왜곡된 양상을 띠게 된다. 이를테면, 호킨스와 핑그리(Hawkins & Pingree)의 연구에서 미디어 폭력의 현실감과 수용자의 공격적인 반응이 무관했으며,[277] 핼로란(J. Halloran)도 미디어가 수용자로부터 폭

는 표지하에 찬양·고무되고 있지만, 대중문화의 그것은 비난과 멸시의 대상이 되고 있다. 예를 들어, 데이비드 살르나 필립 펄스타인의 성기까지 드러낸 누드화들은 소호에서 고가에 경매되는 고급예술이지만, 플레이보이나 펜트하우스의 춘화들은 문화적인 쓰레기로 취급되고 있는 것이다. 이러한 이중적 잣대는 어른들은 포르노를 보아도 상관없고, 아이들은 보아서는 안 된다는 사회적 통념과 유사한 점이 있다. 즉 순수예술은 문화적으로 성숙된 사람들의 작업이지만, 대중문화는 그렇지 못하므로 그것의 일탈과 위반을 쉽게 허용해서는 안 된다는 것이다. 칸트의 성숙성(maturity)으로서의 계몽 개념과 연관하여 볼 때, 이는 엘리트주의적 사고의 산물임이 분명해진다. 300년 전에 예술 일반에 적용되었던 규범이 지금에 와서는 유독 대중문화에 대해서만 강요되고 있는 까닭은 바로 이러한 엘리트주의적 사고에서 비롯된 것인지도 모른다.

277) R. P. Hawkins & S. Pingree, 'Some Process in the Cultivation Effect',

력적인 행동을 이끌어 내는 직접적인 변인은 아니라는 결론을 얻었음에도[278] 이러한 연구결과에 대한 언급은 전혀 없다. 일간신문을 통해 드러난 사회적 담론 속에서 텔레비전 코미디의 폭력은 필연적으로 청소년들을 타락시키고 이들의 범죄양상을 흉포화시키는 '가공할 무기'로만 묘사되고 있다. 물론 미디어 폭력이 청소년들에게 영향을 미칠 수는 있다. 그러나 그러한 주장만 있는 것은 아니다. 그러므로 이에 근거하여 텔레비전 코미디를 '위험한 것'이라고 단정지을 수는 없다.[279]

이렇듯 사회적 담론은 학력자본을 통해 편향되거나 왜곡된 담화를 유포한다. 이러한 편향과 왜곡은 결과적으로는 텔레비전 코미디를 포함한 대중문화 전반

Communication Research, Vol.7, No.2, 1980, pp.193-226 참조.

278) J. D. Halloran(1980), 'Mass Communication: Symptom or Cause of Violence?', in G. C. Wilhoit & H. Book(eds.), *Mass Communication Review Yearbook*, Vol.1, Beverly Hills: Sage, 1980, pp.432-449 참조

279) 바흐친에 의하면, 담론이 권력과 연관되는 까닭은 그것이 '거짓'이며 '허위'이기 때문이 아니라, 특정한 입장이나 특수한 주장에 '강세'를 두기 때문이라고 하였다. Bakhtin, Marxism and Philosophy of Language, p.35 참조. 한편 매스 미디어 효과연구의 지배적 경향은 매스 미디어의 폭력이 수용자들의 폭력성에 영향을 미치고 있다는 주장에 있다. 아무래도 핼로란과 호킨스·핑그리의 연구는 예외적인 것으로 받아들일 수밖에 없을지도 모른다. 그러나 지배적이라고 해서 절대적인 '참'의 진리가를 획득할 수 있는 것은 아니다. 어떠한 면에서 학술계 역시 담론 구성체를 형성하고 그것을 통해 '권력'을 행사하는 또 다른 '담론 장'일 뿐이다. 이렇게 볼 때, 특정한 이론과 연구결과에 대한 지지자들의 수는 오직 정치적으로만 의미가 있을 뿐이다. 보편적 진술은 단 하나의 반증사례에 의해서도 그 지위를 위협받게 마련이다. 그러므로 포퍼는 과학의 개방성을 강조하고 과학적 진술의 본성을 '반증가능성'에 두어야 한다고 말한 것이다. 이러한 관점에서 볼 때, 미디어 폭력의 영향력을 우려하며 폭력 코미디를 내몰아야 한다는 주장은 규범적이기는 하지만 과학적인 주장이라고 말할 수는 없다. 과학적 진술들 혹은 과학적 연구들의 결과를 인용하고 그것으로부터 정당화의 근거를 들여왔다고 해서 사회적 담론들 역시 과학이 되는 것은 아니다. Karl R. Popper, *The Logic of Scientific Discovery*. New York: Basic Books, 1956 참조.

에 대한 지배권력의 적대감을 드러내고 있는바, 그것은 대중문화 자체에 대한
저항이라기보다는 오히려 대중에 대한 경멸에서 비롯된 것일 수도 있다.[280] 문
화적 엘리트들은 대중을 경멸한다. 그리고 이러한 경멸이 담론화될 때, 그것은
그 나름의 정당화 근거들을 갖추게 된다. 그러나 그 근거들이란 엘리트의 것이
지 대중의 것일 수는 없다. 대중문화에 대한 지배적 담론이 부정적인 까닭은
'문화적 엘리트들의' 기준과 잣대에 맞지 않기 때문이지 그 자체가 심각한 문제
를 지니고 있기 때문은 아니다. 손탁(S. Sontag)의 말대로 '우리가 알고 있는
대중문화의 미학은 예술성의 소멸이 아니라 예술이 기능이 변형'된 것에 지나
지 않을 수 있다.[281] 그러나 지배적 담론 안에서는 이러한 가능성이 전혀 고려
되지 않고 있다.

텔레비전 코미디의 부정적 담론은, 그러므로 일견 사회적 불평등의 결과이며
그것의 문화적 현 상태라고 말할 수 있을 것이다. 이는 담론을 통해서는 적절
하게 설명할 수 없는 자의적이며 주관적인 욕망을 지배문화의 기준과 잣대에
맞추어 재단하고 평가함으로써 그것을 '저질'과 '저급'의 문화양식으로 낙인
(labeling) 찍는다. 이러한 과정에서 사람들 사이의 문화적 차이(difference)는
위계서열화된 차별(discrimination: distinction)로 전화되게 된다. 담론의 설
득력은 이를 강제나 강압에 의한 것이라기보다는 사회적 통념과 상식에 근거한
자연스러운 일, 혹은 당연한 일로 받아 들이게 만든다.[282] 이러한 담론을 통한
문화적 차별화와 그것에 근거한 권력의 지배를 부르디외는 '상징적 폭력'이라
고 불렀다. 권력은 '상징적 폭력'을 통해 강제와 물리적 폭력을 피해 설득과 교
화로 지배를 관철한다.

---

280) E. Shils, 'Daydreams and Nightmares: Reflection on the Criticism of
Mass Culture', *Sewane Review* 65, 1957, pp.567~608; 이강수, 현대 매스커
뮤니케이션 이론, 서울: 나남, 1991, p.253에서 재인용.

281) *ibid.*, p.254.

282) 이러한 '당연시 하기의 과정'을 슈츠(A. Schutz)는 '물상화(reification)'라고
불렀다. 물상화 과정에 대한 자세한 논의는 B. Thomason, *op. cit.*을 참조할 것.

이러한 문화적 차별화가 '상징적 폭력'으로서 자연스럽게 받아들여질 수 있는 까닭은 무엇보다 차별의 메커니즘 자체가 대중의 일상적 삶으로부터 괴리되거나 분리되지 않은 채, 그 안에서 이루어지고 있기 때문일 것이다. 그렇다면 대중의 일상적 삶에 뿌리 박은 '상징적 폭력'의 메커니즘은 구체적으로 무엇을 말하는가? 사회적 담론을 자연스럽게 받아들이도록 만드는 물적 토대는 무엇인가? 이러한 질문에 대한 실마리는 담론의 진리가를 보장하는 담론외적 실천 즉 지적권위를 발생하는 학력자본에서 찾을 수 있을 것이다. 즉 '상징적 폭력'의 주요한 메커니즘은 무엇보다 '교육제도'에 의해 지탱되는 학력자본의 위계적 계층화에 힘입고 있다. 교육체제를 정점에 두고 이루어지는 일련의 오인 메커니즘은 언급하였다시피 문화적 차별을 생산한다.

'학력자본'에 의해 보장되는 문화적 취향의 차별화는 한편으로 문화적 산물들을 수용하는 즐거움과 재미를 권력관계상의 위계에 따라 상이한 방식으로 구분 짓는다. 현실적으로 대중문화에 적용되는 문화적 규범이 17세기적인 신고전주의 미학에서 벗어나지 않음을 고려한다면, 이로부터 벗어나는 대중의 문화적 취향은 진실다움, 예법, 이성적 행동, 개연성 있는 형식 그리고 도덕적이며 계몽적인 규범의 준수와는 거리가 멀다고 할 수 있다. 부르디외의 말대로, 대중의 의식에는 감각적인 즐거움과는 전혀 상관이 없는 미학적 쾌락만큼 이질적인 것은 없을 것이다. "즐거움에 대한 매력이나 감동이라는 요소를 추가적으로 요구하는 취향은 그리고 이것을 그러한 취향의 척도로 적용하려는 태도는 두말할 필요도 없이 아직도 야만주의로부터 벗어나지 못한 것"이라는 칸트의 말은 정확히 이러한 대중적 취향을 가리키고 있는 셈이다.[283]

그렇다면 학력자본은 대중의 문화적 취향에 어떠한 영향을 미치는가? 피지배 대중은 그들의 교육, 지배권력과 마찬가지로 똑같은 내용과 똑같은 이데올로기를 훈련하는 의무교육이라는 제도에 의해 이들은 지배권력의 취향을 무시

---

283) 칸트의 말은 즐거움으로부터 감동이나 매력을 찾아낼 수 없기 때문에, 이를 미학의 척도로 이용하려는 것은 불가능한 일이라는 뜻이다. *ibid.*, p.81.

하지 못하게 된다. 학교교육을 통해 기율되는 규범들은 문화적으로는 위에서 언급한 신고전주의의 규범들과 크게 다르지 않은 것 같다. 이러한 규범을 통해 대중은 텔레비전 코미디와 같은 대중문화에 대하여 특별한 문화적 가치를 발견하지 못하게 된다. 그렇다고 해서 그들은 그들의 객관적인 사회적 조건에 의해 형성된 대중적 취향을 저버릴 수도 없다. 왜냐하면 그것은 그들 삶의 일부이며 동시에 조건이기 때문이다. 지배계급의 취향을 공격하거나 자신들의 취향을 옹호하고자 해도, 그들은 문화자본의 소유와 그것의 실행능력에서 열등한 위치에 처해있기 때문에 그러한 임무를 적절히 수행할 수도 없는 딜레머에 빠진다.

대중은 그러므로 문화적으로 이중적이며 모순적인 위치에 처하게 되고, 따라서 문화적 실천에 있어 조심스러우며 소극적인 태도를 가지게 된다. 결국 학력자본에 의해 형성된, 문화적 취향의 차별화는 지배계급의 취향을 '정통적 담론'으로 감싸 안으며, 이를 억견의 영역에 곧추 세운다. 자의적인 이데올로기를 자연스러운 것으로 오인시키는 교육체제는 대중들로 하여금 지배문화가 옹호하는 취향과 그것에 대한 담론을 정통으로 받아들이도록 하면서도 정작 그것을 향유하고 생산할 수 있는 수행능력은 부여하지 않는다. 부르디외의 말대로:

> 이와 관련하여 '대중' 미학은 결코 자율적이지 않으며, 오히려 필연적으로 지배자들의 미학과 관련해 끊임없는 재규정을 요구하는 피지배자들의 미학이라는 점을 망각하면 안 된다. 민중계급의 성원들은 고급예술과 관련된 미학을 무시하지도 그렇다고 사회적으로 조건지워지는 성향을 포기하지도 못한 채, 그러한 성향을 공언하거나 정당화하는 방법은 더더구나 모르기 때문에 흔히 미학적 규범과의 관계를 이중적이고 모순적인 방법으로 체험하게 된다.[284]

대중이 이중적이며 모순적인 방식으로 체험하게 되는 미학적 규범과의 관계는 텔레비전 코미디와 관련하여서도 마찬가지인 듯 한데, 이는 몇 가지 경험적

---

284) *ibid.*, p.79.

인 연구결과를 통해서 확인된다. 한 전문조사기관의 시청률 조사결과를 살펴보면, 텔레비전 코미디 시청률은 학력수준이 낮을 수록 높아지고 학력수준이 높을 수록 낮아지는 추세를 확인할 수 있다. 그리고 한 수용자 조사결과에 따르면, 상대적으로 학력이 낮은 수용자들일수록 텔레비전 코미디의 비중이 늘어나기를 희망하고 있는 반면, 학력이 높은 수용자들은 그 반대로 생각하고 있는 것으로 나타났다. 이는 학력이 낮은 사람들일수록 텔레비전 코미디에 호감을 지니고 있다는 증거가 된다. 학력자본은 텔레비전 코미디에 대한 선호와 밀접히 연관된다.[285]

<표 6> 학력자본과 텔레비전 코미디의 증가희망정도와 시청률[286]

%	시청률	1순위	2순위	3순위	종 합
중졸 이하	8.2	1.7	5.0	10.3	16.9
고 졸	6.2	1.2	3.8	4.3	9.4
대졸 이상	5.2	0.8	1.6	3.2	5.5

그러나 텔레비전 코미디에 대한 부정적 담론의 윤리·도덕적 근거가 되었던 선정성과 폭력성에 대한 반응은 오히려 그 반대로 나타난다. 즉, 학력이 높은 수용자들일수록 텔레비전의 폭력성과 선정성에 관대한 반면, 학력이 낮은 수용자들일 수록 이에 민감한 반응을 보인다. 이는 사회적 담론의 영향력에 대하여 중요한 암시를 던진다. 즉 사회적 담론으로부터의 상대적 자율성은 학력자본과

---

285) 물론 이러한 자료를 통해 학력자본이 텔레비전 코미디에 대한 선호가 인과적으로 연관된다고 말해서는 안 된다. 그러나 현상적으로 학력자본과 텔레비전 코미디에 대한 선호가 상관관계를 맺고 있다는 사실만큼은 분명한 것 같다. 즉 학력이 텔레비전 코미디에 대한 선호를 결정한다고 말할 수는 없지만, 학력이 낮은 사람들일수록 텔레비전 코미디를 선호하고 있다고 말할 수는 있다.

286) 언론연구원, '수용자 의식조사', 한국언론연구원, 1996, p.271~6에서 재구성; 시청률은 미디어 서비스 코리아, '월말 시청률 보고서', 미디어 서비스 코리아, 1998. 2에서 계산한 것.

밀접히 연관된다는 점이다. 부르디외의 조사에 따르면, 학력이 높은 사람들일
수록 미적대상을 판단하는 기준이 지배적 담론이나 이데올로기로부터 자유롭다
고 한다. 미학적인 용어로 표현한다면, 학력이 높은 사람들일수록 미적 대상의
'재현적 자율성'을 인정하는 경향이 있다는 말이다.[287]

　여기에서 '재현적 자율성(autonomy in representation)'이란 사물 혹은 대
상을 상식적인 의미나 쓰임에서 벗어나 그것의 새로운 의미와 쓰임을 찾아내는
능력과 연관된다. 예를 들어, 마르셀 뒤샹(M. Duchamp)의 '샘'이라는 작품은
상식적인 시각에서 볼 때는 공중변소에서 쉽게 볼 수 있는 남성용 소변기에 지
나지 않지만, 뒤샹은 그것을 하나의 미술 작품으로 재발견해내었다. 이렇듯 상
식적인 태도와 관점에서 벗어나 대상의 의미를 새롭게 창조해낼 때, 그 대상은
'재현적 자율성'을 획득하였다고 말한다. 그러나 대상에 재현적 자율성을 부여
하는 일은 상식적이며 즉물적인 태도에서 벗어나 사물을 새롭게 응시할 수 있
는 문화 · 예술적 감수성을 지닌 사람들에 의해서만 가능한 일이다. 대상의 재
현적 자율성은 그러므로 학력자본에 의해 형성되는 문화적 감식력과 수
행능력에 거의 전적으로 의존하지 않을 수 없다.

<표 7> 학력자본과 텔레비전에 대한 윤리도덕적 반응[288]

점수(최고 5점)	폭력적인 장면이 너무많다	선정적인 장면이 너무 많다
중졸 이하	4.06	3.99
고 졸	3.68	3.64
대졸 이상	3.65	3.56

　높은 학력으로 일정 수준의 이상의 학력자본을 소유한 사람들만이 대상에 대
한 상식적 태도에서 벗어나 그것을 새롭게 응시할 수 있다. 각급 학교에 재학

---

287) Bourdieu, *La Distinction* 참조.
288) 언론연구원, *ibid.*, p.310~1에서 재구성.

중인 청소년들을 대상으로 한 한 조사결과에 따르면, 우리나라에서 역시 학력
이 미적 대상에 대한 심미적 태도에 영향을 미치고 있음을 알 수 있다. 예를 들
어, 하수처리장에 대한 각급 학교 학생들의 심미적 태도는 학력이 올라갈수록
'추하다'는 상식적 태도에서 벗어나 '아름답다' 혹은 '흥미롭다'는 비상식적 태
도나 유보적 태도를 보이는 비율이 높아진다.

<표 8> 학력과 미적 대상에 대한 심미적 태도:하수처리장[289]

학 력	아름답다	흥미롭다	무의미하다	추하다	무응답
중학교	0.7	11.4	15.1	70.7	2.1
실업고교	0.0	12.7	14.8	70.7	1.7
인문고교	1.1.	20.3	9.9	67.0	1.7
전문대	1.1.	24.4	20.0	54.4	0.0
대학교	1.9	29.5	21.3	46.1	1.2

　　학력자본은 문화적 자율성을 확보하는 데 있어, 중요한 역할을 담당한다. 그
러므로 상대적으로 열등한 학력자본을 소유하고 있는 피지배 대중은[290] 그들의

---

289) 한국문화예술진흥원 문화발전연구소, '청소년 문화정서지표 조사연구', 한국
　　문화예술진흥원, 1993, p.253에서 재구성.
290) 안치민의 연구에 따르면, 우리 사회의 권력관계는 경제적, 문화적, 사회적 수준
　　에서 매우 높은 상관관계를 맺으며 구조화되어 있다고 한다. 다시 말해 경제적
　　지위가 높은 사람들일수록 높은 임금과 높은 학력수준을 확보하고 있으며, 이들
　　의 배우자 선택과 사회적 네트워크의 형성 역시 동일 수준 내에서 이루어진다는
　　것이다. 그러므로 사회적 신분이 낮은 하층 피지배대중은 학력자본에서뿐만 아
　　니라, 경제자본, 사회관계자본 그리고 상징자본에서도 열세를 면하기 힘든 상황
　　이다. 특히 경제적으로 상층에 해당하는 사람들의 경우 교육년수는 평균 14.43
　　년, 중간 신분은 12.94년 그리고 하층신분의 경우는 9.38년의 교육년수를 보이
　　고 있는 것으로 밝혀졌다. 학력자본에 따른 신분의 구조화는 우리 사회의 매우
　　뚜렷한 사회적 현상들 가운데 하나이다. 안치민, '한국사회의 계급 구조화 연구',
　　한국사회학 제26집, 여름호 1992, pp.73~5 참조.

188

문화적 욕구와 상반되더라도 사회의 지배적 가치기준에 쉽게 포섭되는 경향이 있다. 이들은 텔레비전 코미디에 대한 현실적인 욕망에도 불구하고 그것을 폭력적이며 선정적인 것으로 판단하는 경향이 강하다. 결국 수용자들의 이율배반적 태도는 이러한 피지배대중의 비틀린 문화적 정서를 의미한다. 피지배대중은 그들의 즐거움을 옹호할 수 있을 만한 능력을 갖추지 못하고 있다. 따라서 그들의 문화적 욕망과 그로부터 비롯되는 즐거움에 대한 긍정적 담론은 그들의 손에 의해서가 아니라, 상대적으로 높은 학력자본을 소유하고 있는 지식인들에 의해 옹호될 수밖에 없는 것이다. 마치 르네상스기의 민중적 카니발이 민중들 스스로의 손에 의해 표현되지 못하고 귀족 출신의 클래식 작가인[291] 라블레에 의해 표현되었듯이, 현대의 대중문화 역시 피지배 대중 스스로에 의해 옹호되지 못하고 있는 셈이다. 이것이 수용자들의 이율배반적 태도의 내용이며 그것의 사회적 의미이다. 수용자들의 이율배반적 태도는 피지배대중의 문화가 지배권력의 담론적 권위에 밀려 이중적이며 모순적인 방식으로 체험될 수밖에 없음을 일깨워 준다.[292]

그렇다면 이러한 텔레비전 코미디의 즐거움과 사회적 담론의 불일치에서 비롯된 수용자들의 이율배반적 태도는 사회적으로 어떠한 효과를 발휘하는가? 물론 담론과 이데올로기의 작용점은 주체이므로,[293] 이는 결국 수용자의 주체구

---

291) 라블레는 당시 클래식 작가(classic author)로 분류되는 유명인사였다고 한다. 당시 클래식 작가라는 명칭은 귀족출신으로서 문학적 권위가 최상위에 속하는 사람들을 일컫는 말이었다고 한다. Stallybrass & White, *op. cit.*, p.1~2 참조.

292) 여기에서 한 가지 지적해두어야 할 사항은, 텔레비전 코미디에 대한 긍정적 담론은 물론이거니와 그것에 대한 부정적 담론조차도 지식[인들]을 통해 생산 · 유포되고 있다는 점이다. 이는 한 사회의 문화적 권력이 결국은 대중의 이해관심과는 무관하게 지적 권위를 둘러싼 권력관계에 의해 형성되어 있음을 의미한다. 속되게 표현하자면, 지식인들만이 공적인 담론 장에서 북치고 장구치고 있다는 말이다. 이는 대중의 문화적 '소외'가 어떠한 것인지를 보여주며, 또한 그것이 권력과 어떻게 관계되는지를 드러내어 준다.

293) 알튀세 이후 이데올로기 혹은 담론의 문제는 주체구성의 문제와 동일시되어 왔

성 문제와 연관된다. '텔레비전 코미디는 저질·저급하다'는 부정적 담화들은 '텔레비전 코미디를 보지 말자'는 권유와 명령을 내포한다. 특히 청소년들에게 미칠 부정적 영향에 대한 담화들은 '저질 코미디를 내몰아야 한다'는 선언적 진술과 함께 이러한 권유와 명령을 더욱 강하게 부각시킨다.[294] 그러나 문제는 많은 수용자들이 여전히 텔레비전 코미디를 즐겨 보고 있다는 점이다. 수용자들은 텔레비전 코미디에 대한 부정적 담론에 완전하게 호명되지 않는다. 현실적으로 텔레비전 코미디에 대한 사회적 담론이 수용자들로 하여금 그것의 시청여부를 결정하는 데 결정적인 영향력을 행사하지는 못하는 것 같다. 그렇다면 주체의 호명을 보장하지도 못하고 그렇다고 욕망의 통제를 장담할 수 없음에도 불구하고 끊임없이 텔레비전 코미디에 대한 부정적 담화들이 진술되고 발화되는 까닭은 무엇인가?

담론의 투쟁을 통해 특정한 지식은 참의 진리가를 획득하며, 권력은 그것에 기반하여 스스로를 정당화한다. 그러한 한에서만 권력은 포괄적 지배를 확립할 수 있다. 이러한 관점에서 볼 때, 권력은 강제적이며 억압적인 방식에서가 아

다. 이데올로기와 담론이 적어도 경찰과 군대와 같이 물리적인 힘을 통해 지배력을 행사하는 '억압적 국가기구'의 수단과 도구가 아니라면, 그것의 주요한 작용점은 주체, 그것도 주체의 무의식이 된다. 이데올로기와 담론은 '동의'와 '합의'를 통하여 권력을 재생산한다. 그러므로 그것은 '동의'하고 '합의'해줄 거수기를 필요로 한다. 이때 거수기란 지배담론을 문제삼지 않는 이데올로기에 포섭된 주체이다. 이들 포섭된 주체— 알튀세의 어법에 따르자면, 호명된 주체— 는 이데올로기를 성찰적으로 조망하는 깨어있는 주체라기보다는, 그것에 맹목적 지지를 보내는 꿈꾸는 주체이다. Coward & Ellis, *op. cit.*, pp.68~79 참조. 물론 이러한 알튀세주의적 주체구성이론은 위의 이론적 논의에서 살펴보았듯이, 납득하기 힘든 부분이 많다. 그러나 알튀세가 이데올로기와 담론의 작용점을 주체로 잡은 것만큼은 중요한 의미를 갖는다. 본 연구에서 주체는 알튀세의 주체(subject)보다는 후기 푸코의 자기(self)에 가깝지만, 아무튼, 그 논의의 출발점만큼은 알튀세에게 빚지고 있는 것이다. M. Foucault, *Technologies of the Self: A Seminar with Michel Foucault*, 이희원 역, 서울: 동문선, 1997, pp.31~87 참조.
294) 조선일보, 97. 6. 16.

니라, 어느 정도까지는 주체의 능동적 참여와 적극적 동의를 통해 형성되는 것
임을 알 수 있다. 그러므로 푸코는 '권력은 부정적인 방식보다는 긍정적인 방식
으로 행사된다'고 주장하였고,[295] 부르디외 역시 '상징적 폭력'이라는 부드러운
지배양식을 언급하였던 것이다. 권력은 스스로의 정당성을 확보하고 지배관계
를 재생산하기 위해 지식과 담론을 형성하는 적극적 기능을 수행하지 않으면
안 되기 때문이다. 그러나 주체의 능동적 참여와 적극적 동의는 권력을 초월하
는 수준으로까지는 확대되지 않는다. 권력의 긍정적 행사는 주체의 능동성을
확장하기 위한 것이 아니다. 어떠한 의미에서 그것은 주체의 저항을 예방함으
로써 권력의 부정적 행사를 별탈 없이 치르기 위한 사회문화적 조건에 지나지
않을 수도 있다. 주체는 상대적이며 제한적인 의미에서만 자율적이다.

　담론을 통해 행사되는 권력의 작용이 어떻게 주체의 능동성을 제한하는
지를 설명하기 위해 잠깐 푸코의 '팬옵티콘(panopticon)' 개념을 살펴보고
기로 하자. 팬옵티콘은 본래 벤덤(Bentham)이 고안해낸 원형감시시설을 의미
하는 것이나,[296] 푸코에게 있어 그것은 "근대 권력의 한 모델로 인간의 일상생
활과 권력의 여러 관계를 규정하는 하나의 방법"으로 이해된다.[297] 팬옵티콘의
기본적인 원리는 감시탑의 간수는 독방의 죄수들을 감시할 수 있지만, 독방의
죄수들은 감시탑의 간수를 알아 볼 수 없다는 데 있다. 즉 그 부재의 시선이 결

---

295) M. Foucault, "Truth and Power", in P. Rabinow(ed.), *The Foucault Reader*, New York: Pantheon, 1984, p.61.

296) 푸코에 의하면 "벤덤이 생각한 〈원형감시시설〉은 [······] 잘 알려져 있는 대로, 주위에는 원형의 건물, 중심에는 탑을 배치하고 탑에는 원주에 그것을 둘러싼 건물의 내부에 면한 커다란 창을 몇 개 붙이는 것이다.(탑에서 안뜰 너머의 주위의 건물 속을 감시한다는 것이다.) 주위의 건물은 독방으로 구분되며 그 하나 하나가 건물의 폭을 완전히 차지한다. [······] 중앙의 탑 속에 감시인을 1명 배치하고 각 독방 내에는 광인, 병자, 수형자, 노동자, 생도 등을 한 사람씩 유폐하는 것으로 충분하다"고 한다. Foucault, *Dicipline and Punish*, 이광래 역, 감시와 처벌, 춘천: 강원대학교 출판부, 1991, p.260.

297) Foucault, *op.cit.*, p.266.

국엔 죄수들의 마음 속으로 내면화되어 개개인이 자기 자신의 감독 역할을 받아들이게 되는 상황이 곧 팬옵티콘의 상황이다.[298] 담론이 참인 지식에 의존하는 한, 그것을 통해 행사되는 권력은 객관적이며 공정한 것으로 받아들여 지고 그것의 실체는 진리에 가려 더 이상 보이지 않게 된다. 권력은 지배를 위하여 끊임없이 담론을 생산해내지만 주체는 담론의 진리가에만 신경을 쓸 뿐 권력을 들여다 볼 수는 없다. 더구나 그것이 참으로 인정되고 있는 한, 주체는 그것에 따라야 한다고 생각하게 된다. 이러한 상황에서 주체를 감시하고 기율하는 것은 권력의 담론을 참으로 인정한 주체 자신이다. 권력의 감시는 이렇듯 주체의 바깥에 있는 것이 아니라 주체의 내부에 위치한다.[299]

텔레비전 코미디와 담론이 연관되는 지점은 바로 이곳이다. 왜냐하면 텔레비전 코미디에 대한 사회적 담론은 수용자 주체에게 영향을 미쳐 그것의 사회적 수용과 태도를 특정한 방향으로 기율할 수 있기 때문이다. 만약 텔레비전 코미디에 대한 부정적 담론이 내적 정당화과정과 사회·제도적 수준에서의 정당화과정을 통해 참의 진리가를 확보하고 있다면, 그것은 수용자 주체에게 내면화된 규범을 제시함으로써 스스로의 행위를 감시하고 감독하게 만들 것이다. 이러한 내재화된 감시는 수용자들로 하여금 텔레비전 코미디를 기껍게 받아들일 수 없도록 만든다. 그러나 위에서 살펴보았듯이 즐거움의 본성이 담론을 통해서는 포착할 수 없는 원초적 경험으로서의 쥬이상스라면, 그리고 텔레비전 코미디의 즐거움이 쥬이상스의 계기를 내포하고 있다면 수용자들의 그들의 욕망이 내재화된 담론과 부딪혀 길항하고 갈등하는 주체의 이중분열적 상황을 경험

---

298) あきら, op. cit. p.174.

299) 이러한 내면화된 감시에 의해 지배를 관철하는 권력의 한 양상을 푸코는 '사목권력'이라는 이름으로 불렀다. 즉 권력은 단지 금지하고 처벌하는 것이 아니라, 가르치고 인도한다는 것이다. M. Foucault, 'Omnes et Singulatim: Towards a Criticism of Political Reason', 정일준 역, '정치와 이성', Foucault, M. 외, 정일준 편역, 미셸 푸코의 권력이론, 수정증보판, 서울: 새물결, 1995, pp.55~57.

하게 될 것이다. 어떠한 의미에서, 위에서 언급한 수용자들의 이율배반적 태도
란 이러한 이중분열적 상황에서 비롯된 결과일 수 있다.

　사회적 담론은 마치 사법제도처럼 작동한다. 사법제도의 목적은 범법자들에
게 벌을 주기 위한 것이 아니라, 범죄를 예방하는 데 있다. 그런데 아무리 효율
적인 사법제도라고 하여도 범죄를 완전히 일소할 수는 없다. 오히려 사법제도
가 존재한다는 것은 범죄가 존재한다는 말과 같고, 사법제도가 정교하고 강력
하며 효율적일수록 범죄 또한 그만큼 교묘하고 악질적으로 변할 수밖에 없다.
사법제도는 범죄자를 관리하기 위한 것이라기보다는 오히려 선량한 일반 시민
을 관리하기 위한 것이다. 즉 사법제도는 범법자들을 사회로부터 격리시켜 그
들의 행위가 사회 전반으로 퍼져나가지 못하도록 하는 데 목적이 있다.[300] 위법
과 범법이 공공연히 행해지지 않도록 하는 것이 사법제도의 일차적 기능이다.
사법적인 처벌과 감금은 범법과 범죄를 몰래 하도록 만든다. 물론 텔레비전 코
미디를 보고 즐거움을 느끼는 일이 절도 및 강도와 같은 법범행위와 똑같을 수
는 없다. 그것의 사회적 파급효과나 그것에 대한 사회적 부정의 정도에 있어서,
범죄와 텔레비전 코미디는 비교할 수 없을만큼 커다란 차이를 보인다. 그러나
이러한 차이에도 불구하고 이들 사이에는 어떤 유비성이 존재한다.

　사법제도와 마찬가지로 사회적 담론의 역할은 이데올로기에 반하는 탈규범적
행위가 이미 이데올로기에 포섭된 주체들로 번져나가 그것이 만연되는 것을 방
지한다. 즉 지배적 담론은 텔레비전 코미디가 주는 탈규범적 즐거움을 완전하
게 제거할 수는 없지만, 그것을 분출하고 향유할 수 있는 공간만큼은 제한할
수 있다. 텔레비전 코미디의 일탈과 위반이 일견 사소하고 미미해 보이는 것처
럼 그것에 대한 사회적 통제 또한 높은 강도로 공공연히 진행되지는 않는다.

---

300) 푸코의 증언에 따르면, 근대적 감옥은 나병과 페스트 환자를 격리시켜두기 위한
　　병원과 수용시설로부터 유래하였다. 이는 감옥의 우선적인 목적이 격리에 있음
　　을 보여준다. 범죄자는 마치 전염병을 앓고 있는 환자와 같다. 감옥은 이들을 사
　　회적으로 격리하여 범죄라는 질병을 사회 전반에 전염시키는 일을 담당한다.

그것은 담론이라는 미세한 정치적 통제 메카니즘에 의해 통제되고 관리된다. 그러므로 탈규범적 즐거움의 격리공간은 분명한 공간적 연장을 확립하기보다는 심리적이고 무의식적인 주체의 공간 안에 자리잡는다. 이때 담론은 즐거움을 경계하는 팬옵티콘 혹은 내면화된 감시자가 된다. 이러한 상황에서는 그 누구도 부정적 진술을 발화하는 '우리들' 앞에서 떳떳하고 자신있는 목소리로 텔레비전 코미디를 옹호하지 못하게 된다. 그 결과 텔레비전 코미디의 탈규범적 즐거움은 사회의 공식적인 공간에서 공공연히 향유되지 못하고 사적인 공간에 격리된 채 소극적으로 영위된다.

5.2. 이율배반적 수용자: 이론적 모델

위에서 살펴본 대로 '즐거움'은 텔레비전 코미디의 텍스트적 특성을 지목하고, '담론'은 그것의 사회적 의미가 어떻게 규정되고 있는지 그리고 이들 배후에 가려진 권력의 관계가 무엇인지를 들춰낸다. 이들의 관계를 이론적으로 사고할 때, 텔레비전 코미디 수용자들의 이율배반적 태도에 대한 하나의 설명 모델을 추상해낼 수도 있을 것이다. 이는 무엇보다 수용자 주체의 구성적 모델이 될 것인바, 왜냐하면 담론과 즐거움이 길항하고 권력이 작용하는 공간은 그 무엇보다 수용자 주체이기 때문이다. 담론에 의해 형성되는 팬옵티콘은 수용자 주체에 자리잡는다. 그것은 사회의 객관적 통제 양식[기구 혹은 제도]이 아니라 내면화된 통제 양식이다.

텔레비전 코미디의 텍스트가 만약 피지배대중의 욕망을 반영하고 있다면, 지배계급은 이에 대한 부정적 평가를 지배적 담론으로 구축함으로써 문화적 취향을 차별화해내고 이로부터 그들의 권력을 보다 안정적으로 재생산해낼 수 있게 된다. 그런데 텔레비전 코미디는 쥬이상스의 텍스트로서 그것의 즐거움은 원칙적으로는 담론화될 수 없는 영역이다. 그러나 담론화되지 않는다면 권력은 무용지물이다. 사회적으로 의미가 부여되고 그것에 진리가가 확정되지 않는 한 담론을 통한 권력의 지배는 불가능하다. 따라서 사회적 담론은 텔레비전 코미디의 담론화할 수 있는 부분에 초점을 맞춘다. 텔레비전 코미디가 주는 즐거움에 대하여는 말할 수 없지만 그것의 사회적 영향이나 형식적 완성도 따위에 대해서는 말할 수 있다.

만약 이에 대한 부정적 담론이 전체 담론 구성체 안에서 지배적 지위를 확보할 수만 있다면, 지배권력에 의한 문화적 서열매김은 그 나름의 사회문화적 기반을 갖추게 된다. 그러나 텔레비전 코미디를 문화적으로 서열짓는 담론화의 기준이 사회적으로 폭넓은 지지를 확보하고 있지 못하다면, 이 또한 성공을 장담할 수 없다. 그러므로 텔레비전 코미디의 담론화 기준은 단지 지배계급만의 것이어서는 곤란하다. 그것은 사회의 전 구성원들에게 만장일치에 가까운 지지와 동의를 확보하고 있는 보편적이며 객관적인 기준이어야 한다. 담론화 기준은 그러므로 자율적이며 객관적인 것으로 인정되고 있는 사회제도적 실천, 즉 교육제도에 의해 지탱된다.

이상에서 살펴보았듯이, 텔레비전 코미디에 개입되는 사회문화적 권력의 작동 메커니즘은 그것의 즐거움과는 무관하게 다른 수준에서 이루어진다. 사회문화적 지배란 담론화될 수 없는 즐거움과 그것을 피해 끊임없이 담론의 영역을 확장해 나가는 권력의 대립으로부터 파생한다. 텔레비전 코미디에 대한 사회적 비난은 결코 그것의 즐거움에 대한 것일 수 없음에도 수용자들은 그렇다고 그것을 의식하지 않을 수도 없다. 부르디외의 말대로 대중 미학은 결코 자율적이지 않으며, 지배권력과의 관계 속에서 이중적이고 모순적인 방식으로 표출된다. 하층계급에 속한 민중들은 이미 교육제도를 통해 지배자들의 미학에 참여하고 있다. 학교에서 배운 대로, 이들 역시 고급문화는 훌륭하고 바람직한 문화적 양식이라고 믿는다. 그러나 이들은 바하의 '토카타와 푸가'보다는 김추자의 '월남에서 돌아온 김상사'를 욕망한다.

그들의 취향은, 지배담론이 제시하는 기준에 따르자면, 고급스럽지 못할 뿐

더러 오히려 천박하고 조잡스럽기까지 하다. 그들 또한 그것을 잘 알고 있다. 그러므로 그들은 텔레비전 앞에 앉아 코미디에 정신을 팔고 있으면서도 입으로는 그것을 저질이라 말한다. 이들의 욕망은 그들의 담론과 일치하지 않는다. 만약 그들의 욕망을 옹호하고 싶다고 해도 이들에게는 그럴 수 있을 만한 자원과 능력이 없다. 그러므로 이들은 그들의 문화적 삶을 모순되고 이중적인 방식으로 경험하게 된다. 텔레비전 코미디 수용자들의 '이율배반적 태도'란 이러한 사회문화적 지배 메커니즘에서 파생된 권력의 효과이다. 욕망과 담론이 일치하지 않음으로써 발생하는 수용자들의 이율배반은 즐거움과 이데올로기 사이에서 갈팡질팡하는 수용자 주체의 문화적 모순을 보여준다.

그런데 텔레비전 코미디 수용자들의 '이율배반적 태도'는 한편으로 지배권력의 이데올로기적 지배에 구멍이 뚫려있음을 증거한다. 즉 수용자 주체는 때로는 호명되지만 때로는 호명되지 않는다는 것이다.[301] 만약 주체가 완전히 호명되어 이데올로기적 지배가 완결되었다면, 취향과 담론의 불일치는 애초에 일어나지도 않았을 것이고, 수용자들 역시 문화적 모순을 경험하게 될 까닭도 없었을 것이다. 한마디로 이데올로기는 주체 호명에 실패하고 있다. 그러나 실패는 부분적일 뿐이다. 이데올로기의 부분적 실패는 수용자 주체를 호명된 주체와 호명되지 않은 주체로 갈라 세운다. 이때 호명된 주체는 담론에 호명되지 않은 주체는 욕망에 연관한다.

이데올로기가 주체 호명에 실패하고 있음에 대한 문화연구의 이론적 대응은 대체로 다음과 같은 두 가지의 방향에서 이루어져 왔다: 첫째 호명의 부분적 실패에도 불구하고 이데올로기는 여전히 위력적일 수 있다는 수정주의적인 입장, 둘째 호명의 실패를 이데올로기의 전반적 실패로 간주하고 이로부터 주체의 자율성과 능동성을 강조하는 입장. 첫 번째 입장은 그러나 새로운 현상인 '호명의 실패'를 애써 감추려는 소극적인 태도를 보임으로써 한동안의 인기를

---

301) '호명(interpellation)'이란 주지하다시피 알튀세의 개념으로 이데올로기의 주체 구성 양식을 설명한다. 이에 대하여는 Althusser, *op. cit.*을 참조할 것.

196

끝까지 유지하지 못하였다. 한편 두 번째 입장은 새로운 현상인식을 이론의 전면에 부각하고, 이를 통해 참신하고 충격적인 이론들을 제시함으로써 최근의 문화연구에 한 획을 그었다.

그러나 이들 두 가지 연구경향은 모두 그나름의 한계를 지니고 있는바, 수정주의적 경향은 호명의 실패라는 명백한 현실을 애써 외면하고 있다는 점에서 그렇고, 주체의 자율성을 강조하는 입장은 호명의 실패를 과대포장함으로써 그것이 부분적이며 제한적인 실패라는 또 다른 사실을 대수롭지 않게 여기고 있다는 점에서 그러하다. 그러므로 이들의 이론적 한계로부터 벗어나기 위해서는, 무엇보다 이데올로기적 호명의 성공과 실패는 모두 부분적이라는 사실에 천착하여야 한다. 따라서 문화연구의 가장 시급한 문제는 호명된 부분과 호명되지 않은 부분 사이의 관계에 있다.[302]

텔레비전 코미디에 대한 '욕망'이 이데올로기적으로 호명되지 않은 부분에 해당하고 '담론'이 호명된 부분에 해당한다면, 문제는 욕망과 담론의 관계라고 할 수 있다. 욕망의 영역은 호명되지 않는 자율적 주체가 기거하는 능동적 수용자의 영역이다. 이는 순수한 즐거움, 즉 쥬이상스의 영역이고 사회적 규범에 의해 매개되지 않은 순수 욕망이 자리한 곳이기도 하다. 여기에서 욕망은 '결핍으로부터 오는 욕망'이 아니라 무매개적이고 직접적인 욕망, 즉 '기계의 욕망 (desire of machine)'을 가리킨다.[303] 그것은 들뢰즈와 가타리가 말하는 분열된

---

302) 이러한 연구경향들에 대하여는 다음을 참조할 것. Turner, *op. cit.* pp. 225~255; J. Fiske, and J. Hartley, *Reading Television*, 이익성, 이은호 역, TV 읽기, 서울: 현대미학사, 1994; Fiske, *Television Culture*; Fiske, *Understanding Popular Culture*; Fiske, 'Postmoernism and Television', in Curran, J. & M. Gurevitch (eds.), *Mass Media and Society*, London: Edward Arnold, 1991, pp. 55~67.

303) 여기에서 기계란 '주체'라는 말썽 많은 개념을 대신하기 위해 들뢰즈와 가타리가 제안한 새로운 표현이다. 이들은 '주체'라는 말이 '의식'을 연상시키게 되는데, 이는 그들의 '주체' 개념에 부합하지 않기 때문에 이를 '기계'로 고쳐쓰고 있다. 들뢰즈와 가타리는 인간의 원초적이며 육체적인 본능을 분열된 기관들의 욕망에서 찾고 있다.

입은 먹고자하며, 손은 만지거나 쥐려고, 눈은 보려하며, 성기는 교합하려 한다. 그러므로 그들은 이러한 기관들의 욕망을 '욕망하는 기계'라고 표현한다. 기관들은 다른 기관들과 만나 하나의 흐름을 형성하게 된다. 이를테면, 젖가슴은 아기의 입과 만나 젖의 흐름을 형성하고 남성은 여성과 만나 정액의 흐름을 형성한다. 이러한 흐름들은 특정한 하나의 기관에 고착된 것이 아니라 그것이 어떤 기관들과 만나느냐에 따라 전혀 달라지게 된다. 입은 무얼 먹기도 하지만, 호흡하기도 하고, 말하거나, 애무하기도 한다. 그러나 하나의 기관은 한번에 하나의 흐름만을 형성할 뿐, 결코 다수의 흐름을 동시에 만족시킬 수 없다. 음식을 삼키고 있는 동안에는 말할 수 없으며, 호흡도 잠시 중단되게 된다. 그러므로 이들 기관들이 모여있는 사람의 신체는 끊임없는 흐름, 기관과 기관 사이의 흐름, 욕망하는 기계의 흐름으로 이해되어야 한다. 그런데 인간의 신체가 이러한 흐름의 연속이라면, 이는 한시라도 고정되거나 고착되지 않는 유동체로 인식되어야 한다. 고정과 고착이란 죽음이다. 그러므로 인간 신체의 통일적이며 일관된 이해는 원초적으로 불가능한 일이라고 해야 할 것이다. 그러나 이러한 기관들은 하나의 공간에 모여 있는바, 이 공간은 모든 기관이 어떠한 흐름도 형성하지 않고 오직 잠재적인 것으로만 남아있다고 간주할 때 이해되고 추상될 수 있다. 들뢰즈와 가타리는 이를 '기관없는 신체'라고 부르며 이는 모든 기관들이 강도=0일 때, 드러날 수 있다고 말한다. 들뢰즈와 가타리는 '기관없는 신체'와 '욕망하는 기계' 사이의 관계를 '기관없는 신체'라는 달걀의 표면에 '욕망하는 기계'가 쉼 없이 어떤 흐름을 그려 넣는다고 표현한다. 즉 '기관없는 신체'는 인간 욕망의 잠재태, 즉 모든 기관이 하나의 흐름을 형성할 수 있는 모든 가능성이며, '욕망하는 기계'는 이들 흐름들 가운데 어떤 하나가 활성화된 욕망의 현실태이다. 그런데 특정한 기관의 '욕망하는 기계'가 하나의 흐름으로 고착된다면 이는 커다란 문제를 불러 일으키게 되는바, 이를테면 입이 먹기만 하고 말하거나 호흡하려 하지 않는 다면, 그 목숨은 아무도 장담할 수 없을 것이다. 그러므로 '욕망하는 기계'가 형성하는 흐름들은 끊임없이 하나의 흐름에서 다른 흐름으로 그리고 또 다른 흐름으로 이전하고 교호해야 하는바, 들뢰즈와 가타리는 이를 가리켜 '노마드적 주체'라고 이름하였다. 인간의 신체가 이와 같이 움직이듯이 사회 역시 신체를 가지고 있는데, 문제는 사회는 인간이나 유기체의 신체와 같이 이러한 방식으로 원활하게 움직이지 못하고 있다─물론 인간의 신체에도 문제는 있다─는 것이다. 사회가 원활하게 움직이지 못함은 '사회적 신체'가 욕망의 다양한 흐름들을 좇아 쉼없이 유동하는 '노마드적 주체'를 실현하지 못하고, 사회를 하나의 흐름으로 고착시키려는 '농경민적 주체' 혹은 '편집증적 주체'에 굴복하기 때문이다. 사회가 욕망의 한 흐름으로 고착될 때, 그것은 폭력과 억압을 낳는다. 들뢰즈와 가타리는 이를 '코드화(codization)' 혹은 '속

198

기관들의 욕망에서 오는 것이며, 결코 하나의 흐름으로 고착될 수 없는 절대적 차이의 영역이다. 하나의 욕망은 다른 욕망에 의해 대체되거나 대신될 수 없다.

욕망의 영역과 또 다른 극점을 형성하고 있는 담론의 영역은 호명된 주체, 즉 구성된 주체가 자리잡은 수동적 수용자의 영역이다. 이는 지배적 담론이 이데올로기적 지배를 관철하는 영역이다. 이때 욕망은 담론에 영향을 미쳐 그것을 포섭함으로써 주체의 자율성과 능동성을 확보하고자 할 것이며, 담론 역시 욕망을 자신의 영역 안으로 끌어 들여 이데올로기적 지배를 관철시키고자 할 것이다. 그러므로 이들 사이에는 상호교섭의 점이지대가 형성될 것인바, 이들 은 각각 플레지르와 저항담론에 해당한다. 이들 점이 지대는 취향과 담론이 투쟁하고 적대하며, 협상하고 수렴하는 운동 · 변화 · 전이의 공간이다.

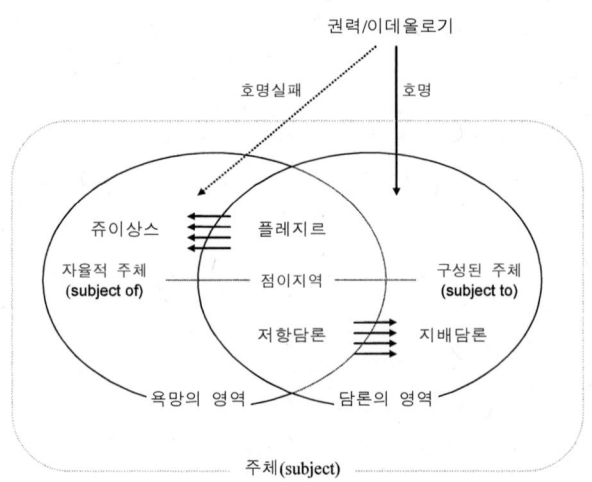

[그림 3] 이론적 모델: 취향과 담론의 전략 공간

령화-영토화(territorialization)'라고 표현한다. 그러므로 들뢰즈와 가타리는 현대 사회의 여러 가지 문제들을 해결하기 위해서는 '탈코드화'와 '탈속령화'가 필요하며 이는 '노마드적 주체' 혹은 '노마드적 삶'에 의해서만 가능한 것이라고 역설한다. G. Deleuze and P.Guattari, *Anti-Oedipus*, 최명관 역, 앙띠 오이디푸스, 서울: 민음 사, 1994 참조.

'저항담론'은 지배 이데올로기에 맞서 욕망을 옹호하며, 이를 통해 담론의 영역에 삼투해 들어가고자 한다. 한편 '플레지르'는 욕망의 영역을 담론의 영역 안에 포섭함으로써 이데올로기적 지배를 관철시키기 위해 담론화된 즐거움을 생산해 낸다. 플레지르의 영역은 그러므로 무매개적이며 순수한 욕망이 아니라, 사회문화적 규범을 통해 매개되어 서열화된 질서를 갖춘 상징적 욕망이 자리하는 곳이다.[304] 그런데 여기에서 한 가지 염두에 두어야 할 것은, '저항담론'과 '플레지르'은 자연적 공간이 아니라 '전략의 공간'이라는 점이다. '저항담론'은 끊임없이 담론의 영역으로 존재를 확장시키려는 욕망의 전략적 공간이며, '플

---

304) '욕망'과 '상징적 욕망'의 구분은 라캉의 욕구(need)— 요구(demand)와 욕망 (desire)의 구분과 일치하는 것처럼 보일지 모른다. 그러나 이는 오히려 라캉의 구조주의적 명제, 즉 욕망은 결핍이며 원초적 부재의 효과라는 보수적 명제로부터 벗어나기 위하여 들뢰즈와 가타리(G. Deleuze & P.Guattari)의 용어를 빌려 쓴 것이다. 라캉은 욕망의 출현을 상징계와 결부짓고 이를 자연적인 현상인 것처럼 이야기하고 있다. 그러나 들뢰즈와 가타리에게 있어 욕망은 본래 무매개적이며 순수한 것이다. 라캉의 욕망이란 이들에게 지배의 효과, 즉 노예화된 욕망일 뿐이다. 라캉이 보수적인 이유는 언어와 상징에 의해 식민지화된 욕망을 자연화함으로써 주체를 수동적인 존재로 묘사하고 이로부터 변혁과 초월의 가능성을 지워버린 데 있다. 그러나 들뢰즈와 가타리에게 욕망이란 인간 존재의 원초적인 '힘'이다. 그들에게는 모든 것이 욕망이다. 심지어는 죽음조차도 말이다. 그것은 '동물적인 것'이며 상징과 언어에 의해 완전히 식민지화 될 수 없는 순수함 그 자체이다. 인간 존재의 끊임없는 욕망은 결핍에서 초래하여 또 다른 결핍을 낳는 악순환이 아니라, 끊임없이 무언가를 생산하고 흐름을 형성하는 긍정적 영원회귀이다. 그러므로 어떠한 통제와 억압에도 불구하고 욕망은 삶의 표면으로 분출하여 생산과 변혁을 초래할 수 있는 것이다. 라캉은 이를 정신질환에 결부시켜 치료와 관리를 제안하지만, 들뢰즈와 가타리는 그 반대이다. 라캉의 욕망에 대하여는 "Sarup M., *Jacque Lacan*, 김해수 역, 알기쉬운 자끄 라깡, 서울: 백의, 1994, pp.107~13"을 참조할 것. 그리고 들뢰즈와 가타리의 욕망에 대하여는 "Deleuze, G., 'What is Desire', in Boundas, C. V.(ed.), *The Deleuze Reader*, New York: Columbia University Press, 1993, pp.136~144"를 참조할 것.

레지르'는 욕망의 영역에 삼투해 들어가 이를 식민지화하려는 담론의 전략적 공간이다.

　그런데 담론과 욕망의 전략적 공간이 어떻게 상호연관되는지를 살펴보면 매우 흥미로운 사실이 하나 발견된다. 즉, '저항담론'과 '플레지르'는 모두 담론을 통한 전략, 상징과 언어를 통해 각자의 영역을 확장시키려는 전략을 취하고 있다는 점이다. 그러므로 이들 모두는 일차적으로 담론의 영역 안에 있다고 해야 할 것인바, 이는 이들의 관계를 해명하기 위한 중요한 단서를 제공한다. 담론과 욕망의 전략적 공간인 점이지대는 여전히 담론의 영향권 안에 있으며, 따라서 욕망의 전략적 공간인 '저항담론' 또한 담론 일반의 규율과 질서에 의해 코드화될 수밖에 없다.[305] 욕망이 스스로를 변호하고 옹호하기 위하여 '말'을 내뱉는 순간, 그것은 이미 욕망의 순수성을 포기하고 담론의 질서에 복속된다. '저항담론'도 어차피 '말'이기에 언어의 일반적인 규칙과 규범으로부터 자유로울 수 없으므로, 그것의 의미공간은 결코 독립적이거나 자존적일 수 없다. 그러므로 욕망의 전략적 공간인 '욕망의 담론'은 코드의 지배를 벗어나기 위해 특별한 전략적 도구들을 갖추지 못하는 한, 담론에 속령화(territorialization)되어 버리고 만다.[306]

---

305) 저항담론과 반담론은 그것을 코드화하는 규칙과 질서가 무엇이냐에 따라서도 구분될 수 있을 것이다. 저항담론을 코드화하는 규칙은 담론 일반의 규칙이지만, 반담론을 코드화하는 규칙은 특정화된 담론의 규칙인 이데올로기이다. 그러므로 반담론의 일차적 한계는 이데올로기적 속박에 있으나, 저항담론의 일차적 한계는 언어적 한계이다. 어떠한 의미에서 언어를 사용해야 한다는 것만큼 크고 강력한 속박도 없을 것이다. 저항담론은 기존의 이데올로기로부터는 벗어나지만, 언어적 속박으로부터는 자유로울 수 없다.

306) 저항담론은 따라서 욕망으로부터 나온다기보다는 지배담론으로부터 나온다고 말할 수도 있을 것이다. 저항담론의 목적은 욕망을 옹호하는 데 있지만, 욕망이란 원칙적으로는 담론화될 수 없으므로 그것은 지배적 담론에 대한 대항과 그것의 부정으로 표현될 가능성이 크다. 흔히 저항담론이라 일컬어지는 대부분의 논의들이 '대안이 없다'는 소리를 듣는 까닭도 바로 여기에 있다. 저항담론은 어떠한

담론은 이데올로기적 지배를 관철하기 위하여 끊임없이 주체를 호명한다. 그러나 현실적으로 호명되지 않는 주체가 있고, 주체의 어떤 한 구석은 호명되지 않은 채로 남아있다. 주체 안에 호명되지 않은 영역, 지배가 관철되지 않는 영역이 남아 있다는 것은, 지배권력의 입장에서 보면, 불안하고 위험한 일이다. 담론의 지배를 해체하고 이데올로기적 재생산의 고리를 끊는 저항과 전복의 근거가 바로 여기에 있기 때문이다. 그러나 문제는 순수한 의미에 있어서의 욕망과 즐거움은 본래 담론을 통해 소환할 수 없는 영역이라는 데 있다. 무엇을 좋아하고 그것으로부터 즐거움을 느낀다는 것은 '말'로써는 어떻게 해볼 수 없는 절대 긍정의 영역이다. 텔레비전 코미디는 쥬이상스의 텍스트로서 그것의 즐거움은 말해질 수 없다. 그것은 담론의 바깥에 있으며, 따라서 담론의 규칙과 질서로부터 벗어나 있다. 권력은 지배적 담론을 통하여 끊임없이 욕망의 영역을 속령화시키려 하지만 이는 결코 완결될 수 없다.[307] 그러나 이러한 어려움은 비단 지배권력만의 문제는 아니다. 위에서 언급한 대로 피지배권력을 옹호하는 저항담론 역시 쥬이상스에 대하여 충분하게 이야기할 수 없기 때문이다. 그러므로 결국 지배와 저항 모두의 성패는 담론 영역에서 결정된다.

권력이 기댈 수 있는 곳이라고는 담론의 영역뿐이다. 담론 바깥에서 권력은 아무런 힘도 행사할 수 없다. 그러므로 권력은 사회적 삶의 전 부문에 걸쳐 포괄적인 담론화 작업을 수행하지 않으면 안된다. 권력이란 근본적으로 '담론화

면에서는 욕망을 직접적이며 긍정적인 방식으로 옹호하기보다는, 지배담론을 부정함으로써 결과적으로 욕망을 옹호하게 되는 간접적이고 부정적인 전략을 취할 수밖에 없다.

307) 그러므로 라캉의 욕망이란 주체의 욕망이라기보다는 담론의 욕망이라고 해야 할 것이다. 물론 이는 지나치게 단순화된 표현일지 모른다. 하지만 분명한 한 가지는 라캉의 욕망이론은 담론의 욕망을 주체의 욕망과 일치시킴으로써 지배의 논리와 전략을 자연스러운 것으로 포장하고 있다는 점이다. 라캉이 말하는 상징계의 질서는 권력의 전략이며 효과일 뿐, 주체 본연의 문제일 수 없다. 이러한 점에서 라캉의 정신분석학은 보수적이며 반혁명적이다. 이에 대하여는 다음을 참조할 것. Deleuze & Guattari, *Anti-Oedipus* 참조.

202

하는 권력'이다. 담론화의 과정은 그 결과물들을 지식으로 축적하고 지식은 담론적 지배를 관철하기 위한 중요한 자원으로 기능하게 된다. 이러한 담론화의 의지는 대상을 가리지 않는다. 이는 즐거움에 있어서도 마찬가지이다. 위에서 언급한 담론과 즐거움의 점이지역에 형성된 플레지르는 이러한 담론화의 산물이라고 할 수 있다. 플레지르는 담론의 영역에서 쥬이상스를 대신하는 대체물로 기능한다. 플레지르는 특정한 규칙과 규범에 따라 서열화되고 질서지워진 즐거움이다. 따라서 여기에는 세련됨과 유치함, 상급과 하급, 좋은 것과 나쁜 것이라는 차별적 대립쌍이 존재한다. 플레지르는 이러한 대립쌍 가운데 세련됨, 상급, 좋은 것을 선택하게 함으로써 차별화된 즐거움을 제공한다. 그러므로 담론은 그 자신의 산물인 플레지르에 의지한다. 위계 서열화된 즐거움의 지평이 존재하지 않는다면, 담론에 의한 문화적 차별은 경험적 근거가 없는 '말'에 지나지 않기 때문이다.

텔레비전 코미디에 대한 사회적 담론은 평가적이다. 사회적 담론은 플레지르에 의지하며, 플레지르는 올라가야 할 곳이 어디인지를 보여준다. 사회적 담론이 텔레비전 코미디에 부정적이라면, 이는 그것이 플레지르를 충족시키기 못하고 있기 때문이다. 그러므로 텔레비전 코미디에 대한 '부정적 담론'은 주체로 하여금, 플레지르의 관점에서 자신의 취향을 부정하고 반성하도록 만든다. 이때의 주체는 스스로의 욕망을 흔쾌하게 받아들일 수 없는 일종의 감정적 찌꺼기를 품고 있다. 텔레비전 코미디에 대한 수용자들의 '이율배반적 태도'는 이러한 감정적 모순으로 채워진다. 그들의 즐거움은 담론에 의해 왜곡된다. 이렇게 함으로써 권력은 무매개적이며 직접적인 즐거움인 쥬이상스가 담론에 의해 조직된 권력의 세계를 위협할 수 있는 가능성들을 무화하고 삭제할 수 있게 된다.

쥬이상스는 주관적인 경험의 세계이다. 그런데 이 세계의 경험이 공적이며 객관적인 세계에서의 삶을 주도하게 된다면, 사회적 삶은 혼란과 무질서에 빠지게 된다.[308] 이러한 혼란과 무질서는 지배권력을 비롯한 권력 일반의 존폐를

---

308) 이러한 세계를 아키라는 자연적 질서(physis)에서 어긋난 '혼돈의 세계(chaos)'

위협하는 결과를 초래한다. 그러므로 권력은 공적 삶의 질서를 개인적 삶에 이
식시켜 사회문화적 질서를 유지하고자 한다. 그러나 개인적 삶의 주관적 경험
인 쥬이상스는 사회문화적 질서에의 편입을 거부하는 직접적이며 무매개적인
즐거움이다. 이러한 상황에서 지배질서의 재생산을 가능케하는 차선의 대안은
공적 삶과 개인적 삶을 갈라 세우고 이들 사이의 경계를 분명하게 하는 일이다.
이러한 권력의 지배전략 안에서 수용자 주체는 문화적 혼동을 경험하게 된다.
개인적 삶의 즐거움이 공적으로는 부정적으로 평가되기 때문이다. 따라서 수용
자 주체는 사적 영역에서의 즐거움을 공적 영역에서는 부정하는 이율배반적 태
도를 지니게 된다. 그 결과 수용자들은 개인적 삶의 경험을 공적 삶의 영역으
로 끌고 들어오지 못하게 된다. 수용자의 '이율배반적 태도'는 텔레비전 코미디
의 즐거움을 떳떳하게 받아들이지 못하게 함으로써 지배영역을 유지하고 그것
을 재생산해내는 지배권력의 전략이자 그것의 효과이다.

권력은 근본적으로 담론화하는 속성을 지니고 있으며, 그것은 담론화할 수
없는 것에 대하여 부정적이다. 텔레비전 코미디의 즐거움 또한 이러한 담론화
하는 권력의 지배전략에 이끌려 담론 안으로 들어와 부정적인 방식으로 의미화
되고 있다. 그럼에도 불구하고 그것의 즐거움― 쥬이상스― 은 사라지지 않는다.

라고 불렸으며, 지라르는 '광란적 경쟁'과 '극단적 투쟁'으로 점철된 '무차별적
혼동의 세계'라고 불렀다. 낭만적인 생각일 수는 있으나 니이체로부터 영향을 받
은 들뢰즈와 가타리는 이러한 세계를 오히려 자연적 질서에 접근하는 한 과정으
로 생각한다. 이들에게 있어 혼돈의 세계란 담론의 관점― 흔히 상징적 질서라고
불리우는― 에서나 혼돈스러운 것이지, 비담론적 관점에서는 오히려 자연적 질서
에 가까운 것이다. 자연적 질서는 규범이 아니다. 어떠한 의미에서 담론에 의한
식별과 분간이 생겨나기 전이라면 혼동이란 관념조차 존재할 수 없었을 것이다.
혼돈과 무질서는 질서가 있기 때문에 생겨난 것이지, 그 자체로 혼돈이며 무질
서일 수는 없다. 즐거움 정확하게 말해 쥬이상스는 담론적 질서를 거부
하고 사회적 삶의 자연적 삶으로 되돌리려는 경향을 지닌다. 그것은 담
론의 입장에서 볼 때, 무정부적이며 비합리적인 에너지인 것이다. あき
ら, op. cit., p.20; Girard, op. cit., p.77 참조.

하나의 욕망이 다른 욕망에 의해 대체될 수 없듯이 텔레비전 코미디의 즐거움 또한 담론에 의해 사라져 버리지는 않기 때문이다. 어떠한 면에서 텔레비전 코미디의 무매개적이며 직접적인 즐거움, 담론에 길항하는 탈규범적 즐거움은 담론화하는 권력에 완전히 포섭되지 않는 미답의 영역으로 남아 있다. 말해지지 않았다고해서 없는 것은 아니며, 말해졌다고 해서 있는 것도 아니다.

6. 결론: 텔레비전 코미디 수용자들의 모순적 정체성

본 연구의 목적은 텔레비전 코미디를 통해 즐거움을 구하면서도 그것을 부정적으로 평가하는 수용자들의 이율배반적 태도를 즐거움과 담론의 관계 속에서 해명하는 데 있다. 위에서 살펴본 대로, 텔레비전 코미디라는 통속적이며 대중적인 오락물이 전해주는 즐거움은 지고의 교훈과 가치에 있다기보다는 즉각적이며 즉물적인 즐거움에 있다. 텔레비전 코미디가 구축하는 세계는 일견 사회문화적 질서와 규범으로부터 벗어나 그 나름의 자율성을 지니고 있다. 아리스토텔레스가 비극의 세계를 현실세계와 구분하여 그 나름의 규칙과 질서를 지닌 독자적이며 자율적인 영역으로 규정하였듯이,309 텔레비전 코미디 역시 현실과는 구분되는 자율적 영역을 구축하고 있다. 그러나 사회적 담론의 지배적 양상은 텔레비전 코미디의 자율성을 대수롭지 않게 취급하고 있는 듯하다. 오히려 사회적 담론에서 다루어지는 대부분의 논제들은 텔레비전 코미디가 일상의 삶에 미치는 악영향과 부정적 결과에 집중하고 있다. 따라서 텔레비전 코미디의 즐거움과 그것에 대한 사회적 담론은 상호 길항하는 모순적 관계에 있다고 해야 할 것인데, 이는 텔레비전 코미디의 텍스트와 그것에 대한 사회적 담론을 분석한 결과를 통해 분명히 드러난다.

텔레비전 코미디의 텍스트를 분석한 결과, 웃음을 통해 표출되는 텔레비전 코미디의 즐거움은 담론으로 포착할 수 없는 직접적이며 무매개적인 성격을 지니고 있는 것으로 드러났다. 텔레비전 코미디의 즐거움은 텍스트의 규칙과 규범에 의해 매개되거나 제약되지 않는다. 그것은 기존의 사회문화적 규범과 질서 특히 합리적 서사와 사실적 재현을 중시하는 사실주의적 텍스트의 규범으로

---

309) 김용수, *op. cit.* 참조.

206

부터 일탈한다. 텔레비전 코미디는 합리적 서사를 중시하는 텍스트들과는 다르게 논리적이며 인과적인 서사진행을 통해 긴장을 유발하기보다는 그러한 긴장을 파괴하고 해체함으로써 '웃음'이라는 즉물적인 반응을 이끌어낸다. 인과성의 해체는 상황적 수준에서도 마찬가지였다. 텔레비전 코미디 속의 상황들이란 논리적 일관성과는 거리가 먼 파편적 에피소드에 지나지 않았다. 이를 연구자는 '놀람의 패턴'이라고 불렀다. 텔레비전 코미디는 합리적 서사를 거부하거나 혹은 그것과는 거리가 먼 비합리적 텍스트이다.

다른 한편 그것은 [사실] 재현적 텍스트의 규범으로부터도 벗어나 있다. 텔레비전 코미디는 재현적 텍스트가 그렇듯 그럴싸하게 보이기를 의도하지 않는 것 같기 때문이다. 사실의 재현을 강조하는 텍스트들은 허구적 사건들을 마치 실제 세계의 일들처럼 취급한다. 재현적 텍스트의 상당부분은 실제 세계와 닮은 꼴이다. 그것은 '실감나는' 것이어야 하며 동시에 '사실 같아야' 한다. 그러나 텔레비전 코미디는 그것이 한낱 허구에 지나지 않음을 애써 감추지 않는다. 오히려 허구성을 드러냄으로써 '웃음'을 유발한다. 텔레비전 코미디는 비전형적 인물을 내세우거나 지나치게 과장된 상황을 연출함으로써 '그럴듯하지 않은 세계'를 구축한다. 이를 연구자는 텔레비전 코미디의 '그럴듯하지 않음의 패턴'이라고 불렀다. 텔레비전 코미디는 재현성을 거부하거나 그것과는 관계가 없는 비재현적 텍스트이다.

'놀람의 패턴' 그리고 '그럴듯하지 않음의 패턴'과 더불어 텔레비전 코미디의 즐거움을 구축하는 또 하나의 패턴은 '통속적 웃음'과 결부되어 있었다. '놀람의 패턴'이나 '그럴듯하지 않음의 패턴'은 합리적 서사의 텍스트와 재현적 텍스트의 규범으로부터 일탈함으로써 얻어진다. 그러나 텔레비전 코미디에는 텍스트의 규범과는 무관하게 그 자체로 웃음을 주는 상투화된 패턴들이 존재한다. 이를 연구자는 '통속적 웃음의 패턴'이라 불렀다. 통속적 웃음의 패턴은 원텍스트의 의미와는 무관하게 그것을 흉내냄으로써 웃음을 불러일으키는 경우나 슬랩스틱과 욕설, 조롱과 놀림, 우스꽝스러운 말과 몸짓, 말장난이나 말재간, 유행어 등과 같은 상투화된 웃음의 유형들로 이루어진다. 이들은 텍스트 자체의 규범으로부터 일탈하는 것은 아니지만, 사회적인 상식과 정상으로부터 일탈하고 있었다.

 텔레비전 코미디의 웃음은 이렇듯 세 가지 패턴, 즉 '놀람', '그럴듯하지 않음' 그리고 '통속적 웃음'을 통해 생산된다. 이들은 각각의 수준에 부여된 사회문화적 규칙들로부터 이탈하여 그 바깥에 머무는 일탈과 위반의 계기를 형성한다. '놀람의 패턴'은 합리적 서사의 규범으로부터, '그럴듯하지 않음의 패턴'은 재현의 규범으로부터 그리고 '통속적 웃음의 패턴'은 사회문화적 정상으로부터 일탈하는 웃음과 즐거움의 계기들이다. 그런데 이러한 일탈과 위반은 어디까지나 텔레비전 코미디 자체의 입장에서라기보다는 합리적 서사, 사실의 재현, 사회적 정상이라는 관점에서의 일탈일 뿐이다. 텔레비전 코미디의 관점에서라면 그것은 일탈이라기보다는 오히려 규칙과 규범으로 받아들여져야 할 일일지도 모른다. 그러므로 닐과 크루닉은 이러한 일탈과 위반이 코미디의 규칙과 규범이라고까지 말하였던 것이다. 이렇게 본다면 텔레비전 코미디의 즐거움은 합리적 서사를 강조하고 사실적 재현을 중시하는 텍스트들을 다루듯 이야기되어서는 안 된다.

 통상의 합리적이며 사실적인 텍스트들은 '의미'를 강조한다. 이러한 텍스트들 속에서 서사와 재현의 목적은 텍스트의 '의미'를 전달하고 그것을 설득하는 데 있는 것처럼 보인다. 그러므로 이들 텍스트의 수사적 전략은 대개 잘 짜여진 인과적 구성으로 서사적 치밀함을 더하거나 현실과의 완벽한 일치로 재현적 효과를 강화하는 데 집중되어 있는 듯하다. 그러나 텔레비전 코미디는 '의미'보다는 '즐거움' 자체에 강조점이 두어지는 텍스트가 아닌가 싶다. 텔레비전 코미디를 통해 심오한 이념을 전달한다거나 깊은 감동을 주겠다는 생각은— 가능하기는 하겠지만— 왠지 어색하고 어울리지 않아 보인다. 물론 이는 합리적이며 사실적인 텍스트들을 통해서는 어떠한 즐거움도 누릴 수 없으리라는 뜻에서 하는 말이 아니다. 다만 사실주의적 텍스트와 텔레비전 코미디는 분명 다른 수준에서 생각해야 한다는 점을 환기 시키기 위한 것일 뿐이다.

  텔레비전 코미디의 즐거움은 사회문화적 규범과 규칙에 따라 해석하고 이해함으로써 느낄 수 있는 비평적 즐거움 즉 '플레지르'와는 거리가 있다. 물론 텔레비전 코미디에 그러한 종류의 즐거움이 없다는 말은 아니다. 그러나 텔레비전 코미디의 주된 영역은 의미와는 무관한 표피적이며 즉물적인 즐거움, 즉 '쥬이상스'에 가깝다고 봐야 할 것이다. 그것은 이미 위에서 살펴본 대로 의미를 중시하는 합리적이며 사실적인 텍스트들의 규범에 포섭되지 않을 뿐더러 사회문화적 정상성으로부터도 이탈되어 있다. 텔레비전 코미디의 즐거움은 규범적 담론을 통해서는 포착되지 않는 그 나름의 자율적 영역을 지니고 있다. 그러므로 그것에 대한 논의는 그나름의 자율적 영역 안에서 논의되어야 하는 것이지, 담론의 규범적 틀 안에서 이야기되어서는 안 되는 것이다. 텔레비전 코미디의 즐거움은 담론의 규범적 틀 안에서는 정당하게 평가되고 논의될 수 없다. 그러나 사회적 담론은 텔레비전 코미디의 자율성을 고려하지 않는다.

  일간신문의 관련 기사들을 분석한 결과, 텔레비전 코미디에 대한 사회적 담론은 그것을 저질·저급한 텔레비전 프로그램으로 규정하고 있는 것이 대부분이었다. 이러한 사회적 담론의 주도적 양상을 연구자는 텔레비전 코미디에 대한 '부정적 신화'라고 불렀다. 텔레비전 코미디에 대한 부정적 신화는 사회적 담론 속에서 대개 다음과 같은 세 가지 관점에 따라 이야기되고 있었다. 첫째, 텔레비전 코미디의 폭력성에 대한 담론이 그것이다. 사회적 담론 속에서 텔레비전 코미디는 치고 때리고 찌르고 꼬집는 저질 폭력이 난무하는 프로그램 유형이었다. 둘째는 텔레비전 코미디의 선정성에 대한 담론이다. 사회적 담론 속에서 텔레비전 코미디는 성적인 암시와 외설적 장면으로 시청자를 우롱하는 선정적 프로그램으로 규정되고 있었다. 셋째, 텔레비전 코미디는 코미디의 본령인 풍자성을 상실해버렸다는 지적이 있었다. 코미디의 본분은 풍자를 통해 교훈과 감동을 주는 데 있으나, 텔레비전 코미디는 교훈과 감동은커녕 정치적 허무와 문화적 퇴폐만을 조장하고 있다는 말이다. 사회적 담론 속에서 텔레비전 코미디는 이렇듯 폭력성과 선정성을 비난하는 윤리도덕적 규범과 풍자성의 상실을 비판하는 계몽적 규범에 따라 부정적으로 평가되고 있었다.

한편 텔레비전 코미디에 대한 사회적 담론은 논리적 응집성을 확보하고 발화자의 지적 권위에 힘입음으로써 정당화되고 있었다. 사회적 담론은 담론 내적으로 삼단논법 혹은 생략 삼단논법의 형식을 빌어 텔레비전 코미디에 대한 부정적 평가를 합리화한다. 연구자가 '배경적 담화'라 부른 비교적 추상적이며 일반적인 정언적 진술들은 삼단논법의 '대전제'와 같은 역할을 행하고, '대상적 담화'는 '소전제'의 역할을 그리고 '정의적 담화'는 '결론'의 역할을 수행하고 있었다. 즉 사회적 담론은 배경적 담화와 대상적 담화의 논리적 연관에 근거하여 이로부터 '텔레비전 코미디는 저질 · 저급의 문화양식'이라는 정의적 담화를 이끌어 내고 있었다. 이와 더불어 사회적 담론은 담론 외적으로 발화자의 지적 권위에 기대어 텔레비전 코미디에 대한 부정적 평가에 참의 진리가를 부여한다. 특히 배경적 담화에 집중되고 있는 학자 및 전문연구자들의 진술은 담론에 참의 진리가를 부여하는 특권화된 위치를 차지하고 있는 듯 보인다.

텔레비전 코미디에 대한 사회적 담론의 담론 외적 정당화 방식은 특히 지적 권위라는 사회문화적인 위계에 근거하고 있다는 점에서 특히 중요한 의미를 갖는다. 왜냐하면 담론이 본 고의 정의에 따라 단순한 사회적 말집합에서 벗어나 권력의 문제와 밀접히 연관되어 있다고 생각할 때, '지적 권위'란 담론을 통해 행사되는 권력이 무엇인지를 드러내어 주기 때문이다. 사회적 담론에서 인정하는 '지적 권위'는 무엇보다 공식적 교육제도에 의해 보장되는 '학력자본'과 밀접하게 연관된다. 물론 절대적인 의미에서의 '진리가'란 단지 사회제도적으로 인정된 자격 따위와는 관계가 없을지 모른다. 그러나 현실적으로 특정한 담론에 진리가를 부여하고, 그것을 정당화하는 데 있어서 '교육'이라는 객관적 제도에 의해 확보된 '학력자본'만큼 효율적인 기준은 찾아 보기 힘들다. 이러한 상황하에서 발화자의 학력[자본]은 담론의 진리가와 밀접하게 연관된다. 발화자의 학력자본은 담론의 진리가를 확보하는 데 있어 중요한 역할을 한다.

텔레비전 코미디의 부정적 신화는 이렇듯 담론 내적으로 그리고 담론 외적으로 참의 진리가를 획득하고 있는 지배적 담론의 한 양상이었다. 그것은 하나의 억견(doxa)으로 자리잡아, 특수한 경우를 제외하고는 논쟁과 반박의 대상이 되지 않는 듯하다. 억견으로서의 텔레비전 코미디에 대한 부정적 신화는 그러나 가치중립적이며 객관적인 진술 집합일 수 없다. 언급한 대로, 담론의 진리가가 '학력자본'과 밀접히 연관되고 있는 상황에서 그것은 '학력'을 중심으로 형성된 특정한 문화적 위계를 내포하며 그것에 의해 성층화된(stratified) 사회문화적 관계로부터 자유로울 수 없다. 사회적 담론은 학력자본에 있어 열세에 놓여 있는 대중의 이해관심보다는 대량의 학력자본을 축적하고 있는 문화적 엘리트들의 사상과 가치에 친화적일 가능성이 높다. 그러나 지배적 담론의 지위에 오른 특정한 견해들은 단지 문화 엘리트들에 의해서만 지지되거나 옹호되지는 않는다. 텔레비전 코미디에 대한 사회적 담론 역시 이 점에 있어서는 마찬가지일 것이다. 지배적 담론이란 지배자들의 담론이며 동시에 한 사회에서 가장 보편화된 담론이기 때문이다.

텔레비전 코미디의 주요 시청자들은 학력자본에 있어 열세에 있는 일반 대중들이다. 그러나 이들이 부정적 평가를 통해 텔레비전 코미디의 즐거움을 폄하하는 사회적 담론에 대하여 적대적이거나 저항적이라고 말할 수는 없을 것 같다. 오히려 학력자본의 축적에서 열세를 면하기 힘들다는 사회문화적 조건은 그들을 사회적 담론으로부터 자율적이지 못하고 오히려 그것에 쉽게 포섭되도록 만드는 부정적 효과를 불러일으킬 가능성이 크다. 다시 말해, 학력자본의 상대적 열세에 처해 있는 피지배 수용자 대중은 텔레비전 코미디로부터 느끼는 즐거움을 옹호하고 그것을 합리화하는 데 있어 어려움을 겪어야 한다는 것이다. 그러므로 앞에서도 언급했다시피, 부르디외는 '대중들은 자신이 좋아하고 즐거워하는 일과 사회적으로 바람직하다고 규정된 것들이 일치하지 않는다는 사실로부터 그들의 문화를 모순적이며 이중적인 방식으로 체험하게 된다'고 말한 것이다. 대중은 사회적 규범이 정한 바람직하고 건전한 문화양식에 접근하기 힘들 뿐 아니라, 그렇다고 해서 스스로의 취향과 즐거움을 자신있게 옹호하지도 못하는 모순적 상황에 빠져있다. 대중들이 겪는 문화적 체험의 이중성은 결국 본 고에서 말하는 '텔레비전 코미디 수용자들의 이율배반적 태도'에 다름 아니다. 텔레비전 코미디의 수용자들은 텍스트로부터 즉각적이며 즉물적인 즐거움 즉 쥬이상스를 느끼지만, 그들의 사고는 그것을 저질과 저급의 문화양식으로 규정짓는 사회적 담론에 매어있게 된다. 결국 텔레비전 코미디 수용자들은 즐거움과 담론 속에서 갈등하지만, 그렇다고 어느 하나를 선택하여 그것에만 매달릴 수도 없는 이중적이며 모순적인 주체로 자리매김된다.

이상에서 살펴보았듯이, 텔레비전 코미디 수용자들의 이율배반성이란 텔레비전 코미디의 즐거움과 그것에 대한 사회적 담론의 불일치에서 비롯된 결과일 수 있다. 이러한 연구결과는 비단 텔레비전 코미디에만 국한되는 현상은 아닌 것 같다. 그 결과를 섯부르게 확장시킬 수는 없겠으나, 즐거움과 담론의 불일치 그리고 그로부터 파생되는 이율배반적 수용자 주체는 대중문화 전반에 걸쳐 폭넓게 발견되는 현상일 수 있기 때문이다. 포르노그래피의 경우를 생각해 보면, 이는 쉽게 납득할 수 있을 만한 이야기가 될 것이다. 포르노그래피에 탐닉하는 수용자들은 그로부터 뭔가 즐거움을 누릴 수는 있을지 모르지만, 그와 함께 사회문화적 금기와 그것에 대한 규범적 담론들에 맞닥뜨리지 않을 수 없다. 정도의 차이는 있겠으나 대중문화 전반은 이러한 즐거움과 담론의 불일치 속에서 그것의 수용자들을 이중적으로 주체화하고 있다고 말할 수 있을지 모른다. 어떠한 의미에서 텔레비전 코미디 수용자들의 이율배반성과 그것을 초래하는 즐거움과 담론의 불일치는 대중문화 전반에 적용할 수 있는 하나의 모형으로서 확장될 가능성을 지닌다.

한편 즐거움과 담론 사이에서 갈등하는 이율배반적 수용자 주체의 모델은 사회문화적 권력의 형성과 그것의 효과라는 문화연구의 중심적 논제와 연관하여 중요한 의미를 내포한다. 왜냐하면 이율배반적 수용자 모델은 텔레비전 코미디의 수용자들이 사회적 담론으로부터 전적으로 자율적이지도 않으며 그렇다고 해서 전적으로 타율적이지도 않음을 보여 줌으로써, 수용자 주체의 문제와 관련된 두 가지 노선, 즉 수용자 주체의 이데올로기적 호명을 강조하는 노선과 수용자 주체의 자율성과 능동성을 강조하는 노선 사이의 대립을 해소하고 이들을 절충하고 통일할 수 있는 이론적 가능성을 제시하고 있기 때문이다. 물론 그동안 수용자 주체의 이데올로기적 호명 개념과 능동적 수용자 개념을 절충하고자 했던 시도가 전혀 없었던 것은 아니다. 특히 스튜어트 홀(Stuart Hall)의 '교섭적 해독'의 개념은 이 점에서 매우 중요한 의미를 갖는다.

　홀의 '교섭적 해독'은 수용자 주체의 호명(선호된 해독)과 능동성(일탈적 해독)사이를 메우는 중간적 개념으로 지배적 담론의 특권적 지위를 인정하기는 하지만, 그것을 상황과 맥락에 따라 변형된 형태로 수용하게 되는 경우를 말한다.310 다시 말해, 대중의 텍스트 수용은 단일한 이데올로기적 담론에 의해 결정되는 것이 아니라 다양한 이데올로기적 담론의 중첩과 교섭의 결과라는 것이다. 홀의 견해는 그러나 다음과 같은 두 가지 점에서 문제점을 안고 있다. 첫째 '교섭적 해독'의 개념은 지배적 담론의 특권적 지위를 인정한다는 점에서 수용자 주체의 호명이라는 논제로부터 벗어나지 못하고 있다. 물론 기존의 일의적이며 단선적인 결정론적 견해로부터 문제를 보다 복합적이며 다원적인 것으로 이해하였다는 점에서는 그 나름의 의의가 있겠으나 그것은 단지 호명에 부가된 유보조건에 지나지 않는다. 둘째 '교섭적 해독'은 어디까지나 수용자를 호명하는 담론'들'에 대한 문제를 제기할 뿐, 주체의 본원적 문제인 '욕망'에 대하여는 아무것도 언급하지 않는다. 어떠한 의미에서 교섭적 해독의 '교섭'이란 담론들 사이의 교섭이며,311 주체는 단지 교섭이 발생하는 빈 공간(empty space)에

---

310) S. Hall, 'Encoding Decoding', 임영호 역, '기호화와 기호해독', 임영호 편역, *op. cit.*, pp.303~4 참조.

311) 홀은 담론들 사이의 교섭을 '접합(articulation)'이라는 말로 표현한다. S. Hall, 'The Rediscovery of Ideology: Return of the repressed in Media Studies', 임영호 역, '이데올로기의 재발견: 미디어 연구에서 억압되어 있던 것의 복귀', *op. cit.*, pp.272~3 참조.

지나지 않는다. 그러나 욕망을 고려하지 않는다면, 문화연구의 수용자 연구는
단지 주체를 호명하는 이데올로기적 담론들의 숫자만을 늘려가는 악무한에 빠
지고 만다. 고려해야 할 담론들이 많다는 말이 곧 수용자들은 능동적이라는 말
은 아니다. 그러므로 담론들 사이의 관계만을 이야기해서는 수용자들의 능동성
과 이데올로기적 호명을 균형있게 다룰 수 없다. 호명과 능동성의 관계를 균형
있게 다루기 위해서는 담론의 문제와 더불어 수용자 주체의 내적 동인(drive)
인 '욕망'의 문제가 함께 언급되어야 한다.

　홀의 '교섭적 해독' 개념을 통해서 볼 때, 연구자가 제시한 이율배반적 수용
자 모델은 담론과 욕망을 두 축으로 수용자 주체에 대한 보다 일관된 설명을
가능케 한다. 수용자 주체의 내적 동인으로서의 욕망은 텔레비전 코미디의 텍
스트와 연관해서는 즐거움과 연관되고, 그 주체를 호명하는 이데올로기는 텔레
비전 코미디를 부정적으로 평가함으로써 '즐거움'을 억압하는 사회적 담론과
연관된다. 이러한 관점에서 볼 때, 텔레비전 코미디와 연관된 두 가지 문제, 즉
"사회적 비난과 멸시 속에서도 왜 [어떤] 수용자 대중은 굳세게 텔레비전 코미
디에 탐닉하는가?"와 "텔레비전 코미디에 대한 대중적 선호에 직접적인 영향력
을 행사할 수 없음에도 불구하고 왜 텔레비전 코미디에 대한 부정적 담론은 쉼
없이 생산·재생산되고 있는가?"는 결국 동일한 문제를 단지 다르게 표현하고
있을 뿐임을 알 수 있다. 텔레비전 코미디의 수용자들의 주체는 호명되기도 하
고 호명되지 않기도 하는 이중적 존재이다. 그러므로 수용자 주체와 연관하여
담론과 욕망 중 무엇이 결정권을 지니고 있는가를 묻는 일은312 기본적으로
잘못된 질문일 수밖에 없다. 문제는 특정한 맥락 속에서 담론과 욕망이 어떻게
관계하는가 그리고 그 결과 수용자 주체의 이중성은 어떠한 방식으로 현상하게
되는가 하는 것이다. 본 연구는 이러한 문제에 대하여 직접적인 해답을 제시하
지는 않는다. 그러나 본 연구는 수용자 주체에 대하여 어떻게 질문하여야 하는

---

312) 보다 상투적으로 표현한다면, 이는 '수용자 주체는 수동적인가 아니면 능동적
　　인가'하는 물음이 될 것이다.

지 그리고 그러한 질문에 대답하기 위해서는 무엇을 고려하여야 하는지를 밝혀준다. 이러한 점에서 본 연구는 보다 구체화되고 보다 확장될 가능성을 지닌다.

그러나 본 연구를 이러한 가능성과 연관짓기 위해서는 무엇보다 다음과 같은 몇 가지 한계점을 고려하지 않을 수 없다. 첫 번째로 본 연구는 '이율배반적 수용자'에 대한 우회적 연구라는 점이다. 본 연구에서 이는 즐거움과 담론의 관계를 통해 해명되고 있으나, 이를 수용자 주체에 대한 직접적인 해명이라고 할 수는 없을 것 같다. 수용자 주체에 대한 직접적인 해명은 한편으로는 민속지학적 연구방법을 통해서 혹은 광범위한 수용자 조사를 통해 가능하다. 그러나 이는 연구자의 능력과 한계 바깥의 일이다. 따라서 본 고에서 '이율배반적 수용자'는 기존의 연구결과와 몇 가지 사례들을 근거로 상수처리되었다. 이는 보기에 따라서 본 고를 동어반복적인 연구로 받아들이도록 만들 수도 있다. 하지만 '이율배반적 수용자'의 내용과 그것의 사회문화적 의미를 해명했다는 점에서 이를 단순한 동어반복이라고 말할 수는 없을 것이라 생각한다.

둘째, 본 연구는 즐거움과 담론의 모순과 길항을 밝혀내고 이로부터 '이율배반적 수용자'를 일반적인 수용자 모델로 개념화하는 수준에서 종결된다. 연구자는 그 이상의 범위, 즉 즐거움과 담론에 해당하는 하부적 범주들을 구체화하고, 이들의 구체적 연관관계를 해명하며, 이러한 연관관계의 다양성이 수용자 주체에 어떠한 영향을 미치는지에 대하여 논의하는 일에 대하여는 더 이상 언급하지 않았다. 본 연구는 어떠한 면에서 수용자들을 성·세대(연령)·계급 등과 같은 사회적 범주들로 구분하고 이들 각각의 특징적인 즐거움을 추적하여 그것이 사회적으로 어떠한 방식으로 담론화 되는지, 그리고 그러한 사회적 담론으로부터 이들 각 사회적 범주에 속한 주체들은 어떠한 수용 패턴을 지니게 되는지 등에 대한 연구로 나아감이 바람직하다. 그러나 이러한 연구들은 이와 연관한 일정 수준의 연구성과들이 축적된 이후에나 가능한 일이며, 또한 단 하나의 연구를 통해 해결될 수 있는 일도 아니다. 그러므로 연구자는 이러한 문제들에 연관된 보다 구체적인 연구들을 위한 초보적인 성과에 만족할 수밖에 없었다.

　셋째, 즐거움과 담론의 관계는 안정된 상태로 고정되어 있다기보다는 사회문화적 맥락의 변화에 따라 함께 변화하는 유동적 관계로 인식되어야 한다. 그러나 본 고에서 연구자는 이러한 즐거움과 담론의 관계가 갖는 사회역사적 유동성을 충분히 고려하지 못하였다. 물론 즐거움과 담론의 관계에 대한 언급은 그것이 하나의 고정된 사물이나 속성이 아니라 관계로 인식되는 한, 사회문화적 맥락의 변화에 대하여 열려있는 것이다. 그러나 즐거움과 담론의 관계는 특정한 조건하에서 즐거움이 주도하는 관계로 혹은 담론이 주도하는 관계로 현상할 수 있다. 이러한 역사적 맥락은 본 고에서 제기된 즐거움과 담론의 관계를 보다 구체화하기 위하여 최우선적인 고려사항이 되어야 한다. 이상 위에서 언급한 사항들은 본 연구가 지니는 세 가지 한계점이며 동시에 그것을 구체화하기 위한 세 가지 방향이기도 하다.

참고문헌

1.코미디와 웃음에 관한 문헌들

김웅래, '한국 텔레비전 코미디 프로그램의 통제유형에 관한 연구', 방송시대, 5호, 1993 가을 · 겨울.

김지원, 해학과 풍자의 문학, 서울: 문장, 1983.

신윤상, 한국인의 웃음, 서울: 덕성문화사, 1991.

이근삼 외, '연예오락프로그램의 질적 향상 방안', 한국방송학회, 1996.

이인성, 축제를 향한 희극: 몰리에르에 관한 한 연구, 서울: 문학과 지성사, 1992.

전규찬 외, 한국 TV 연예오락 발전방안 연구, 방송개발원, 1994.

하종원, 손병우, 'TV 오락프로그램의 심층분석 및 발전방안 연구', 방송문화진흥회 편, 영상시대의 방송 소프트웨어, 서울: 한울 아카데미, 1996.

Aristotle, *Poetics*, 천병희 역, 서울: 문예출판사, 1976.

Bergsong, H. 웃음: 희극의 의미에 관한 시론, 김진성 역, 서울: 종로서적, 1983.

Bordwell, D. J. Staiger and K. Thompson, *The Classical Hollywood Cinema: Film Style & Mode of Production to 1960*, New York: Columbia University Press, 1985.

Boyd, T. W. 'Clowns, Innocent Outsiders in the Sanctuary: A Pheno-menology of Sacred Folly', *Journal of Popular Culture*, vol.22, no.3, winter, 1988.

Butcher, S. H. *Aristotle s Theory of Poetry and Fine Art*. London: 1907.

Charney, M. *Comedy High & Low: An Introduction to the Experience of Comedy*, New York: Peter Lang Publishing, Inc., 1987.

Corrigan, R. W. 'Comedy and the Comic Spirit' in Robert W. Corrigan(ed.) *Comedy: Meaning and Form*, Cambridge, Harper & Row, 1981.

Davis, J.M. *Farce*(Themes in Drama Series), London: Methuen, 1978.

Davis, J.M. *Farce*(The Critical Idiom Series), 홍기창 역, 서울: 서울대학교 출판부, 1985.

Duerrenmatt, F. From 'Problems of the Theatre' in Corrigan(ed).

Freud, S. *Jokes and Their Relation to the Unconscious*, tr. by James Strachey, Standard Edition of the Complete Psychological Works of Sigmund Freud vol.8, London: Hogarth Press, 1960.

Gray, F. *Woman and Laughter*, London: Macmillan, 1994.

Greig, J. *The Psychology of Laughter and Comedy*. Dodd, Mead & Co., 1983.

Heilman, R. B. 'The World as Comic Realm' in Corrigan(ed).

Horton, A. 'Introduction', in Horton(ed.), *Comedy/Cinema/ Theory*, Berkeley: University of California Press, 1991.

Holland, 'Nahum Tate's Defense of Farce', in J. Redmond(ed.).

Koestler, A. *Act of Creation*, New York: Danuve: 1960.

Koestler, A. *Inside and Outlook*, Lincoln: University of Nebraska Press, 1949.

Koller, M., *Humor and Society: Explorations in the Sociology of Humor*, Houston: Cap and Gown Press, 1988.

Krutnik, F. 'The clown-prints of comedy', *Screen*, vol.25 no.5, 1984.

McGhee, P. and J. Goldstein, *Handbook of Humor Research*, New York: Springer-Verlag, 1983.

Mellencamp, P. 'Situation and Simulation: An Introduction to 'I Love Lacy'', *Screen* vol.26 no.2, March-April 1985.

Merchant, M. *Comedy*, 석경등 역, 희극, 서울: 서울대학교 출판부, 1981.

Morreall, J. *Philosophy of Laughter and Humour*, New York: New York Univ. Press, 1987.

Neal, S. and F. Krutnik, *Popular Film and Television Comedy*, 강현두 역, 영화 속의 코미디, TV 속의 코미디, 서울: 한국방송개발원, 1996.

Nicoll, A. *Masks Mimes and Miracles*, New York: Cooper Square Publishing Inc., 1963.

Purdie, S. *Comedy: The Mastery of Discourse*, New York: Harvester Wheatsheaf, 1993.

Raskin, V. 'Jokes', *Psychology Today*, October 1985.

Raskin, V. *Semantic Mechanisms of Humor*, New York: Reidel Publish Co. 1985.

Redmond, J.(ed.) *Farce*, Cambridge: Cambridge University Press, 1988.

Seidman, S. *Comedian Comedy: A Tradition in Hollywood Film*, UMI Research Press, 1981.

2. 이론에 관련된 문헌들

강내희, '언어와 변혁−변혁의 언어모델 비판과 주체의 역동일시', 문화론의 문제설정, 서울: 문화과학사, 1996.

권택영, 영화와 소설 속의 욕망이론, 서울: 민음사, 1995.

김경용, 기호학이란 무엇인가: 기호의 우리, 우리의 기호, 서울: 민음사, 1994.

김용수, 연극연구(미간행 초고), 1995.

김욱동, 대화적 상상력: 바흐친의 문학이론, 서울: 문학과 지성사, 1988.

김창남, '대중의 문화실천과 대중문화의 저항성: 노동자 집단의 대중음악 실천을
중심으로', 언론과 사회, 제4호, 1994 여름호.

김 현, 르네 지라르 혹은 폭력의 구조, 서울: 나남, 1987.

박근서, '은유의 천국: 인접성 장애와 포스트 모더니즘', 서강논집, 1993

박명진, '즐거움, 저항, 이데올로기', 사회과학과 정책연구, 서울대
사회과학연구소, 1991.

박봉성, 대중예술의 미학, 서울: 동연, 1995.

백지숙, '텔레비전이 나를 본다', TV: 가까이 보기, 멀리서 읽기, 서울:
현실문화연구, 1992.

서규환, '권력의 민주주의로 귀결되는 후기 구조주의', 한국논단, 1992년 2월호.

안 진, '일탈 및 범죄연구의 현황과 과제', 안진 편, 새로운 범죄학의 흐름,
서울: 한울 아카데미, 1988.

안차수, '문화취향의 사회적 평가에 대한 연구: 트롯가요의 가치 재평가와 계급의
문화실천에 대한 탐구', 서강대학교 석사논문, 신문방송학, 1992.

안치민, '한국사회의 계급 구조화 연구', 한국사회학 제26집, 여름호 1992.

여홍상 편, 바흐친과 문화 이론, 서울: 문학과 지성사, 1995.

원용진, 대중문화의 패러다임, 서울: 한나래, 1996.

이강수, 현대 매스커뮤니케이션 이론, 서울: 나남, 1991.

이정우, '푸코 사상의 여정', Michel Foucault, 담론의 질서, 서울: 새길, 1993.

장용호, '한국TV산업의 시장구조, 행위 및 성과에 관한 연구',
서강대언론문화연구소 편, 언론학논선 제6집, 서울: 나남, 1989.

전규찬, 'TV 오락을 둘러싼 담화정치학 분석', 방송학 연구, 제5호, 한국방송학회,

1994.

조은기, '그토록 낯선 그들', 연극 문화 그리고 사회, 언론문화연구 11집, 서강대 언론문화연구소, 1994.

최정호 · 강현두 · 오택섭, 매스미디어와 사회, 서울: 나남, 1995.

한상진, 오생근 외, 미셸 푸코론, 서울: 한울, 1990.

Althusser, L. *For Marx*, London: NLB, 1965.

Althusser, L. 'Ideology and Ideological State Apparatus', in Althusser, *Lenin and Philosophy and Other Essays*, London: NLP, 1971.

Bachrach, P. and M. S. Baratz, 'Two Faces of Power', *American Political Science Review*, 56, 1962.

Bakhtin, M. *Marxism and the Philosophy of Language*, New York: Seminar Press, 1973.

Bakhtin, M. *Rablais and His World*, tr. by Helene Iswolsky, Bloomington: Indiana University Press, 1984.

Baldwin, D. A. *Paradoxes of Power*, New York: Basil Blackwell, 1989.

Barthes, R. *Pleasure of Text*, 김명복 역, 텍스트의 즐거움, 서울: 연세대학교 출판부, 1990.

Barthes, R. 'Structural Analysis of Narratives', in *Image, Music, Text*, New York: Hill and Wang, 1977.

Barthes, R. 신화론, 정현 역, 서울: 현대미학사, 1995.

Beardsley, M. C. *Aesthetics From Classical Greece to the Present: A Short History*, 이성훈 · 안원현 역, 미학사, 서울: 이론과 실천, 1987.

Bennett, T. 'The Politics of "the popular" and Popular Culture', in T. Bennett, C. Mercer, & J. Woollacott (eds.), *Popular Culture and Social Relations*, Milton Keynes: Open University Press, 1986.

Bentley, E. *The Life of the Drama*, New York: Athenaeum, 1964.

Benton, T. *The Rise and Fall of Structuralist Marxism*, London: MacMillan, 1984.

Berger, A. *Popular Culture Genres: Theories and Texts*, London: Sage, 1992.

Bordwell, D. K. Thompson, *Film Art: An Introduction*(4th ed.), McGraw-Hill, 1993; 주진숙, 이용관 역, 영화예술, 서울: 이론과 실천, 1993.

Bourdieu, P. *La Distinction*, 최종철 역, 구별짓기: 문화와 취향의 사회학, 서울: 새물결, 1995.

Bourdieu, P. *Language and Symbolic Power*, 정일준 역, 상징폭력과 문화재생산, 서울: 새물결, 1995.

Bourdieu, P. *Outline of A Theory of Practice*, Cambridge: Cambridge University Press, 1977.

Caillois, R. *Les Jeux et les Hommes: Le Masque et le Vertige*, 이상율 역, 놀이와 인간, 서울: 문예출판사, 1994.

Chatman, S. *Story and Discourse: Narrative Structure in Fiction and Film*, Cornell University Press, 1978, 김경수 역, 영화와 소설의 서사 구조: 이야기와 담화, 서울: 민음사, 1990.

Clark K. and M. Holquist, *Mikhail Bakhtin*, Cambridge: Belknap Press, 1984.

Collins, R. *The Credential Society: An Historical Sociology of Education and Stratification*, 정우현 역, 학력주의 사회, 서울: 배영사, 1989.

Coward R. & J. Ellis, *Language and Materialism*, London: RKP, 1977.

Crystal, D. *The Cambridge Encyclopedia of Language*, Cambridge: Cambridge University Press, 1987.

Culler, J. *Structuralist Poetics: Structuralism, Linguistics and the Study of Literature*, London: RKP, 1975.

Dahl, R. 'A Critique of the Ruling Elite Model', *American Political science Review*, 52, 1958.

Davis, N. J. *Sociological Construction of Deviance: Perspec-tives and Issues in the Field*, Dubuque, Iowa: Wm. C. Brown Company Publishers, 1975.

Deleuze G. & P. Guattari, *A Thousand Plateaus: Capitalism and Schizophrenia*, Minneapolis: University of Minnesota Press, 1987.

Deleuze, G. and P. Guattari, *Anti-Oedipus*, 최명관 역, 앙띠 오이디푸스, 서울: 민음사, 1994.

Deleuze, G., 'What is Desire', in Boundas, C. V.(ed.), *The Deleuze Reader*, New York: Columbia University Press, 1993.

Docker, J. *Postmodernism and Popular Culture: a Cultural History*, Cambridge: Cambridge University Press, 1994.

Eagleton, T. *Ideology: An Introduction*, 여홍상 역, 이데올로기 개론, 서울: 한신문화사, 1994.

Ellis, J. *Visible Fiction*, London: Routledge, 1987.

Fiske, J. & J. Hartley, *Reading Television*, London: Methuen, 1978, 이익성, 이은호 역, TV 읽기, 서울: 현대미학사, 1994.

Fiske, J. *Television Culture*, London: Methuen, 1987.

Fiske, J. *Understanding Popular Culture*, Boston: Unwin Hyman: 1989.

Fiske, J. 'Postmodernism and Television', in Curran, J. & M. Gurevitch(eds.), *Mass Media and Society*, London: Edward Arnold, 1991.

Fiske, J. 'Woman and Quiz Shows', in M. Brown(ed.), *Television and Women s Culture: The Politics of the Popular*, London: Sage, 1990.

Foucault, M. *Dicipline and Punish*, 박홍규 역, 감시와 처벌, 춘천: 강원대학교 출판부, 1991.

Foucault, M. *L, Ordre du Discours*, 이정우 역, 담론의 질서, 서울: 새길, 1993.

Foucault, M. *Power/Knowledge: Selected Interviews and Other Writings 1972-1977*, C. Gordon, (ed.), 홍성민 역, 권력과 지식: 미셸 푸코와의 대담, 서울: 나남, 1991.

Foucault, M. *Technologies of the Self: A Seminar with Michel Foucault*, 이희원 역, 서울: 동문선, 1997.

Foucault, M. *The Archaeology of Knowledge*, New York: Pantheon, 1972.

Foucault, M. 'Governmentality', 정일준 역, '통치성', 정일준 편역, 미셸 푸코의 권력이론, 수정증보판, 서울: 새물결, 1995, p.34 참조.

Foucault, M. "Truth and Power", in P. Rabinow(ed.), *The Foucault Reader*, New York: Pantheon, 1984.

Foucault, M. 성의 역사 1: 앎의 의지, 이규현 역, 서울: 나남.

Freud, S. *The Interpretation of Dreams*, Standard Edition of the Complete Psychological works of Sigmund Freud vol.4~5, London: Hogarth Press, 1960.

Girard, R. *La Violence et Le Sacre*, 김진식, 박무호 역, 폭력과 성스러움, 서울: 민음사, 1997.

Gramsci, A. *Prison Note*, 이상훈 역, 그람씨의 옥중수고 1: 정치편, 서울: 거름, 1986.

Grossberg, L. *We Gotta Get Out of This Place*, London: Routledge, 1992.

Grossberg, L. *Bring It All Back Home*, London: Duke University Press, 1997.

Gurewitch, M. *Comedy: Irrational Vision*, Ithaca: Cornell University Press, 1975.

Hall, S. 'Cultural Studies and the Centre: Some Problematics and Problems', in S. Hall, D. Hobson, A. Lowe, & P. Willis(eds.), *Culture, Media, Language*, London: Hutchinson, 1980.

Hall, S. 'The Determinations of News Photographs', 임영호 역, '뉴스 사진의 결정', 임영호 편역, 스튜어트 홀의 문화이론, 서울: 한나래, 1996.

Halloran, J. D. 'Mass Communication: Symptom or Cause of Violence?', in G. C. Wilhoit & H. Book(eds.), *Mass Communication Review Yearbook*, Vol.1, Beverly Hills: Sage, 1980.

Harker, R. 'Bourdieu: Education and Reproduction', in R. Harker, C. Mahar, C. Wilkes(eds.), *An Introduction to the Work of Pierre Bourdieu*, London: MacMillan, 1990.

Harvey, D. *Condition of Postmodernity*, 구동회 · 박영민 역, 포스트모너디티의 조건, 서울: 한울, 1994.

Hawkins, R. P. & S. Pingree, 'Some Process in the Cultivation Effect', *Communication Research*, Vol.7, No.2, 1980.

Hutcheon, L. *A Theory of Parody*, 김상구 · 윤여복 역, 패로디 이론, 서울: 문예출판사, 1992.

Jacobson, R. 'Two Aspects of Language and Two Type of Aphasic Disturbances' in Krystyna Pomorska and Stephen Rudy(ed) *Language in Literature*, Cambridge: The Belknap Press of Harvard University Press, 1956.

Jameson, F. *The Political Unconscious: Narrative as a socially Symbolic Act*, Ithaca: Cornell University Press, 1981.

Jameson, F. 'Postmodernism or the Cultural Logic of Late Capitalism', *New Left Review*, 146, 1984.

Kant, I. *Critique on Judgment*, tr. by J. H. Bernard, London: Macmillan 1914.

Konstantinov 외, 상부 구조논쟁, 서울: 학민사, 1987.

Kozloff, S.R. 'Narrative theory and television' in R. Allen(ed.), *Channels of Discourse: Television and Contemporary Criticism*, Chapel Hill and London: The Univ. of North Carolina Press, 1987.

LaCapra, D. 'Bakhtin, Marxism and the Carnivalesque', 유명숙 역, '바흐친, 마르크스주의, 그리고 축제적인 것', 여홍상 편.

Lachmann, R. 'Bakhtin and Carnival: Culture as Counter-Culture', 여홍상 역, '바흐친, 축제, 문화이론', 여홍상 편.

Laclau, E. & C. Mouffe, *Hegemony & Socialist Strategy: Toward a Radical Democratic Politics*, London: Verso, 1985 참조.

Lemaire, A. *Jaque Lacan*, 이미선 역, 자크 라캉, 서울: 문예출판사, 1994.

Liska, A. *Perspectives on Deviance*, 장상희 · 이성호 · 강세영 역, 일탈의 사회학, 서울: 경문사, 1986.

Lukes, S. *Power: A Radical View*, London: MacMillan Press, 1974.

MacCabe, C. 'On Discourse', *Economy and Society*, 8 (4), 1979.

Macdonell, D. *Theories of Discourse: An Introduction*, 임상훈 역, 담론이란 무엇인가: 알튀세 입장에서의 푸코 · 포스트맑시즘 비판, 서울: 한울, 1992 참조.

Marx, K. Capital, 김수행 역, 자본론 제1권, 서울: 비봉출판사, 1989.

Miller, P. *Domination and Power*, London: RKP, 1986.

Mulvey, L. 'Visual Pleasure and Narrative Cinema', *Screen* 16.3.

Patterson, D. 'Bakhtin and Foucault', in D. Patterson, *Literature and Spirit: Essays on Bakhtin and His Contemporaries*, The University Press of Kentucky, 1988.

Pecheux, M. Language, *Semantics, and Ideology: Stating the Obvious*, London: MacMillan, 1982.

Peirce, C. 'A Guess at the Riddle' in Paul Cobley(ed.) *Communication Theory Reader*, London, Routledge, 1996.

Poster, M. *Foucault, Marxism and History*, 이정우 역, 푸코, 마르크시즘, 역사: 생산양식 대 정보양식, 서울: 인간사랑, 1990.

Rimmon-Kenan, S. *Narrative Fiction: Contemporary Poetics*, London: Methuen, 1983.

Sarup, M. *Jacque Lacan*, 김해수 역, 알기쉬운 자끄 라깡, 서울: 백의, 1994.

Shils, E. 'Daydreams and Nightmares: Reflection on the Criticism of Mass Culture', *Sewane Review* 65, 1957.

Smart, B. *Michel Foucault*, London: Routledge, 1985.

Stallybrass, P. and A. White, *The Politics and Poetics of Transgression*, London: Methuen, 1986.

Stam, R. 'Mikhail Bakhtin and Left Cultural Critique', 원용진 역, '바흐친과 대중문화비평', 여홍상 편.

Stephenson, W. *The Play Theory of Mass Communication*, Chicago: The University of Chicago Press, 1967.

Stivers, R. *Evil in Modern Myth and Ritual*, Athens, Georgia: The University of Georgia Press, 1982.

Todorov, T. "The Grammar of Narratives", in *The Poetics of Prose*, tr. by Richard Howard, Ithaca, N.Y.: Cornell Univ. Press, 1977.

Turner, G. *British Cultural Studies: An Introduction*, 김연종 역, 문화연구입문, 서울: 한나래, 1995.

Turner, V. 'Frame, Flow and Reflection: Ritual and Drama as Public Liminality' in 이기우, 김익두 역, 제의에서 연극으로, 서울: 현대미학사, 1996.

Weber, M. 프로테스탄티즘의 윤리와 자본주의 정신, 박성수 역, 서울: 문예출판사, 1988.

Williams, H. *Concipts of Ideology*, New York: St. Martin s Press, 1988, p.1~5 참조.

Williams, R. *Television: Technology and Cultural Form*, 박효숙 역, 텔레비전론, 서울: 현대미학사, 1996.

Wiseman, M. B. *The Ecstasies of Roland Barthes*, London: Routledge, 1989.

あきら, あさだ. 構造と力, 이정우 역, 구조주의와 포스트 구조주의: 구조에서 힘으로, 서울: 새길, 1995 참조.

3. 방법론에 관련된 문헌들

김영민, 컨텍스트로, 패턴으로, 서울: 문학과 지성사, 1996.

김용수, '신파극의 재해석: 행위 구조에 나타난 삶의 인식과 정서', 언론문화연구 13집, 서강대 언론문화연구소, 1996.

박근서, '행위와 규칙: 블로어/린치 논쟁의 데이비드슨적 해석', 서강대학교 언론문화연구소, 언론문화연구 제12집, 1995.

Ashmore, M. *Reflexive Thesis*, Chicago: The University of Chicago Press, 1989.

Austin, J. *How to Do Things with Words*, 김영진 역, 말과 행위, 서울: 서광사, 1992.

Baskar, R. *Reclaiming Reality: A Critical Introduction to Contemporary Philosophy*, London: Verso, 1989.

Bleicher, J. *Contemporary Hermeneutics: Hermeneutics as Method, Philosophy and Critique*, London: RKP, 1980.

Bloor, D. 'Left and Right Wittgenstein' in Andrew Pickering(ed.) *Science as Practice and Culture*, Chicago: The University of Chicago Press, 1992.

Bordwell, D. *Making Meaning: Inference and Rhetoric in the Interpretation of Cinema*, Cambridge: Harvard University Press, 1989.

Button, G. 'Introduction: Ethnomethodology and the Foundational Respecification of the Human Sciences' in Button(ed).

Christensen, D. E. 'Kant and Hegel', *Review of Metaphysics* 40, December, 1986.

Coulter, J. 'Logic: Ethnomethodolody and the Logic of Language' in Graham Button(ed.), *Ethnomethodology and the Human Sciences*, Cambridge: Cambridge Univ. Press, 1991.

Eco, U. *The Limits of Interpretation*, 이윤기 역, 해석의 한계, 서울: 열린책들, 1995.

Garfinkel, H. *Studies in Ethnomethodology*, Englewood Cliffs, New Jersey.: Prentice Hall, 1967.

Hanna, R. 'From an Ontological Point of View: Hegel s Critique of the Common Logic', *Review of Metaphysics* 40, December, 1986.

Heritage, J. *Garfinkel and Ethnomethodology*, London: Polity Press, 1984.

Heritage, J. 'Ethnomethodology' in Giddens and Turner(eds) *Social Theory Today*, Stanford: Stanford University Press, 1987.

Lakatos, I. & A. Musgrave(eds.), *Criticism and the Growth of Knowledge*, Cambridge: Cambridge University Press, 1970.

Lynch, M. 'Extending Wittgenstein: The Pivotal Move from Epistemology' in A. Pickering(ed.) *Science as Practice and Culture*, Chicago: The University of Chicago Press, 1992.

Mannheim, K. *Ideology and Utopia: An Introduction to the sociology of Knowledge.* tr. by Louis Wirth and Edward Shils. New York: Harvest, 1936.

Mannheim, K. On the Interpretation of Weltanschauung in P. Kecskemeti (ed.), *Essays in the Sociology of Knowledge.* New York: Oxford Univ. Press, 1952.

Pickering, A.(ed.), *Science as Practice and Culture*, Chicago and London: The University of Chicago Press, 1992.

Popper, Karl R., *The Logic of Scientific Discovery.* New York: Basic Books, 1956.

Rorty, R. *Contingency, Irony, and Solidarity*, Cambridge: Cambridge University Press, 1989.

Searl, J. 'What is a Speech Act', in M. Black(ed.), *Philosophy in America*, Ithaca: Cornell University Press, 1965.

Sharrock, W., & Bob Anderson, 'Epistemology: Professional Skepticism', in Button, G.(ed.), *Ethnomethodology and the Human Sciences*, Cambridge: Cambridge University Press, 1991.

Thomason, B. *Making Sense of Reification: Alfred Schutz and Constructionist Theory*, Atlantic Highlands, N.J.: Humanities Press, 1982.

White, H. 'The Historical Text as Literary Artifact', in *Tropics of Discourse: Essays in Cultural Criticism*, Baltimore: The Johns Hopkins University Press, 1978.

Wittgenstein, L. *Philosophical Investigations*, London: RKP, 1953.

Wittgenstein, L. *Tractatus Logico-Philosophicus*. tr. by C.K. Ogden, London: RKP, 1922.

4. 참고자료

미디어 서비스 코리아, 'MSK 연간 시청률 보고서', 미디어 서비스 코리아, 1997.

미디어 서비스 코리아, 'MSK 월말 시청률 보고서', 미디어 서비스 코리아, 1998. 2.

문화예술진흥원 문화발전연구소, '청소년 문화정서지표 조사연구', 한국문화예술진흥원, 1993.

LG애드, 한국인의 매체접촉 행동, 서울: LG애드, 1996.

영화진흥공사, 한국영화연감, 서울: 집문당, 1996.

언론연구원, '수용자 의식조사', 한국언론연구원, 1996.

언론연구원, '제5회 전국기자 직업의식 조사: 언론인의 책임과 윤리', 한국언론연구원, 1997.

'TV 3사의 유치한 코미디 대결', 조선일보, 1995. 4. 1.

'TV리뷰', 중앙일보, 1994.8.23.

'소재빈곤의 극단', 동아일보, 1995. 4. 21.

'욕설로 오염된 안방극장', 조선일보, 1996. 11. 5.

'저질 코미디의 피곤한 주말', 한겨레신문, 1995. 5. 12.

'황당한 말장난에 가학적 장면도 …… 폐지론 재연 우려', 〈중앙일보〉, 1994. 8. 23.

'97년 방송계 결산: 쇼 · 오락프로그램', 방송과 시청자, 1997. 12.

김선희, '특정 계층에 대한 비천한 묘사', 방송과 시청자, 96년 5월호.

박병준, '어색한 웃음보다 진솔한 웃음 주길', 방송과 시청자, 96년 10월호.

조순희, '기획의도 맞춘 정제된 프로그램 기대', 방송과 시청자, 96년 6월호.

한국여성단체협의회 매스컴 모니터회, '주말 쇼 · 코미디 프로그램 모니터 보고서', 방송과 시청자, 1995. 9.

한국여성민우회 '우스운 코미디? 무서운 코미디! 그 웃음의 소재는 여성비하', 한국여성민우회 고용평등추진본부 고용평등 TV 모니터위원회, 1996.

천리안 ID: KIJA, '울려야 재밌다?', 97. 7. 7.

천리안 ID: made 2, 'sbs 이주일의 투나잇 쇼! 정말 젠장이다', 97. 6. 16.

천리안 ID: soma33, '일요일 일요일 밤에 정말 ×××', 97. 6. 17.

하이텔 ID: BOSS592, 'MBC 일요일 일요일 밤에를 보고', 97, 9, 20.

하이텔 ID: CREAMY22, '요즘의 쇼, 오락프로그램', 97. 10. 1.

♣ 저 자

박근서

약력
서강대학교 신문방송학과 졸업
서강대힉교 대학원 신문방송학과 졸업 언론학 박사
현 대구가톨릭대학교 언론광고학부 교수
주요논저
텔레비전 오락의 문화정치학(공저, 2003)
유령의 윤리, 혹은 사이버스페이스의 윤리적 개입(2005)

텔레비전 코미디와 담론의 문화정치

· 초판 인쇄	2006 년 3 월 30 일
· 초판 발행	2006 년 3 월 30 일
· 지 은 이	박근서
· 펴 낸 이	채종준
· 펴 낸 곳	한국학술정보㈜
	경기도 파주시 교하읍 문발리
	파주출판문화정보산업단지 526-2
	전화 031)908-3181(대표) · 팩스 031)908-3189
	홈페이지 http://www.kstudy.com
	e-mail(e-Book 사업부) ebook@kstudy.com
· 등 록	제일산-115 호(2000. 6. 19)
· 가 격	15,000 원

ISBN   89-534-4876-X 93070   (paper book)
       89-534-4877-8 98070   (e-book)